本书由南京水利科学研究院出版基金资助

西南水电基地水-能源-粮食协调配置及保障技术

吴修锋 贾本有 徐锦才 周 永 俞 雷 ◎ 著

河海大学出版社

·南京·

内容提要

本书系统介绍了西南地区水、能源、粮食资源开发利用现状及其特征,分析了水与能源、能源与粮食、粮食与水之间的相关关系;围绕西南水能资源集中的地域特点,从实体水和虚拟水角度系统审视了西南水电基地的水-能源、水-粮食纽带关系;以水资源时空配置为主线,面向水电可持续开发利用目标,提出了西南水电基地水资源梯级调度-干支调配-灌排调剂的协调配置关键技术,剖析了雅砻江水电基地典型应用案例,提升了西南地区水-能源-粮食协同安全保障理念,指出了有待后续研究的科学技术问题。

本书可供水文水资源、水力学及河流动力学、水利水电工程、能源与环境系统工程、现代生态农业技术、管理科学与工程等专业研究人员、高等院校师生,以及水利、能源、农业、环境等部门的工程技术人员和行政管理人员参考。

图书在版编目(CIP)数据

西南水电基地水-能源-粮食协调配置及保障技术 / 吴修锋等著. -- 南京:河海大学出版社,2022.10
ISBN 978-7-5630-7737-3

Ⅰ. ①西… Ⅱ. ①吴… Ⅲ. ①能源工业-工业基地-研究-西南地区 Ⅳ. ①F426.2

中国版本图书馆 CIP 数据核字(2022)第 185476 号

书　　名	西南水电基地水-能源-粮食协调配置及保障技术
书　　号	ISBN 978-7-5630-7737-3
责任编辑	金　怡
责任校对	张心怡
封面设计	张育智　吴晨迪
出版发行	河海大学出版社
地　　址	南京市西康路1号(邮编:210098)
电　　话	(025)83737852(总编室)　(025)83722833(营销部)
经　　销	江苏省新华发行集团有限公司
排　　版	南京布克文化发展有限公司
印　　刷	广东虎彩云印刷有限公司
开　　本	718毫米×1000毫米　1/16
印　　张	12.75
字　　数	222千字
版　　次	2022年10月第1版
印　　次	2022年10月第1次印刷
定　　价	96.00元

前言
Preface

水电是一种绿色清洁、灵活可靠、技术成熟的可再生能源，一直是世界各国优先开发利用的电力资源，在促进国民经济社会发展、减缓全球气候变化等方面发挥着重要作用。受益于较高的地形落差和充沛的降水融雪，我国西南地区水能资源蕴藏量极其丰富，已经开发建设的金沙江、雅砻江、大渡河、澜沧江、乌江等国家大型水电基地，一方面成为国家西电东送工程的主力电源，为华中、华南、华东地区经济社会发展提供了能源保障，另一方面水利水电枢纽工程也为西南地区的水资源开发利用、电力能源供应、农业生产灌溉以及防洪抗旱减灾提供了强有力的保障。

近20年来，西南水电开发发展迅速，助力我国成为世界首位水电大国。西南水电在带来巨大的经济社会效益同时，也面临着复杂巨系统运行管理、生态环境保护修复等现实问题，如何寻求西南水电基地的可持续发展，保障我国水-能源-粮食协同安全，亟需突破相关关键科学技术问题。联合国粮农组织将水-能源-粮食纽带关系（Water-Energy-Food Nexus，WEFN）定义为描述和解决水、能源、粮食资源系统复杂性和关联性问题的一个有用概念，依靠纽带关系可以实现不同社会、经济和环境目标，包括平衡不同资源用户的权益，同时保持资源系统的完整性。当前，WEFN是国际国内前沿研究热点，为西南水电基地可持续发展提供了很好的借鉴概念与理念。

"十三五"国家重点研发计划"水-能源-粮食协同安全保障关键技术"项目第五课题"西南水电能源基地水-能源-粮食协调配置及保障技术（2017YFC0404605）"，由南京水利科学研究院牵头承担，主要围绕我国西南地区大型水电能源基地及其所在流域，分别从西南水电基地水-能源-粮食资源特征及协调关系、水能开发利用与粮食用水安全协调配置、面向水电可持续利用的水-能源-粮食协同安全保障技术三方面开展了研究，借鉴运用WEFN先进理念，促进了西南水电基地可持续发展科技进步，服务长江经济带发展国家战略。

本书以该课题主要研究成果为基础撰写而成，共分为7章。其中第1章由吴修锋、贾本有撰写，第2章由周永、俞雷撰写，第3章由贾本有、俞雷撰写，第4章由徐锦才、周永撰写，第5章由贾本有、俞雷撰写，第6章由吴修锋、贾本有、周永撰写，第7章由贾本有撰写，全书由吴修锋统稿。

在课题研究过程中，得到了张建云院士、吴时强正高、李云正高、王慧敏教授、张有生研究员、陈敏建正高、王玲正高、周建中教授、程春田教授等各领域专家学者的悉心帮助和技术指导；南京水利科学研究院戴江玉、薛万云、徐鹏、王芳芳、张宇、高昂、杨倩倩，水利部农村电气化研究所舒静、崔振华、陈艇、杨安玉，雅砻江流域水电开发有限公司褰德平、张晓松、陈平、张一等人，直接或间接参与了本书的相关工作；河海大学出版社金怡编辑细致校审，为本书顺利出版提供了周到服务。在此一并表示谢意。

由于作者对西南水电基地水-能源-粮食协同安全的理解与认知水平有限，加之撰写时间仓促，书中难免存在错误和偏颇，不当之处，敬请读者批评指正。

作者

2022年10月于南京

目录
Contents

第1章　概　述 ······ 001
1.1　研究背景与意义 ······ 001
1.2　国内外研究进展 ······ 002
　　1.2.1　水电可持续发展研究 ······ 002
　　1.2.2　水资源评价与优化配置研究 ······ 004
　　1.2.3　水-能源-粮食纽带关系研究 ······ 005
1.3　西南水电开发利用基本情况 ······ 010
1.4　西南水电可持续发展的现状问题 ······ 010
　　1.4.1　生态方面 ······ 011
　　1.4.2　水电消纳方面 ······ 011
　　1.4.3　调度管理方面 ······ 012
1.5　研究内容与技术路线 ······ 013
　　1.5.1　研究内容 ······ 013
　　1.5.2　技术路线 ······ 014

第2章　西南地区水、能源、粮食资源供需特征 ······ 016
2.1　供给侧现状 ······ 016
　　2.1.1　水资源量 ······ 016
　　2.1.2　能源开发 ······ 019
　　2.1.3　粮食生产 ······ 019
2.2　需求侧现状 ······ 021

  2.2.1 供用水量 ·· 021
  2.2.2 能源消费 ·· 023
 2.3 供需关系现状分析 ······································ 024
  2.3.1 水资源供需 ·· 024
  2.3.2 能源供需 ·· 024
  2.3.3 粮食供需 ·· 026
 2.4 资源要素相关性分析 ···································· 026
  2.4.1 水与能源相关性 ···································· 028
  2.4.2 水与粮食相关性 ···································· 029
  2.4.3 能源与粮食相关性 ·································· 030
 2.5 本章小结 ·· 031

第3章 基于水足迹的水-能源-粮食纽带关系解析 ········ 032
 3.1 水足迹基本理论 ·· 032
  3.1.1 水足迹概念 ·· 032
  3.1.2 水足迹核算基本方法 ································ 033
  3.1.3 水足迹可持续评价方法 ······························ 036
 3.2 水-能源-粮食纽带关系认识 ······························ 036
  3.2.1 纽带关系解读 ······································ 036
  3.2.2 水与能源纽带关系特征 ······························ 037
  3.2.3 水与粮食纽带关系特征 ······························ 038
 3.3 行业水足迹核算案例 ···································· 038
  3.3.1 四川省概况 ·· 038
  3.3.2 部门水足迹 ·· 040
  3.3.3 整体水足迹 ·· 040
  3.3.4 一次能源水足迹 ···································· 041
  3.3.5 粮食作物水足迹 ···································· 043
 3.4 水电水足迹分析计算案例 ································ 045
  3.4.1 雅砻江水电概况 ···································· 045
  3.4.2 水电水足迹 ·· 045
  3.4.3 水电环境累积效应 ·································· 049
 3.5 本章小结 ·· 051

第4章 地区水-能源-粮食协同安全评价 ········· 053
4.1 评价指标体系 ········· 053
4.2 综合评价指标 ········· 054
4.3 评价等级划分 ········· 057
4.4 权重计算方法 ········· 058
4.5 案例分析 ········· 061
4.5.1 四川省特征 ········· 061
4.5.2 权重计算结果 ········· 062
4.5.3 综合评价结果 ········· 068
4.5.4 合理性分析 ········· 075
4.6 本章小结 ········· 081

第5章 水电系统水-能源-粮食协调配置关键技术 ········· 082
5.1 水电可持续发展理论 ········· 082
5.1.1 水电可持续发展基本概念 ········· 082
5.1.2 水-能源-粮食协调配置耦合系统框架 ········· 084
5.2 梯级水电站群水库优化调度技术 ········· 085
5.2.1 单目标优化调度模型 ········· 086
5.2.2 多目标优化调度模型 ········· 087
5.2.3 基于智能算法的求解方法 ········· 089
5.2.4 优化调度决策方法 ········· 093
5.2.5 河流生态流量确定方法 ········· 095
5.3 水资源干支流统筹调配技术 ········· 096
5.3.1 调配能力属性 ········· 096
5.3.2 时空调配需求 ········· 097
5.3.3 大系统分解协调方法 ········· 098
5.3.4 水资源调配模型(WEAP) ········· 099
5.4 小水电水资源灌排调剂技术 ········· 103
5.4.1 灌排要素的时空边界 ········· 103
5.4.2 系统动力学仿真方法 ········· 104
5.4.3 仿真模型构建步骤 ········· 108
5.5 本章小结 ········· 112

第 6 章　雅砻江水电基地水-能源-粮食协调配置技术应用 …… 114
6.1　雅砻江流域概况 …… 114
6.1.1　水文气象 …… 114
6.1.2　社会经济 …… 116
6.1.3　水资源时空分布 …… 117
6.1.4　水电开发利用 …… 124
6.1.5　生态环境保护 …… 130
6.1.6　粮食主产区特征 …… 135
6.2　流域水-能源-粮食系统结构分解 …… 137
6.2.1　雅砻江梯级水电子系统 …… 139
6.2.2　安宁河小水电子系统 …… 139
6.2.3　干支流子系统 …… 141
6.3　协调配置情景 …… 144
6.3.1　配置原则 …… 144
6.3.2　配置情景方案 …… 145
6.4　结果与分析 …… 150
6.4.1　梯级调度结果 …… 150
6.4.2　干支调配结果 …… 166
6.4.3　灌排调剂结果 …… 173
6.4.4　综合分析 …… 181
6.5　本章小结 …… 182

第 7 章　总结与展望 …… 184
7.1　总结 …… 184
7.2　展望 …… 186

参考文献 …… 188

第1章 概 述

1.1 研究背景与意义

人口增长与城镇化的快速发展,加上全球经济的快速增长,给地球上有限的资源,包括水、能源、粮食、土地和生态系统带来巨大的压力。据预测,2050年全球水资源、能源、粮食等需求量较2010年将分别增长近一倍[1],加之气候变化、环境污染、资源分散管理等因素影响,全球资源供给形势严峻,世界经济论坛将"水-能源-粮食"风险群列为2011年三大重点关注风险群之一。

众多资源中,水、能源和粮食是人类赖以生存和发展的基础资源,也是纽带关系密切的战略资源。资源危机已经越来越受到各国科学家和政治家的关注,产生了"19世纪争煤,20世纪争油,21世纪争水"的说法,水资源短缺会在不同程度上阻碍经济社会的发展,影响生态环境的稳定,甚至引起各个区域的水事冲突。能源问题受到学术界、各国政府和国际组织的高度关注,联合国将2012年定为"人人享有可持续能源国际年",并提出"人人享有可持续能源"的倡议,以促使全球在2030年全面普及现代化能源服务,显著地提升用能效率和改善能源结构。联合国粮食及农业组织(FAO)指出尽管过去二十年取得了进展,但每年仍有8.21亿人处于长期饥饿的状态。2011年11月,德国联邦政府召开"水-能源-粮食安全纽带关系会议"(波恩会议),首次将水安全、能源安全和粮食安全之间的关系总结为一种"纽带关系"[2]。至此,水-能源-粮食纽带关系(Water-Energy-Food Nexus,WEFN)进入国际舞台,成为各国政府机构和研究界关注的热点话题。

国内外对 WEFN 的广泛关注引导了该领域的众多研究,其理念与方法被认为可以更好地指导水资源和能源规划,分析潜在的资源政策和技术以供选择,有助于决策者和资源管理者采取节水节能措施,推行可持续发展[3]。WEFN 研究覆盖科学问题[4,5]、规模尺度[6]以及方法论[7]等不同层面:科学问题研究通常涉及资源缺乏、气候变化效应以及可持续发展政策与技术等内容内涵;规模尺度研究有微观与宏观之分,微观研究主要关注人类社会经济具体环节的资源流评估,如某类型能源生产过程中的水足迹或者不同类型水活动(取水、制水、用水等)的能耗等;宏观研究通常致力于评估和指导不同地理尺度下的水资源和能源管理,如城市、区域、国家、跨界等尺度,一般会综合考虑不同尺度下的水资源系统或能源系统;方法论研究种类繁多,主流的有概念框架模型、系统论、价值论、足迹理论,等等。

本书聚焦水电可持续利用背景下水-能源-粮食纽带关系演变规律与协同配置及保障研究,针对西南水电基地,在区域尺度限定下,研究区域水资源利用、能源生产消费和粮食生产消费的基本特征及其与水电梯级开发利用的关联关系,以统计学视角研究水资源、能源和粮食资源特征及供需关系,从系统学、水足迹、全生命周期视角研究能源中的水、粮食中的水和水中的能源耦合关系;构建了雅砻江干流梯级调度、干支调配和安宁河流域灌排调剂模型,并设置多种水资源配置情景,来探讨和量化西南水电基地 WEFN。本书研究意义主要体现在借鉴了水-能源-粮食纽带关系先进理念,开展以资源流动为基础的水-能源-粮食协同安全保障理论、技术和应用研究,有助于引入更为高效的资源利用理念,服务于长江经济带发展的国家战略。

1.2 国内外研究进展

水电可持续发展背景下,区域尺度水-能源-粮食纽带关系研究进展主要包含水电可持续发展、水资源评价与优化配置和水-能源-粮食纽带关系三方面。因此本书从这三方面展开研究进展论述。

1.2.1 水电可持续发展研究

1987 年世界环境与发展委员会发表了《我们共同的未来(Our Common Future)》报告,该报告将可持续发展定义为:在不损害后代人满足其自身需要的能力的前提下满足当代人的需要的发展。此后,可持续发展逐渐成为国际广泛认可的发展理念。联合国指出可持续发展要求为人类和地球建设一个具有包容性、可持续性和韧性的未来,其三大核心要素是经济增长、社会包容和环境保护,同时强调消除一切形式和维度的贫穷是实现可持续发展的必然要求。此外,2015年联合国大会提出了17项全球可持续发展目标,制定了《2030年可持续发展议程》,并呼吁全世界共同采取行动,消除贫困、保护地球、改善所有人的生活和未来。17项可持续发展目标中,目标7为经济适用的清洁能源,确保人人获得可负担、可靠和可持续的现代能源,其中水电在实现该目标中扮演着至关重要的角色。联合国发布的《2019年可持续发展目标报告》指出全球人口享有电力服务的比例从2010年的83%上升到2015年的87%,2017年迅速达到89%(过去两年年均上升1个百分点)。但是到2017年仍有8.4亿人口无法享受这一必需服务,大部分位于撒哈拉以南非洲,该地区2017年仅有44%的人口可以用电,相当于还有5.73亿人口仍然无法用电。可见,水电开发和利用在可持续发展中发挥着重要作用。

对于水电可持续发展,国际上一些组织和机构提出了意见和建议。2004年在北京召开了联合国水电与可持续发展国际会议,会议通过了《水电与可持续发展北京宣言(Beijing Declaration on Hydropower and Sustainable Development)》,提出了"促进环境友好的、对社会负责的和经济可行的水电发展",并且"呼吁政府和水电工业界推广好的做法,推广合适的政策、规定和导则,使其纳入经济、社会和环境可持续的水电开发的主流中"。作为国际上代表水电行业的非政府组织,国际水电协会(IHA)在2004年发布的《水电可持续性指南(Hydropower Sustainability Guidelines)》中提出"国际水电协会将水电可持续发展看作是社会责任、完善的商业运营和自然资源管理的基本要素"[8]。以指南文件为基础,IHA于2006年发布了《水电可持续性评价规范(Hydropower Sustainability Assessment Protocol)》,作为评估水电可持续性的实用工具。2009年世界银行发布了《水电发展方向(Directions in Hydrop-ower)》,该报告对世界银行关于水电开发的政策和观点进行了集中阐述。报告指出:"水电开发错综复杂,存在一定的经济、社会和环境风险。其中一部分风险是该行业固有的,而更多风险可以也必须通过谨慎推行良好做法以及可持续的三重底线方法(即兼顾经济、社会和环境效益)予以解决[9]"。此外,国内学者对水电可持续发展进行了定义,如赵蓉等[10]将流域水电可持续发展定义为:在流域某一具体发展阶段,在可预见的时间范围内,流域内的所有水电开发活动以维持流域生态系统良性循环发展为条件,依靠有效管理和可靠技术,实现经济持续增长和社会不断进步。

根据《水电可持续性评价规范(Hydropower Sustainability Assessment Protocol)》,水电可持续发展评价分为4个阶段,分别为前期、准备、实施和运行阶段,每个阶段对应不同的评价指标。然而这些评价方法均属于定性评价,评价结果易受到评价者主观理解和判断的影响,从而降低评价结果的客观性和可靠性。如赵蓉等[10]基于该规范,综合考虑了经济、社会、环境、技术和管理等内容,建立了5级层次的流域水电可持续性评价指标体系,评价了乌江流域水电开发的可持续性,其结果表明乌江流域的"水电与流域经济""科技生产力"和"管理决策能力"均处于强可持续水平,"水电与流域社会"和"水电与流域环境"则处于弱可持续水平。缪益平等[11]以生态经济可持续发展系统分析为基础,涵盖了社会、经济、生态环境和资源四大方面,构建了雅砻江梯级水电系统可持续发展评价指标体系。总而言之,水电可持续性在人类可持续发展中占据重要地位,但目前研究多关注水电可持续性发展的定性评价,而定量评价较少。

1.2.2　水资源评价与优化配置研究

水资源配置追求实现效益最大化,从社会、经济、生态等多个方面来衡量,需要合理解决各个用水部门/户之间的竞争性用水问题。在水资源配置中,美国起步最早,走在世界前列,从20世纪50年代开始进入了一个综合资源规划和全面质量管理的时期,并且在近些年开始在水资源配置中注重水质约束、环境效益以及水资源可持续利用研究。Wong等[12]于1995年提出了支持地表水、地下水联合运用的多目标多阶段优化管理的原理和方法,在需水预测中考虑了当地地表水、地下水、外调水等多种水源的联合运用,并考虑了地下水恶化的防治措施,体现了水资源利用和水资源保护之间的关系。2005年,Perera等[13]研究了模型REALM在水资源优化配置中的应用,该模型采用网络线性规划算法进行优化水资源配置,并考察研究了城市和农村供水系统,并用案例分析说明了模型可用于供水规划与管理、水环境模拟和水资源供应安全问题的评价。2009年,Li等[14]研究应用模糊随机规划编程模型MFSP来解决水资源系统不确定性模糊集和概率分布问题,考虑了动态不确定水资源可利用量,建模结果有助于产生不同的条件选择范围,从而在不确定性条件下帮助决策者得到所需的水资源优化配置对策。我国水资源可持续开发利用和配置研究虽然起步较发达国家晚,但涉及的研究范围比较广。典型的有宋松柏和蔡焕杰以复合系统理论为基础,将水资源、社会经济和环境组成的复合系统定义为水资源可持续利用系统(RSWRS 系统),应用 Bossel 可持续发展基本定向指标框架,建立了水资源可持续利用指标评价体系,提出了 RSWRS 系统发展综合指数和发展态势度量模型[15]。2011 年,王焕松等人通过分析区域水资源-社会-经济-环境复合系统(RSWRS 系统)的特点,根据北京市水资源区域特征以及数据的可获得性,提出了一套区域水资源可持续利用综合评价指标体系和评价标准,利用 AHP 模糊综合评价法,对北京市近 10 年的水资源可持续利用水平进行了宏观定量综合评价[16]。赵建世等[17]将复杂自适应系统理论引入水资源系统的研究中,建立了流域水资源系统整体模型。刘红玲等[18]以水资源优化配置理论为基础,分析了济南市水资源现状,并通过建立模型求解了济南市水资源在国民经济各部门的配置。苗国义等[19]研究指出水资源的合理配置问题,最好由用水者的利益激励机制来解决,这样才能从根本上解决水资源的短缺和低效率应用问题,提出了基于遗传算法的水资源优化配置模型。

1.2.3 水-能源-粮食纽带关系研究

水-能源-粮食纽带关系(Water-Energy-Food Nexus,WEFN)定义为水资源、能源、粮食部门或系统之间复杂的相互依赖关系和联系,包括权衡和它们之间的反馈。国内,鲍淑君等人[20]首次将 Nexus 翻译为"纽带关系",故本书研究在保持概念连续性和不失内涵的条件下,继续沿用"纽带关系"这一翻译词。目前,水-能源-粮食纽带关系概念众多,但共识部分有:①水、能源、粮食之间存在复杂的相互作用关系;②气候变化、城市化、人口增长等诸多外界因素将会对"纽带关系"产生影响。

我国西南水电能源基地水能资源蕴藏丰富,水量丰沛,水电基地集中,其水力发电量占全国的 50% 左右,然而水电大规模开发对地区水资源、能源和粮食安全产生不同程度的影响。地区内水、能源、粮食三种资源相互关系主要表现为以水为核心的水与能源、水与粮食和水、能源和粮食的相互耦合关系。因此,本小节着重梳理了水-能源、水-粮食纽带关系及水电在水-能源-粮食纽带关系的作用三方面研究进展。

1. 水与能源纽带关系

水与能源纽带关系(Water-Energy Nexus,WEN)研究一般从概念框架入手,各个国家和组织机构在表述上存在一定的差异性,为了清楚地阐述纽带关系的研究进展及趋势,本书先从不同空间尺度的纽带关系研究案例进行阐述,主要包含了城市、区域、国家、跨界 4 个空间尺度,其研究的热点主题如图 1-1 所示。

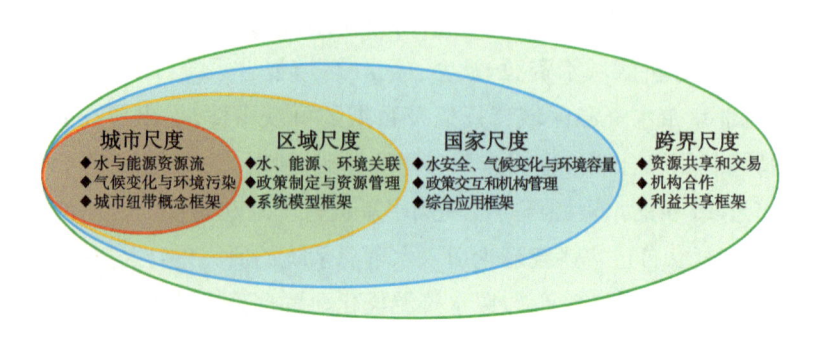

城市尺度
◆ 水与能源资源流
◆ 气候变化与环境污染
◆ 城市纽带概念框架

区域尺度
◆ 水、能源、环境关联
◆ 政策制定与资源管理
◆ 系统模型框架

国家尺度
◆ 水安全、气候变化与环境容量
◆ 政策交互和机构管理
◆ 综合应用框架

跨界尺度
◆ 资源共享和交易
◆ 机构合作
◆ 利益共享框架

图 1-1 水与能源纽带关系研究关注的热点主题

（1）城市尺度

城市是物质和能量流动交融的主要中心,城市地区水与能源的供应和利用比农村地区更为复杂和集约。在城镇化背景下,城市是全球研究的核心体系,城市规模的综合性研究案例,包括美国、澳大利亚、非洲各个城市。城市层面 WEN 研究主要包括两个关键点。其一,在一系列新的概念和框架中嵌入水与能源纽带关系的研究案例,如"城市资源岛"[21]、"城市新陈代谢"[22,23],以及纽约城市概念框架[24],强调需考虑城市的主要功能。其二,这些研究的共同点是采取某种系统方法,不仅将能源和水的流动过程映射到城市的各个经济环节当中,而且将它们与环境变化（如气候变化、污染以及城市转型）联系起来。虽然所有城市尺度上有关水与能源的研究案例都会涉及 WEN 概念,研究案例的侧重点也有很大不同,取决于具体城市的背景和其所面临的资源问题。例如,非洲用以促进可持续性和弹性城市系统的水-食物-气候-能源纽带关系研究[25],主要突出城乡联动和气候适应性研究。这些研究案例涉及了对水资源和能源的可持续利用和供给有重要影响的诸多因素。因此,为了在城市地区进行可持续的资源管理,城市应根据该系统的承载能力来调查水和能源规划对环境的影响。

（2）区域尺度

区域通常覆盖较大的地理区域,区域一级的综合研究大多以流域为基础,不仅包括城市,还包括更广泛的流域。这一类的大多数案例都来自美国,主要是在加利福尼亚州,其水和能源的关系在过去十年中备受关注[26]。在这些研究中应用和开发的主要方法框架包括水资源系统评估和规划(WEAP)、远程能源替代规划(LEAP)、综合 WEAP 和 LEAP、新南威尔士州的综合模式框架[27]。所有研究都采取系统的方法,以政策需要和决策支持为目标,重点不仅要阐明综合资源规划的协同作用,还要阐明它们之间的权衡。

(3) 国家尺度

资源管理中的政策制定和治理分析是国家层面研究的主要关注点[28]。大多数研究试图探寻可能的政策干预措施和制度安排,以获得更加有力的政策选择,改善环境和公用事业管理[29]。就政策需求和主要挑战而言,水资源短缺、灌溉压力、气候变化和环境容量问题出现在经过审查的大多数国家级温室气体研究中[30]。例如,在中东地区的约旦,研究围绕着确保水安全的节能战略,比较了各种供水方式(如海水淡化与传统水源)的耗能强度以及各种能源(如页岩气、太阳能发电厂与更传统的资源)的用水强度。此外,该研究还确立并评估了水和能源领域的主要利益相关者,并设计了一个框架以实施综合资源政策。

(4) 跨界尺度

跨越几个国家的一些特大区域、流域的跨界资源管理和规划比一个城市或国家的资源管理更为复杂。关键在于共享资源的交换和不同国家机构之间的协调。跨界层面的管理当局需要平衡当地社区的需求与更广泛的社会和环境需求。作为跨界流域的一种共享资源,水资源在维护地区稳定和可持续发展中始终发挥着重要作用。湄公河流域是一个有代表性的例子,它是几个评估研究的焦点。一些现有的研究表明,联系方式有利于利益相关方更好地理解资源和政策之间的关系,他们提出了一个联结框架,结合了一些具体模型,以探索水资源、能源和粮食安全[31]。幼发拉底河-底格里斯河流域和中亚阿穆达里亚盆地等类似研究都提出了自己的联系模式框架,以探索如何在这些国家之间分享利益[32]。总体而言,不同地理尺度的 WEN 全面宏观案例研究具有不同的主题和位置。在方法论上,似乎所审查的研究之间或多或少的共同之处在于寻找和发展强大的联系框架,其中水、能源和其他要素得到全面考虑,为更好地理解和量化资源贸易提供了更有力的证据、更有效的资源使用策略,以及政策选择和治理安排。因此,在所有地理范围内,所审查的案例研究几乎涵盖了联系研究的所有方面,从理解、制图和评估联系关系到治理分析,以及如何在实地实施基于联系的选项和战略,虽然大多数仍然着重于理解和评估联系。

在国内,中国水利水电科学研究院开展了水资源约束对能源开发利用的影响研究,以我国西北重要能源基地为实例,评估了区域水与能源相关关系和约束性,提出了供需双向协调的应对政策建议[20,33]。鲍超提出城镇化驱动经济与用水增长的完全分解模型,定量测度了我国 31 个省级行政区 1997—2011 年城镇化过程对经济增长与用水变化的驱动效应及其时空耦合关系[34]。孙涵等[35]引入工业化和城市化进程因素,利用支持向量回归机建立能源需求预测模型,研究结果认为城市化进程推动了能源需求的快速增长,并且这种增长是刚性的。姜珊[36]研发了水-能源经济社会耦合模型(WEGEM),并在国家尺度的不同水源和电源供给侧进行模拟分析,得出水价、电价与国民经济的关系。周露明等[37]基于水资源管理"三条红线"制度的内涵,建立了水资源-能源-经济系统的耦合协调评价指标体系,利用耦合协调模型定量分析整个系统的协调发展水平及子系统相互之间的耦合关系。这些研究表明国内已经开始关注水资源和能源与经济社会等要素的内源相关关系,并在宏观空间尺度诠释纽带关系的概念。总的来说,国内现有纽带关系研究相对较少,仍处于初步阶段,重点集中在煤炭开采、火力发电等大量耗水的领域,多数成果是针对水资源问题、能源问题进行相互独立式的研究,很少系统性将二者放在一起进行研究,对水电在水-能源纽带中的特殊性定位与作用的研究仍较少。

2. 水与粮食纽带关系

水与粮食纽带关系主要表现为水资源系统对粮食系统的影响作用,而粮食系统对水系统的影响作用表现较弱。在陆地系统中,所有初级生产(即植物生长)、所有二级生产(即动物生长)都有水资源直接或间接参与,包括水量和水质两方面,本书主要论述水量层面的研究进展。

农业部门是用水大户,其用水量超过全球用水量的 70%。然而在世界许多地区,作物生产受到水资源供应的限制;此外,相关研究表明作物产量主要取决于从地表水和地下水体中抽取的用于灌溉的水。总的来说,农业部门的取水量、用水量远远超过世界范围内任何其他形式的人类对水资源的占用[38]。Mekonnen 等[39]用水足迹方法量化全球不同作物生长消耗水资源的量,如小麦的全球平均水足迹为 1 826 m^3/t,稻谷为 1 674 m^3/t,玉米为 1 222 m^3/t。动物产品的水足迹远远超过作物食品的水足迹,并且随着肉、蛋或乳制品等类型而变化。例如,全球牛肉平均水足迹为 15 400 m^3/t,猪肉为 6 000 m^3/t,鸡肉为 4 300 m^3/t[40]。

3. 水电在水-能源-粮食纽带关系中的作用

随着水资源的稀缺性日益突出、能源结构转型压力越来越大,水与能源的可持续开发利用已经成为我国经济社会发展的重要出路之一。水力发电技术作为水与能源最直接的纽带,具有运行维护成本低、运行年限长、启闭灵活、技术成熟可靠、能源转换效率高、可用于调峰调频等技术优点。2015年世界水电大会开设了"水与能源纽带"分论坛,提出水电处于"水与能源纽带"的中心地位,讨论了不同尺度背景下的纽带关系,并在大会宣言中提出"鼓励能给水电带来综合且多元化水与能源服务的项目设计"。

国内外在水力发电的用水、耗水方面的研究相对较少,但目前该方面已逐步受到重视。习惯上所说的水力发电"耗水率"实际上是指单位发电量通过水轮机的水量而非"消耗"的水量,因此未将水力发电用水作为水资源用水终端统计,从而体现出水力发电的可再生能源属性。然而,部分学者基于水足迹理论,认为水力发电过程是消耗水资源的,其耗水主要来自水库库区水面的蒸发。如俞雷等[41]计算了雅砻江流域平均水电水足迹为 1.13 m^3/GJ。

水力发电技术处于水与能源纽带的交叉点,具有水与能源的双重属性。一方面,水能利用过程中虽然不消耗水资源,但在一定时间与空间范围内占用了水资源,属于用水侧;另一方面,水能资源作为能源形式之一,通过水电站把水能转换为电能输配至用电户,属于供应侧。水能是重要的能源形式,但不是唯一的能源形式,具有可替代性。河流地表淡水资源是最主要的水资源形式,具有不可替代性。水力发电形成的电力产品与其他发电技术形成的电力产品具有无差别性,无法直接识别电力产品生产过程中对社会、环境的影响。

水力发电是 WEFN 中的重要组成部分,与其他部门相互联系、相互依赖。水电站利用水的动能和势能产生清洁能源(水电)。同时,具有调节能力的水库为下游灌区、城镇供水。另一方面,建坝阻断河流,会影响鱼类的生存和繁殖。随着人口的快速增长和经济社会的发展以及气候变化等带来的外界压力,水力发电与纽带内其他部门之间的相互作用的强度和频率都在增加。因此,纽带方法或视角对于实现水电可持续发展具有重大意义[42]。Zhang 等人[42]系统地回顾了政策、气候变化和 WEFN 对全球范围内水电开发的影响,指出 WEFN 强调了综合方法以及跨部门协调的重要性,有助于提高资源利用效率和实现可持续水电开发。此外,该文章认为水、能源和粮食这三个因素共同决定了水电的未来,需要在规划和运营阶段加以考虑。

水库是在水资源系统中存储和重新分配自然水资源的重要工程措施[43]。水库通常在经济、社会、生态和环境等方面发挥多重作用,包括防洪、发电、航运、供水、缓解干旱和维护生态流量等,这反映了各部门之间的相互依存和相互影响[44-46]。目前,多目标调度运行是全世界许多大型水库运行的基本原则。然而这些目标通常是矛盾的,一个目标的实现通常是以影响或牺牲其他目标为代价的。作为研究 WEFN 的重要工具之一,多目标优化可以识别和量化多个目标(或利益相关者)之间的潜在权衡,促进跨部门协调并优化部门之间有限的资源分配[47-48]。但截至目前,WEFN 在水电行业的相关研究中鲜少涉及,尚存大量的问题亟待解决,如 WEFN 视角下水电如何发展,WEFN 如何引导水库(群)调度[48]等。

1.3 西南水电开发利用基本情况

十三大水电基地的规划总装机超过 28 576 万 kW,已建成装机容量为 12 599万 kW,在建装机容量为 5 444 万 kW,筹建项目装机量为 2 378 万 kW,取消或停建项目为 236.4 万 kW(2015 年统计)。西南水电能源基地是中国乃至世界水电开发的中心,在规划水电装机容量中,西南装机容量占全国的 66%;在已建水电装机容量中,西南装机容量占全国的 73%;在建水电装机容量中,西南装机容量占全国的 100%;在筹建水电装机容量中,西南装机容量占全国的 69%。具体如表 1-1 所示。

表 1-1 西南水电能源基地六大水电基地开发利用

水电基地	装机容量(万 kW)				主供范围
	规划	已建	在建	筹建	
金沙江	7 209	3 072	3 417	720	四川、西电东送
雅砻江	2 971	1 470	1 006	495	四川、西电东送江苏
大渡河	2 552	1 725	398	429	四川
澜沧江	2 581	1 905	356	/	云南、向广东省供电
怒江	2 132	0	360	/	云南
乌江	1 347	1 017	0	0	贵州

1.4 西南水电可持续发展的现状问题

西南地区是我国水能资源主要集中地,其水电装机规模最大,在建电站数目最多,规划发展速度最快。该地区水库大坝在河流中广泛存在,特别是金沙江、雅砻江、大渡河等河流上规划建设的梯级水电站众多,是高坝大库工程及梯级电站建设最集中的区域。特殊的地理位置、资源禀赋特征和国家清洁能源战略使西南水电可持续发展具有一定的独特性和复杂性,主要表现在生态、水电消纳和调度管理等几个方面。

1.4.1 生态方面

水电开发中大坝工程在发挥发电、防洪、供水、航运等功能的同时,还使河流上下游流量、流速、水位等水力要素和泥沙、营养物、水温等理化指标均受到电站蓄水和放水的人工干扰和控制,改变了河流的自然状态,引起生物栖息生境的显著改变,水力发电与生态环境的关系变得更加复杂。主要表现为:①水电开发中大坝建设阻断河道水流,引起水文条件变化,造成下游河流泥沙通量显著改变,导致下游河道冲淤变化、床底形态改变及河道侵蚀;②大坝阻隔造成水流阻断,影响洄游鱼类产卵繁殖,逐渐改变了河道鱼类区系组成;③大坝建成后下游水文、水动力、河道形态和断面的变化,引起生物生境的不断改变,逐渐引起河流原有底栖生物、水生植物及附着生物物种的选择性变化,导致生物群落种群变化和结构特征改变[50]。如金沙江地处干旱河谷区,涉及长江上游珍稀特有鱼类保护区,工程水库淹没和建设占地范围大,建设周期长,如不注重生态保护和生态恢复,较大强度的地表干扰会造成河谷区生态环境破坏。此外,工程运行将导致河段水域形态和水文情势、水温发生很大程度的变化[51]。

此外,西南流域梯级开发背景下,水库电站空间布局较为密集,每级水电工程与生态环境的关系可能会以某种形式叠加,使其两者的关系尤为错综复杂[52]。因此,如何协调好水力发电与生态环境的关系,将是西南水电可持续发展必须重视和面对的问题。

1.4.2 水电消纳方面

弃水问题是水电可持续发展和电站运行管理不可回避的一个问题[53]。通道不足、受送端电网灵活性电源不足、协调关系复杂等多方面原因,导致西南地区汛期弃水严重、受端低谷消纳困难,电力供需矛盾较为突出[54]。如2015年四川电网弃水电量达到102亿kW·h,约占全网水电发电总量的3.96%,以水电平均上网电价2毛钱计算,相当于一年白白流失了20亿元人民币;2016年四川省弃水总能量损失为 287.3×10^8 kW·h[53],接近雅砻江下游梯级电站多年平均发电量的2/5,造成大量清洁能源的浪费,不利于水电的可持续发展。

另一方面,汛期大小水电相互挤占通道,是云南省、四川省产生较多弃水一个重要原因。小水电量多面广,绝大多数是径流式引水电站,且大多位于电网末端,来水主要集中在汛期,不适合建过多过大的外送通道,汛期通道受阻情况将长期客观存在,局部弃水不可避免。减少断面受阻、提高大小水电协调能力是减少西南水电弃水的一个重要途径。必须充分发挥大水电调节能力,实现汛枯期电量转移,提高水电总消纳电量,减少汛期窝电弃水[54]。因此,水电消纳是西南水电可持续发展又一需要重视和面对的问题

1.4.3 调度管理方面

西南地区梯级水电站群具有显著特点,体现在两个方面:一方面,流域(梯级)级数多、容量大、高水头、高坝大库集中和采用巨型机组,使得水电系统调度问题建模和求解难度高,愈加凸显了维数灾难问题。国内外现有的优化调度方法无法满足西南地区梯级水电站群十几座、几十座、千万kW级规模优化调度需要,更无法支撑亿kW级省级/区域电网跨流域跨省跨区域数十座、几百座、几千万kW乃至亿kW规模优化调度要求,这成为制约西南水电优化调度的瓶颈问题[54];另一方面多目标调度运行是全世界许多大型水库运行的基本原则,然而这些目标通常是矛盾的,一个目标的实现通常是以牺牲其他目标为代价的。作为研究 WEFN 的重要工具之一,多目标优化可以识别和量化多个目标(或利益相关者)之间的潜在权衡,促进跨部门协调并优化部门之间有限的资源分配[47,48]。因此,如何考虑多资源、多部门、多利益主体的梯级水库群优化调度是当前研究的一个热点,也是难点。

此外,西南地区这些大坝水库分属不同的业主,各行其是,形成的调度决策存在大量的不协调、不相融,甚至是效率相互抵消的情况,迫切需要统一调度管理。如雅砻江流域锦官组(锦屏一级、锦屏二级和官地)三个电站都属于国调中心直调,二滩水电站属于西南网调调度,桐子林水电站属于四川省调调度,水库调度存在一定矛盾。但调度模式和基本原则是:电调服从水调,供水、发电和航运服从防洪。防洪由国家防总统一指挥,发电等兴利调度可以在水利部指导下,由三峡集团牵头开展具体的调度运行[55]。

1.5 研究内容与技术路线

1.5.1 研究内容

本书以西南水电基地为典型研究区域,阐明研究区的水资源、能源、粮食的资源时空分布特征,分析水-能源-粮食资源利用的协调关系;构建水能开发利用与粮食用水安全风险分析方法,提出水资源高效利用下的水能开发模式;研发水电可持续利用下的水-能源-粮食协同安全保障技术。主要研究内容如下。

1. 西南水电基地水-能源-粮食资源特征及协调关系

剖析西南水电基地水资源、能源、粮食的资源分布特征,选取雅砻江流域水电基地及其毗邻区域为典型研究区域,以研究区干支流水系分布为本底分别构建大小水能开发利用节点,划分其他能源点群分布单元、粮食种植结构及其单元;分析研究区水资源时空分布及其演变规律,不同能源类型的开采、转换、输出全过程的耗水响应关系,不同种类粮食种植、收割、加工的水资源利用需求和能源消耗需求;从数量和结构方面,综合分析水-能源-粮食资源特征;依托水资源的价值串联作用,考虑大小水电能源用水、其他能源耗水、粮食灌溉需水的多要素主体,辨识各个主体博弈和非博弈的系统行为,分析水-能源-粮食的协调关系。

2. 水能开发利用与粮食用水安全协调配置及风险

围绕水电水资源调配与能源供应的二元综合利用属性,分析水电在水-能源-粮食纽带关系中的特殊地位,以研究区水电能源开发利用中的大小水电关联性和分割性、干支流上下游水量需求和蓄能需求、粮食灌溉用水的季节特征为切入点,剖析大小水能开发与区域粮食用水需求的竞争性关系和相容性关系,评价现状条件下的研究区大小水能开发利用与区域粮食用水需求的适配性关系;从大、小水能利用和粮食生产协同安全保障角度,识别三者安全非适配的主要风险源,提出风险分析方法;结合研究区水-能源-粮食适配性和风险控制水平,提出水资源耦联下的水-能源-粮食协调配置模式。

3. 面向水电可持续利用的水-能源-粮食协同安全保障技术

围绕国家"十三五"水电发展规划和布局,分析西南水电基地大中型水电开发和缺电地区小水电开发扶贫目标,以及水电能源的外输和内销需求及结构，对流域水资源分配、区域能源开发布局、粮食生产安排建立综合协调机制；基于联合调度运行机制，提出大型水库群梯级优化调度技术；基于水资源价值流动作用，提出流域水资源综合利用干支流统筹调配技术；基于提升粮食灌溉供水保障水平，提出小水电站灌溉排水调剂技术；以水电可持续利用为宗旨，提出研究区水-能源-粮食协同安全保障技术。

1.5.2 技术路线

本书研究旨在解决面向我国西南水电基地水电可持续利用的水资源梯级调度-干支流调配-灌排调剂的水资源-能源-粮食协同保障技术，采用"现场调研→统计分析→模型预测→协同评价→方案整合→风险管控"的研究思路。

为实现西南水电能源基地水-能源-粮食协调配置及保障关键技术研究，以西南水电基地为典型研究区域，利用现场调研、理论分析、模拟预测、指标评价等手段进行技术研发，围绕水、能源、粮食的纽带特征、适配性评价、协同安全保障三个方面循序渐进开展研究。

采用现场调研、统计分析方式，必要时利用观测和实验方式，进行研究区域水资源、能源、粮食方面以及社会经济、地理环境等基础资料和数据的收集整理。通过系统分析拆解和划分水资源流过程、能源流过程、粮食流过程，利用系统动力学模型预测、资源流过程分析等手段，开展三种资源约束性、关联性、矛盾性和协调性的互动关系研究，利用项目研发的评价方法与模型进行资源适配性和协同安全评价。

在资源纽带作用的基础上，依据数据同化、多目标优化、风险分级、评估与调控等方法，研发面向水电可持续利用的水资源梯级调度-干支流调配-灌排调剂的水资源-能源-粮食协同保障技术，落实西南水电基地水资源-能源-粮食协同安全保障技术研发，保障西南水电能源基地的水电可持续利用水平得到提升。

本书研究的具体技术路线如图1-2所示。

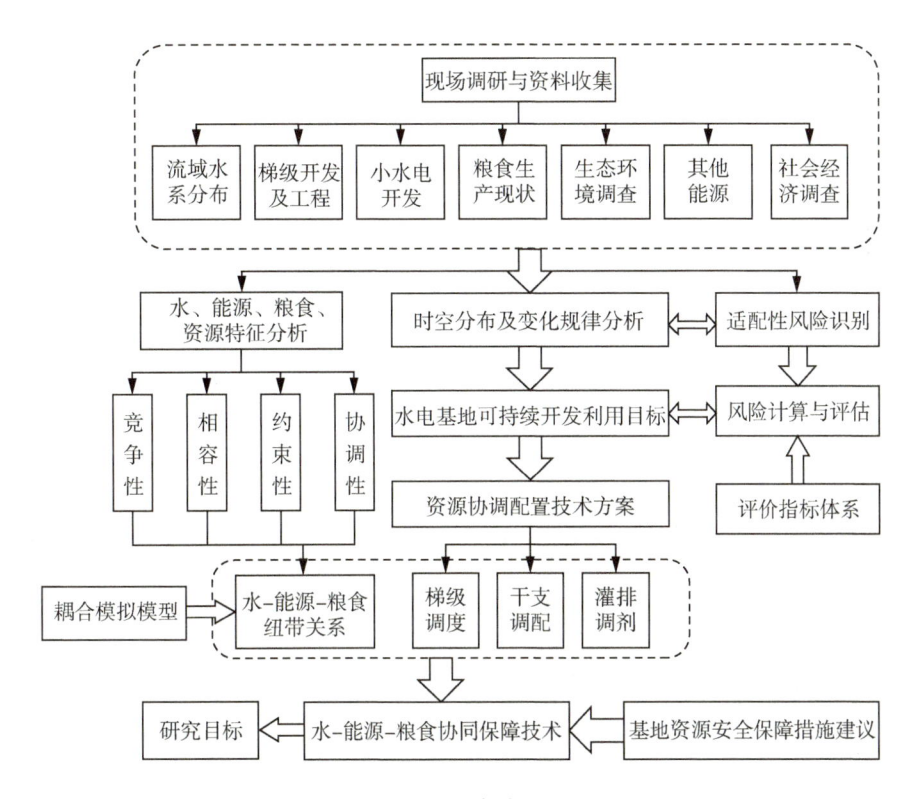

图 1-2　技术路线图

第 2 章 西南地区水、能源、粮食资源供需特征

西南水电基地主要包括的行政区域有四川省、云南省、贵州省和重庆市（三省一市），总面积达113.87万 km²，占中国陆地国土面积的11.9%。区域地理位置为东经97°21′~110°11′，北纬21°08′~33°41′。本章基于统计学视角，从供给侧和需求侧对三省一市水、能源、粮食资源特征进行分析。

2.1 供给侧现状

2.1.1 水资源量

1. 水资源概况

西南水电基地水资源丰富，总量居全国第一（按地理分区），三省一市水资源总量趋势平稳，具体如图2-1所示。

从图2-1可以看出：四川省、云南省、贵州省和重庆市2005—2017年水资源总量变化幅度不大，基本维持稳定，其多年平均分别为2 436.46、1 877.91、965.75和527.68亿 m³。四川省水资源总量最大，多年平均占比为42%，具体如图2-2所示，可以看出：四川省水资源以地表水为主，基本接近水资源总量的值。

2. 供水状况分析

供水总量是指各种水源为用水户提供的包括输水损失在内的毛水量，水源主要包括地表水源、地下水源和其他水源（再生水、海水淡化等）。地表水源供水量是指地表水体工程按蓄、引、提、调四种形式的取水量。从水库、塘

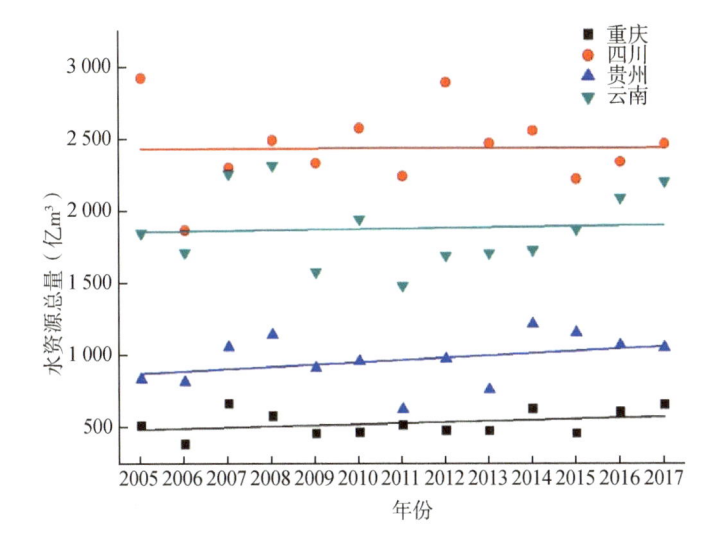

图 2-1　西南水电基地水资源总量历年变化趋势

图 2-2　四川省水资源总量及结构

坝中引水或提水，均属蓄水工程供水量；从河道或湖泊中自流引水的，无论有闸或无闸，均属引水工程供水量；利用扬水站从河道或湖泊中直接取水的，属于提水工程供水量；跨流域调水指水资源一级区或独立流域之间的跨流域调配水量，不包括在蓄、引、提水量中，如南水北调西线从雅砻江上游调水（规划中）。

西南水电基地供水情况如图 2-3 所示，可以看出：西南水电基地供水量呈现逐年上升的趋势,且供水总量四川省＞云南省＞贵州省＞重庆市;四川省供水总量呈逐年上升的趋势;云南省、贵州省用水总量年际变化幅度较小,维持平稳;重庆市用水总量呈现先上升后平稳的趋势。

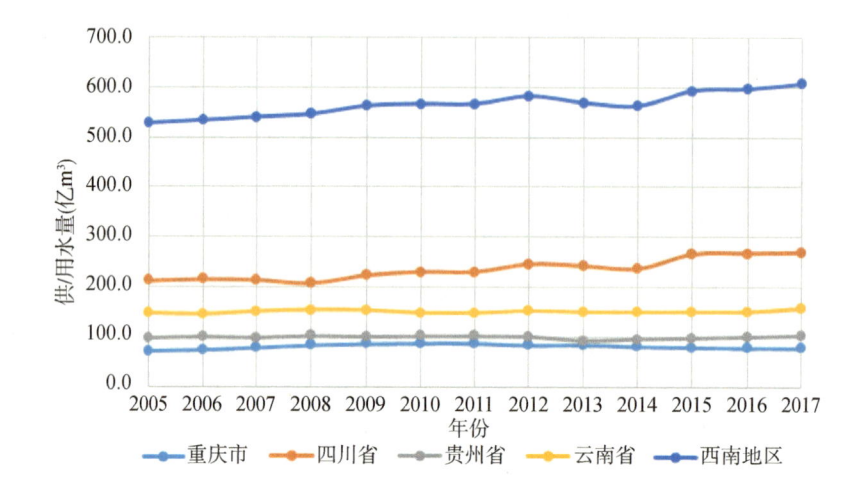

图 2-3　西南水电基地供/用水总量

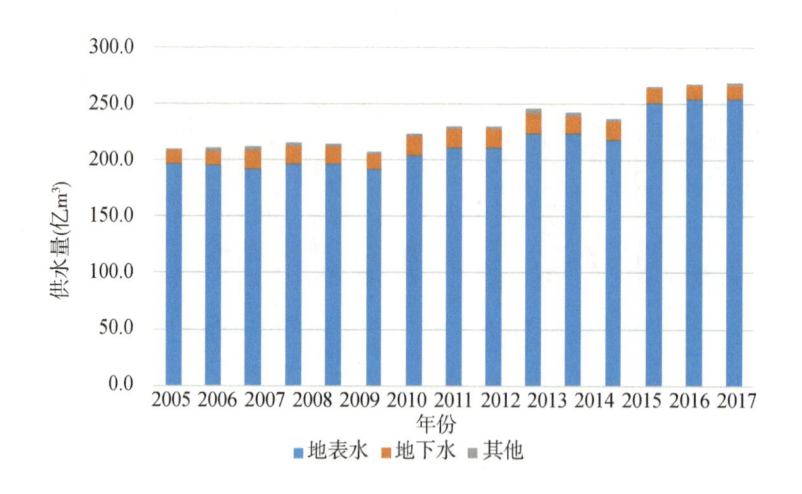

图 2-4　四川省供水量及结构

四川省供水状况如图 2-4 所示,可以看出:四川省供水水源以地表水源为主,其次是地下水源,最后是其他水源;四川省供水量呈现逐年上升的趋势,2005 年供水量为 212.3 亿 m^3,其中地表水 191.1 亿 m^3,地下水 17.1 亿 m^3,其他 4.1 亿 m^3;截至 2017 年,四川省供水量较 2005 年上升 26.42%,为

268.4亿m³,其中地表水254.3亿m³,地下水12.2亿m³,其他1.9亿m³。

2.1.2 能源开发

能源生产总量指一定时期内,全省一次能源生产量的总和,是考量全省能源生产水平、规模、构成和发展速度的总量指标。一次能源生产量包括原煤、原油、天然气、水电、核能及其他动力能(如风能、地热能等)发电量,不包括低热值燃料生产量、太阳热能等的利用和由一次能源加工转换而成的二次能源产量。

2016年,西南水电基地能源生产量及结构如图2-5所示,可以看出:2016年西南水电基地能源生产总量为52 286.09万tce(标准煤),其中原煤开采量最多,为30 623.84万tce,占比58.57%;原油生产量最少,为15.40万tce,占比0.03%;天然气生产量为3 843.89万tce,占比7.35%;水电生产量为17 802.96万tce,占比34.05%。

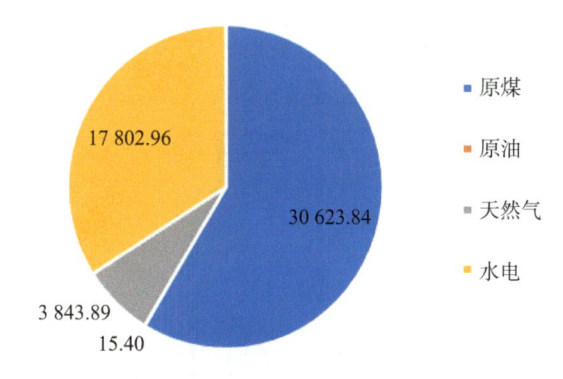

图2-5 2016年西南水电基地能源生产量及结构(万tce)

四川省历年能源生产状况如图2-6所示,可以看出:能源生产总量呈现先增加后平稳的趋势,其中水电和天然气生产量逐年递增,而原煤生产量逐年递减,石油生产量很少,几乎依赖进口来满足本地油品燃料消费需求。

2.1.3 粮食生产

粮食产量指农业生产经营者日历年度内生产的全部粮食数量。按收获季节包括夏收粮食、早稻和秋收粮食,按作物品种包括谷物、薯类和豆类,其产量计算方法:谷物按脱粒后的原粮计算,豆类按去豆荚后的干豆计算;薯类(包括甘薯和马铃薯,不包括芋头和木薯)以鲜薯5∶1折算粮食。

图 2-6　四川省历年能源生产状况

2016年,西南水电基地粮食生产量及结构如图2-7所示,可以看出:2016年西南水电基地粮食生产总量为7 438.9万t,其中稻谷产量最多,为3 023.3万t,占比40.64%;豆类生产量最少,为285.0万t,占比3.83%;玉米生产量为2 274.6万t,占比30.58%;薯类生产量为1291.7万t,占比17.36%;小麦生产量为564.3万t,占比7.59%。

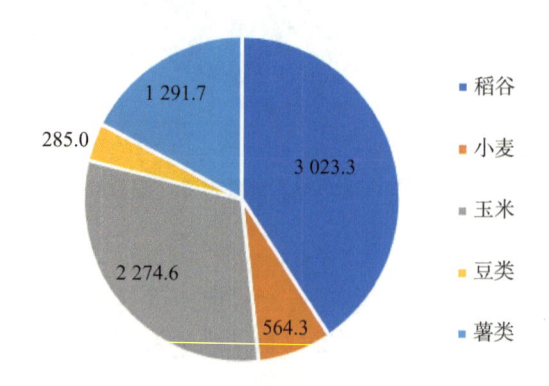

图 2-7　2016年西南水电基地粮食生产及结构(万t)

西南水电基地粮食生产总量如图2-8所示,可以看出:西南水电基地粮食生产总量呈现上升的趋势,但趋势不明显,介于7 000~8 000万t之间;各省市粮食生产总量均平稳,其中四川省粮食产量最多,多年平均占比45.19%。

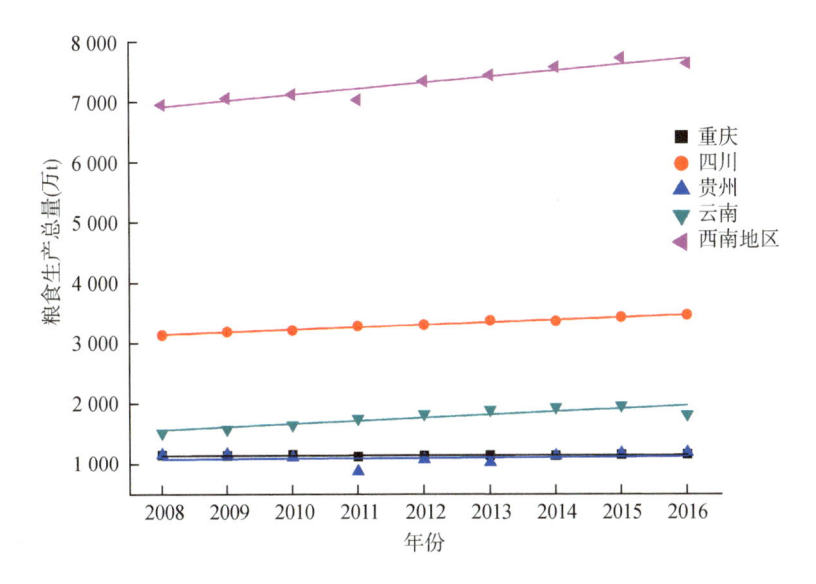

图 2-8　西南水电基地粮食生产总量

2.2　需求侧现状

2.2.1　供用水量

用水总量指各类用水户取用的包括输水损失在内的毛水量,包含农业用水、工业用水、生活用水和生态环境补水。农业用水包括农田灌溉用水、林果地灌溉用水、草地灌溉用水、鱼塘补水和畜禽用水;工业用水指工矿企业在生产过程中用于制造、加工、冷却、空调、净化、洗涤等方面的用水,按新水取用量计,不包括企业内部的重复利用水量;生活用水包括城镇生活用水和农村生活用水,城镇生活用水由居民用水和公共用水(含第三产业及建筑业等用水)组成,农村生活用水指居民生活用水;生态环境补水仅包括人为措施供给的城镇环境用水和部分河湖、湿地补水,而不包括降水、径流自然满足的水量。

根据 2005—2017 年西南水电基地实际用水量数据资料,该地区用水总量年际波动不大,集中在 527.5~605.9 亿 m^3 之间。四个部门用水(农业用水、工业用水、生活用水、生态用水)比例基本维持在 44∶21∶13∶1 左右,农业用水为西南水电基地第一用水大户,具体用水总量情况及用水结构如图 2-9

所示。

西南水电基地用水总量整体呈现逐年增加的趋势,但增加缓慢,2017年用水总量为2005年的1.15倍;四个部门用水量变化较小,其均值分别为312.47、149.537、95.90和7.01亿 m³。

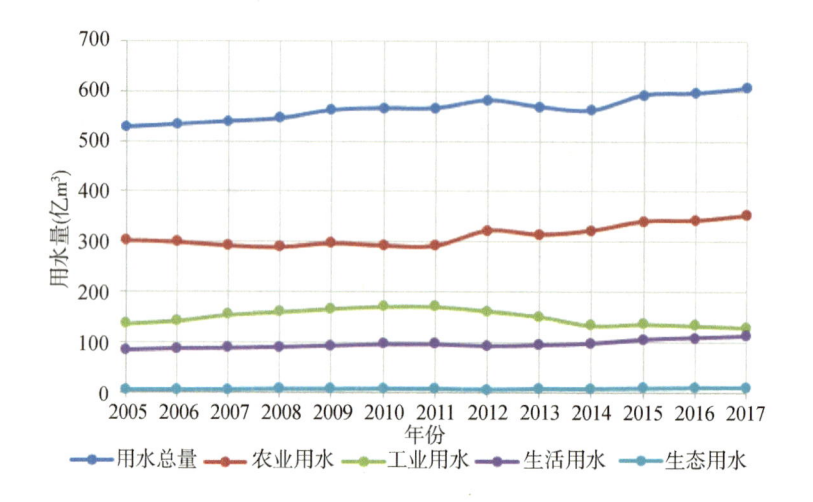

图2-9 西南水电基地用水及结构

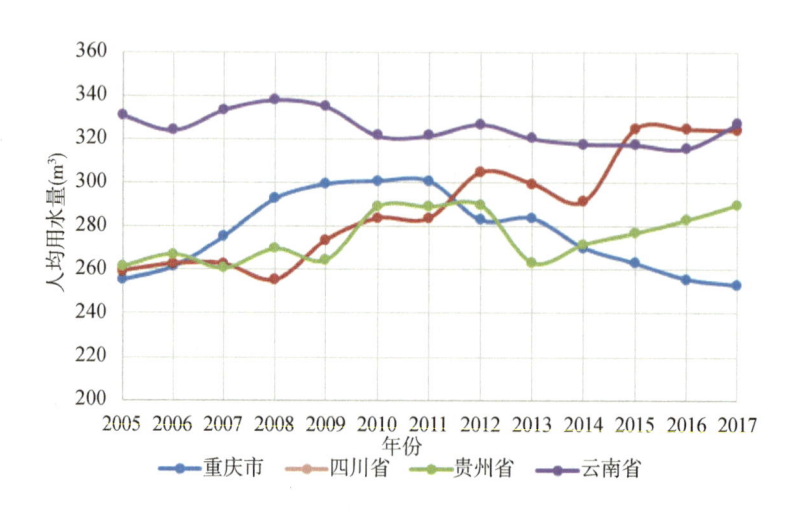

图2-10 西南水电基地人均用水量

西南水电基地三省一市人均用水量如图2-10所示,可以看出:四川省人均用水量呈增加的趋势,由2005年的259.3 m³增加到2017年的324.1 m³;贵州省人均用水量呈增加的趋势,由2005年的261.4 m³增加到2017年的

290.1m³;云南省人均用水量年际波动变化,但变化幅度较小,介于315.8~338.2 m³之间;重庆市人均用水量呈现先增加后减小的变化趋势。

2.2.2 能源消费

能源消费总量指一定地域内,国民经济各行业和居民家庭在一定时间消费的各种能源的总和。包括:原煤、原油、天然气、水能、核能、风能、太阳能、地热能、生物质能等一次能源;一次能源通过加工转换产生洗煤、焦炭、煤气、电力、热力、成品油等二次能源和其他产品;其他化石能源、可再生能源和新能源。其中水能、风能、太阳能、地热能、生物质能等可再生能源,是指人们通过一定技术手段获得的,并作为商品能源使用的部分。在核算过程中,一次能源、二次能源消费不能重复计算。

2016年,西南水电基地能源消费量及结构如图 2-11 所示,可以看出:2016年西南水电基地能源消费总量为 43 818.83 万 tce,其中原煤消费量最多,为 19 458.32 万 tce,占比 44.41%;天然气消费量最少,为 3 853.39 万 tce,占比 8.79%;水电消费量为 13 028.82 万 tce,占比 29.73%;原油消费量为 7 478.3 万 tce,占比 17.07%。

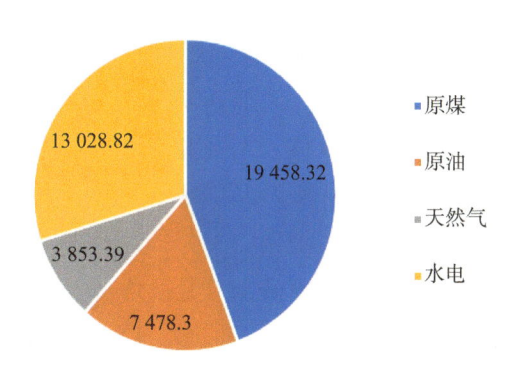

图 2-11 2016 年西南水电基地能源消费及结构(万 tce)

四川省历年能源消费情况如图 2-12 所示,可以看出:能源消费总量呈现先增加后平稳的趋势,其中水电和油品燃料消费量逐年递增,煤品燃料呈现先增加后减小的趋势,天然气消费量呈现先增加后平稳的趋势。值得注意的是四川省电力外送量逐年增加,说明四川省在满足本地电力需求的同时,还为其他地区(如江苏地区)提供大量清洁能源(水电)。

图 2-12　四川省历年能源消费状况

2.3　供需关系现状分析

2.3.1　水资源供需

水资源短缺程度是指经济社会发展需求的总用水量与水资源可利用量的比值,可反映水资源供需的紧张程度,比值大于 80% 属于水资源供需关系紧张的地区,比值超过 100% 属于水资源供需矛盾非常突出的地区[7]。西南水电基地水资源短缺程度如图 2-13 所示,可以看出:西南水电基地及三省一市水资源短缺程度小于 20%,远小于 80%,说明 2005—2017 年西南水电基地不存在水资源供需矛盾关系(水资源总量视角)。

2.3.2　能源供需

能源自给率是能源生产量与能源消费量的比值,是衡量国家、地区能源自给程度、反映国家、地区能源安全水平的一项重要的评估指标。四川省历年能源自给率如图 2-14 所示,可以看出:四川省能源自给率呈现先降低后稳定的变化趋势,由 2005 年的 93.8% 降低至 2016 年的 71.28%,说明随着经济、社会的发展、人口的增加,四川省对能源需要量越来越大;此外,四川省历年能源自给率均小于全国水平,说明四川省能源对其他地区依赖程度大。

四川省历年不同能源类型自给率如图 2-15 所示,可以看出:天然气和水

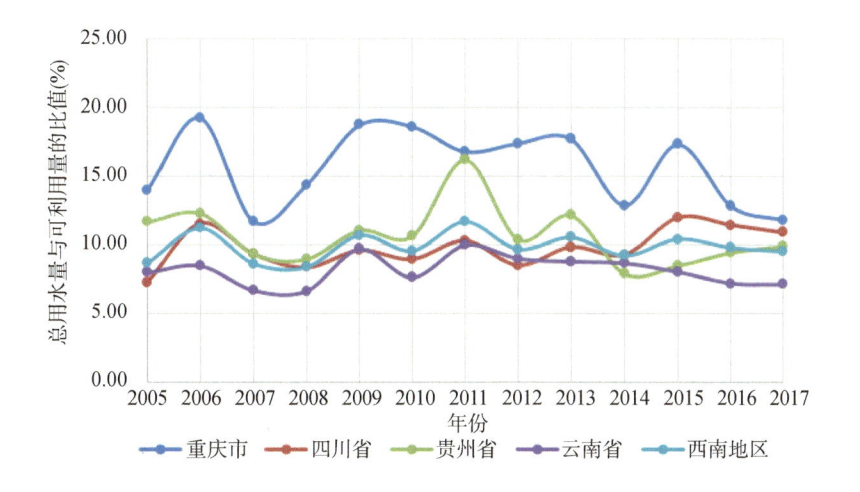

图 2-13 西南水电基地水资源供需关系

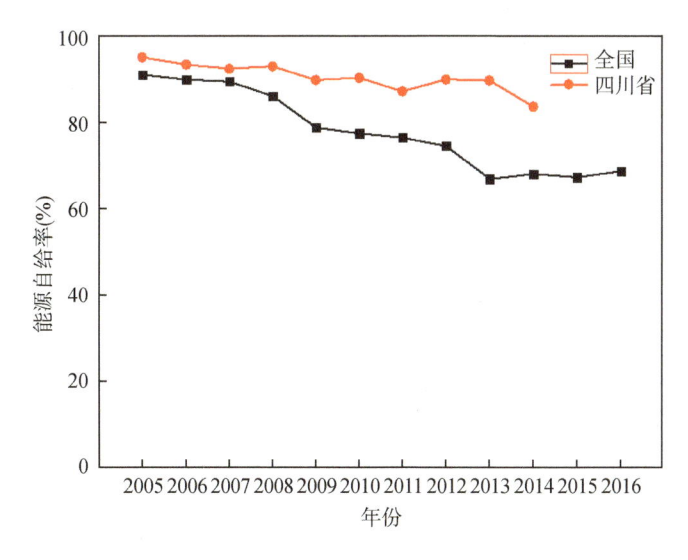

图 2-14 四川省历年能源自给率

电能源自给率大于 100%，且水电自给率呈现上升的趋势，说明四川省天然气、水电生产量能满足本地的消费需求；煤炭自给率低于 100%，且呈现逐年下降的趋势，这与四川省煤炭开采量下降有关；值得注意的是 2005—2016 年原油自给率均不到 3%，说明四川省原油基本依赖进口。

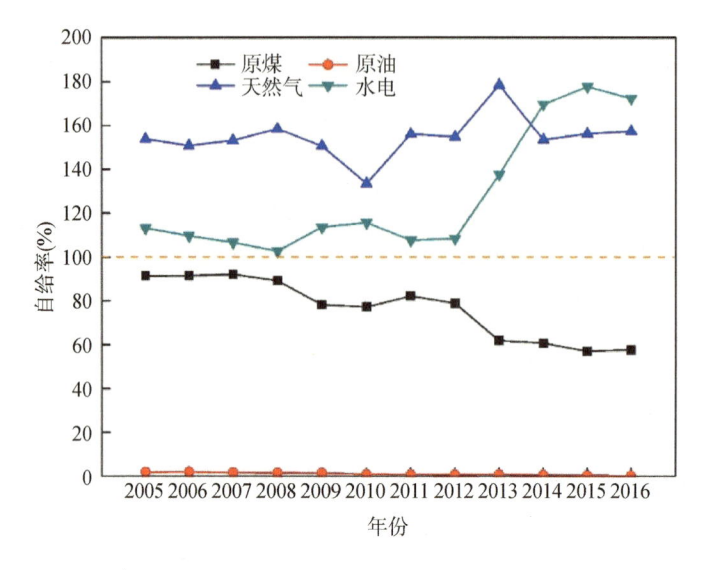

图 2-15　四川省历年不同能源类型自给率

2.3.3　粮食供需

粮食自给率是粮食(原粮,主要包含谷物、谷类、稻谷、小麦、玉米、豆类和薯类)生产量与粮食消费量的比值,是衡量国家、地区粮食自给程度,反映国家、地区粮食安全水平的一项重要的评估指标。中央政府一直高度重视中国粮食自给率问题,国家粮食安全中长期规划纲要(2008—2020 年)明确提出"中国粮食自给率要基本保持在 95% 以上"。四川省历年粮食自给率如图 2-16 所示。从图中可以看出:人均粮食占有量较为平稳,介于 320～400 kg 之间;人均粮食消费量呈现逐步下降的趋势,从 2005 年的 222.38 kg 降至 2016 年的 155.84 kg,这主要与人民生活水平提升有关;粮食自给率呈现稳步上升的趋势,从 2005 年的 177.39% 上升至 2016 年的 244.64%(均大于 95%,满足国家粮食安全长期规划要求),这说明种植、培育技术等增加了粮食的产量,对粮食安全有利。

2.4　资源要素相关性分析

水、能源、粮食三种资源相互之间及其与经济、社会、环境等要素之间存

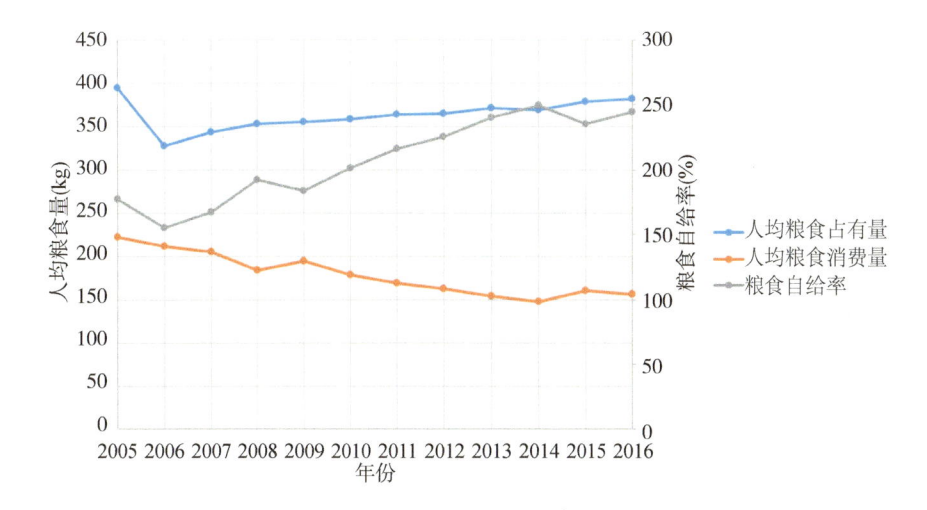

图 2-16　四川省历年粮食生产、消费和自给率

在错综复杂的联结，联结表征出资源系统的依存性、约束性和协同性等特征。衡量指标及其相互关系存在很多种可能性，且存在干扰。本小节从水、能源和粮食消费过程的相互依存性入手，本着相互依存性高入选的原则，讨论和筛查水-能源-粮食纽带关系可能的物理联系紧密的指标配对，并以四川省为例，进行相关性分析，建议结果如下。

（1）总体上，考虑供用水总量、能源（电力）消费总量和粮食生产总量。因为用水过程，即人类利用水资源为自身服务过程，必然伴随着能源消耗过程，从而为水资源社会循环流动提供动力支撑；能源消费过程，映射到电能生产过程（电能无法存储，用电与产电会基本平衡），必然伴随用水过程，例如火力发电冷却水等；粮食生产过程，必然伴随着水资源和能源的消耗，如灌溉用水、农机具耗能等。三者并不完全互相独立，存在某种必然的依存性。

（2）分项上，农业用水主要指灌溉取水，与耕地灌溉面积、粮食生产总量联系紧密；电力消费包含工业、生活和农业用电，与灌溉面积存在某些联系，如取水、提水耗电等。

综上所述，筛选出 6 对水、能源和粮食消费的指标关联，分别为农业用水量与粮食总产量、农业用水量与耕地灌溉面积、供用水总量与能源消费总量、供用水总量与电力消费总量、电力消费总量与粮食总产量，以及电力消费总量与灌溉面积，并以四川省为例，进行相关性分析。

2.4.1 水与能源相关性

按照线性关系拟合四川省供用水总量与能源消费总量的变化趋势,具体如图 2-17 中所示,结果表明:供用水总量与能源消费总量为零相关,其 R^2 接近 0,为 0.089 6,表明这两者相互独立或曲线相关。

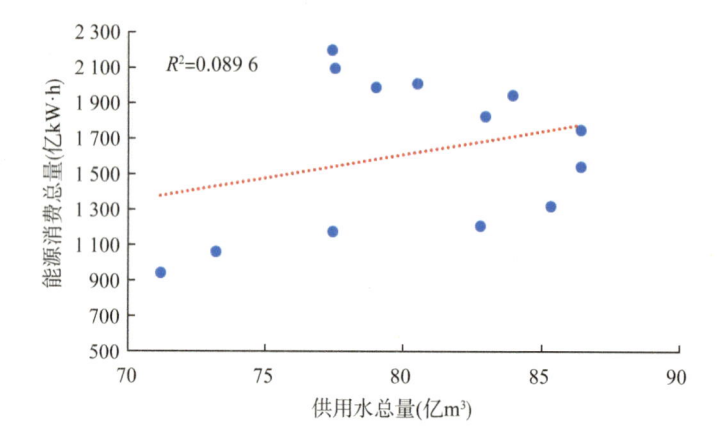

图 2-17 四川省供用水总量与能源消费总量相关关系及趋势

按照线性关系拟合四川省供用水总量与能源消费总量的变化趋势,具体如图 2-18 中所示,结果表明:供用水总量与电力消费总量相关性较弱,其 R^2 为 0.390 6。

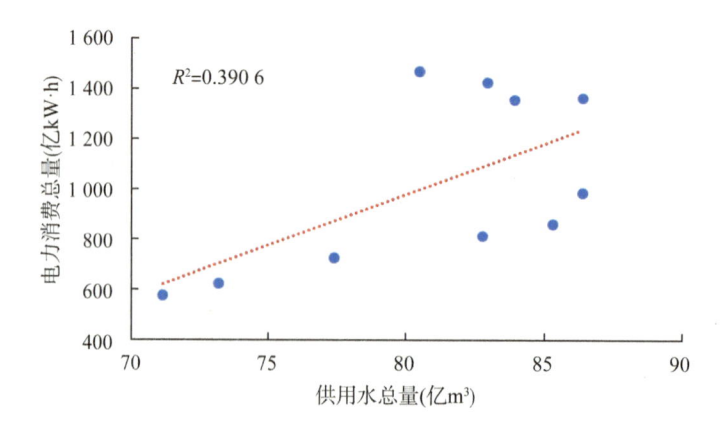

图 2-18 四川省供用水总量与电力消费总量相关关系及趋势

2.4.2 水与粮食相关性

按照线性关系拟合四川省农业用水量与粮食总产量的变化趋势,具体如图 2-19 所示,结果表明:农业用水量与粮食总产量为正相关,但相关性不强,其相关指数 R^2 为 0.518 4。

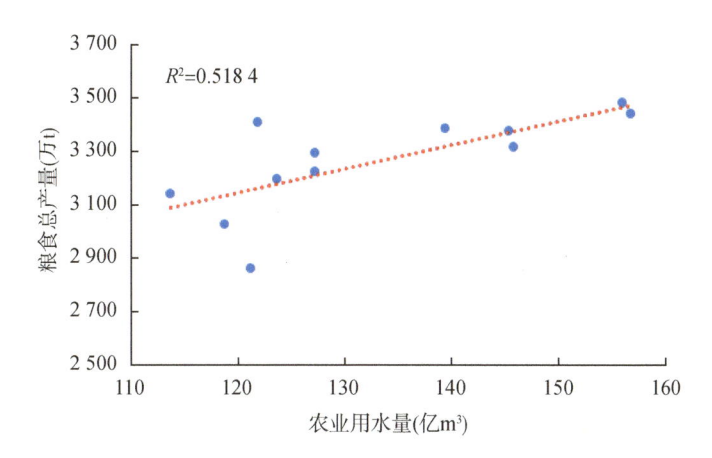

图 2-19 四川省农业用水量与粮食总产量相关关系及趋势

按照线性关系拟合四川省农业用水量与耕地灌溉面积的变化趋势,具体如图 2-20 所示,结果表明:农业用水量与耕地灌溉面积为正相关,且相关性强,其相关指数 R^2 为 0.809 5,但不能说明两者具有因果关系。

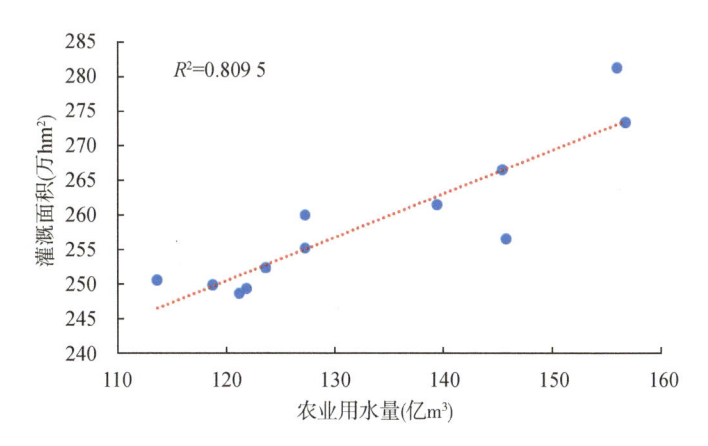

图 2-20 四川省农业用水量与灌溉面积相关关系及趋势

2.4.3 能源与粮食相关性

按照线性关系拟合四川省电力消费总量与粮食总产量的变化趋势,具体如图 2-21 中所示,结果表明:电力消费总量与粮食总产量为正相关,且相关性强,其相关指数 R^2 为 0.827 3,但不能说明两者具有因果关系。

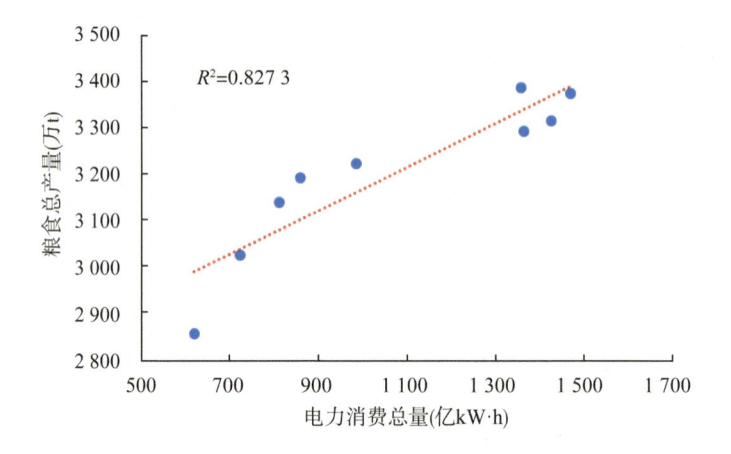

图 2-21 四川省电力消费总量与粮食总产量相关关系及趋势

按照线性关系拟合四川省电力消费总量与灌溉面积的变化趋势,具体如图 2-22 中所示,结果表明:电力消费总量与灌溉面积为正相关,且相关性强,其相关指数 R^2 为 0.850 0,但不能说明两者具有因果关系。

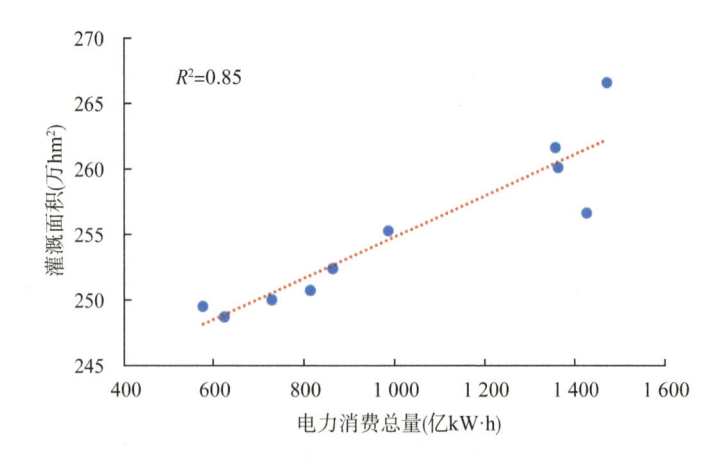

图 2-22 四川省电力消费总量与灌溉面积相关关系及趋势

2.5 本章小结

本章基于统计学视角,从供给侧和需求侧解读了西南水电基地水资源、能源和粮食基本特征、历年演变规律、生产消费特征、供需关系及资源要素相关性分析,主要成果和结论如下。

(1) 西南水电基地水资源丰沛,年际变化波动较小,用水总量占水资源总量的10%左右,其中农业用水占据第一,为用水总量60%左右,不存在供需矛盾关系(水资源总量视角)。

(2) 四川省能源生产以煤炭、天然气和水电为主,其中煤炭开采量逐年递减,而水电发电量逐年递增;四川省能源自给率低于全国水平,其中石油自给率不到3%,石油供需矛盾最大。

(3) 西南水电基地粮食生产以稻谷、玉米和薯类为主,其中四川省历年粮食自给率从2005年的177.39%上升至2016年的244.64%,均大于95%,满足国家粮食安全长期规划要求。

(4) 利用水-能源-粮食纽带关系的相互依存性,筛选出6对水、能源和粮食消费的指标关联,分别为农业用水量与粮食总产量、农业用水量与耕地灌溉面积、供用水总量与能源消费总量、供用水总量与电力消费总量、电力消费总量与粮食总产量,以及电力消费总量与灌溉面积;以四川省为例,得出农业用水量与耕地灌溉面积、电力消费总量与粮食总产量之间存在强相关性,其相关指数 R^2 分别为0.8095和0.8273。

第3章 基于水足迹的水-能源-粮食纽带关系解析

水资源系统是在一定的时间、空间范围内,各种水源相互联系构成的复杂系统;能源从开发到利用的过程中,经历了能源的生产、输送、加工、转换、贮存、分配等诸多环节。粮食从种植到利用的过程中,经历了农作物的生产、加工、运输等诸多环节。水资源、能源和粮食系统之间存在强烈的物质、能量和信息的交换关系与相互耦合作用,并由此推动着水资源系统、能源系统和粮食系统的演化,构成了一个水-能源-粮食复合系统。弄清水-能源-粮食系统的特征,对正确处理水-能源-粮食相关的经济社会、生态环境之间的矛盾,实现高效、合理、持续地开发利用水与能源有重要意义。本章对水-能源-粮食纽带关系进行剖析和解读,结合水足迹理论,对四川省能源、粮食部门水足迹进行核算,量化分析雅砻江流域水电水足迹及其环境累积效应,从省域和流域两个层面来研究典型区域的水-能源-粮食纽带关系,以实现资源的合理配置与最优使用。

3.1 水足迹基本理论

3.1.1 水足迹概念

Hoekstra 于 2002 年提出了"水足迹"的概念[56],之后在整个产品供应链中考虑用水的观点引起了极大的关注。水足迹是一种衡量用水的指标,不仅包括消费者或者生产者的直接用水,也包括间接用水。水足迹可以看作水资源占用的综合评价指标,是一个能体现消耗的水量、水源类型及污染量和污染类型的多层面的指标,主要包含绿水足迹、蓝水足迹和灰水足迹。水足迹的所有组成部分都明确了水足迹发生的时间和地点,绿水足迹是指对绿水(不会成为径流的雨水)资源的消耗,通常与农业用水有关;蓝水足迹是指产品在其供应链中对蓝水(地表水和地下水)资源的消耗。"消耗"是指流域内可利用的地表水和地下水的损失。当水蒸发、回流到流域外、汇入大海或者纳入产品中时,便产生了水的损失。灰水足迹是与污染有关的指标,定义为以自然本底浓度和现有的环境水质标准为基准,将一定的污染物负荷吸收同化所需的淡水的体积。

作为一种衡量"用水"的指标,水足迹和传统的"取水"指标在以下三个方面有所不同:

(1) 水足迹不包括返回到取水所在流域的蓝水;
(2) 水足迹不仅包括蓝水,还包括绿水和灰水;
(3) 水足迹不仅包括直接用水,也包括间接用水。

水足迹为理解消费者和生产者与淡水系统之间的关系提供了更加合理和广阔的视角。它是水消耗和水污染的体积衡量指标,而不是水消耗和水污染对当地环境影响程度的衡量指标。特定数量的水消耗和水污染对当地环境的影响取决于当地水系统的脆弱性及使用此水系统的消费者和生产者数量。水足迹核算为人类各种活动对水资源的占用提供了明确的时空信息,为讨论可用水提供了素材,也可为当地环境、社会和经济影响评价奠定了良好的基础[57]。

3.1.2 水足迹核算基本方法

根据用水特征分类,将用水结构分为四个部门,分别为农业部门、工业部门、居民生活部门和生态环境部门,并计算其水足迹。

1. 农业部门水足迹

农业部门水足迹核算包含农业作物产品水足迹和畜牧产品水足迹,农业作物水足迹主要采用 CropWat 软件(联合国粮农组织 FAO 基于 Penman Monteith 模型开发的)计算,畜牧产品水足迹采用 CropWat 软件及产品加工过程水足迹求和计算。

(1) 农业作物水足迹

CropWat 模型计算蒸散发量是基于标准彭曼公式(the Penman Monteith Method),彭曼公式用于计算参考作物生长期内的蒸散发量 ET_0,数据来自温度、湿度、光照和风速四种气候参数,作物系数和种植模式的作物参数等,计算过程如下。

运用彭曼公式求解参考作物蒸散发量 ET_0:

$$ET_0 = \frac{0.408\Delta(R_n-G)+\gamma\dfrac{900}{T+273}U_2(e_s-e_a)}{\Delta+\gamma(1+0.34U_2)} \tag{3-1}$$

式中:R_n 为作物表面的净辐射量,MJ/(m²·d⁻¹);G 为土壤热通量,MJ/(m²·d⁻¹);T 为平均气温,℃;U_2 为离地面 2 m 高处的风速,m/s;e_s 为饱和水气压,kPa;e_a 为实测水气压,kPa;e_s-e_a 为饱和水气压与实际水气压的差额,kPa;Δ 为饱和水气压与温度相关曲线的斜率,kPa/℃;γ 为湿度计常数,kPa/℃。

然后,再利用作物系数 K_c 对 ET_0 进行修正,获得某种农作物蒸散发量 ET_c:

$$ET_0 = K_c \times ET_0 \tag{3-2}$$

农作物绿水蒸发量 ET_{green} 和蓝水蒸发量 ET_{blue} 为:

$$ET_{green} = \min(ET_c, Peff) \tag{3-3}$$

$$ET_{blue} = \max(0, ET_c - Peff) \tag{3-4}$$

式中:ET_c 为作物生育期蒸散发量,mm;$Peff$ 为作物生育期内有效降雨量,mm,有效降雨量 $Peff$ 利用 CropWat 软件内嵌的美国农业部土壤保持局(USDA,SCS)公式计算。

农作物单位质量绿水足迹 WF_{green} 和单位质量蓝水足迹 WF_{blue} 为:

$$WF_{green} = \frac{CWU_{green}}{Y} = 10 \times \frac{ET_{green}}{Y} \tag{3-5}$$

$$WT_{blue} = \frac{CWU_{blue}}{Y} = 10 \times \frac{ET_{blue}}{Y} \tag{3-6}$$

式中:WF 为作物单位质量水足迹,m³/t;CWU 为作物生育期水资源消耗量,m³/hm²;Y 为作物单位面积产量,t/hm²;10 为单位转换系数。

(2)畜牧产品水足迹

畜牧产品虚拟水包含活动物虚拟水核算与畜产品虚拟水核算,活动物的虚拟水含量计算需要考虑动物成长的自然地理环境、动物的类型、气候条件以及动物的饲养结构等。

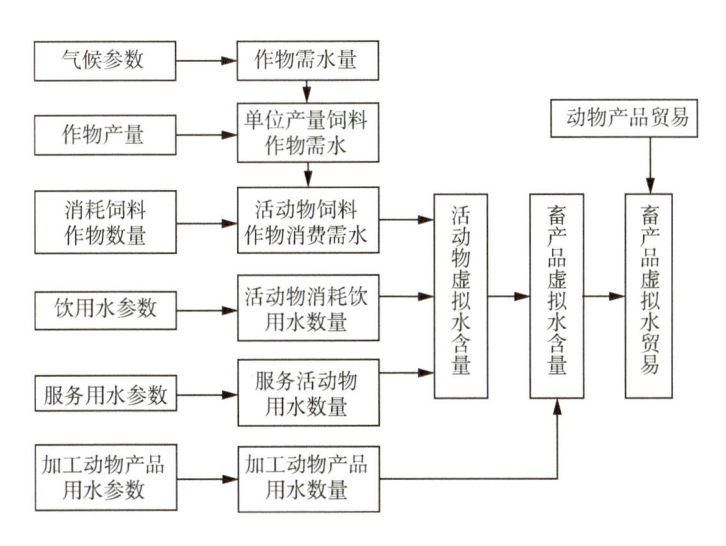

图 3-1 畜牧产品水足迹核算流程图[58]

畜牧产品水足迹采用 Hoeskstra 和 Chapagain 在中国区域的研究成果[40]，具体如图 3-1 和表 3-1 所示。

表 3-1 畜牧产品水足迹

产品	水足迹(m^3/t)
牛肉	12 560
猪肉	2 211
家禽肉	3 652
鸡蛋	3 550
牛奶	1 000
绵羊肉	5 202
山羊肉	3 994
兔肉	4 001
水产	3 111

2. 工业部门水足迹

工业部门水足迹采用定额法计算，即

工业部门水足迹＝万元工业产值耗水量×工业总产值

3. 居民生活部门水足迹

居民生活部门水足迹采用定额法计算,即

居民生活部门水足迹＝人均用水定额×总人数

4. 生态环境部门水足迹

生态环境部门水足迹采用中国水资源公报统计的生态环境用水量来代替。

3.1.3 水足迹可持续评价方法

最早明确提出水足迹核算之后需要进行可持续评价,是由于全球淡水资源是有限的,研究者需要从更大的尺度评价水足迹的可持续性。水足迹可持续评价是水足迹和可利用淡水资源量的比较。水足迹的可持续性有不同的维度(环境、社会、经济),造成了不同水平的影响(初级影响、次生影响),包含了不同的"色彩"(蓝水、绿水和灰水)。热点地区是指水足迹不可持续、必须降低的地区和阶段。确定了热点地区之后,可以深入研究热点地区水足迹对环境、经济、社会的影响。水足迹可持续性评价方法的优点在于能用定量化的方式反映水资源可持续利用的时间、空间特征、影响方式及影响程度,从而确定水足迹减量目标,为区域水资源安全管理提供决策支持。

3.2 水-能源-粮食纽带关系认识

2011年,德国波恩召开水-能源-粮食纽带关系会议,大会首次将三大人类最赖以生存的资源(水资源、粮食、能源)之间的协同关系定义为纽带关系[2]。同年,世界经济论坛将"水资源-能源-粮食"风险群列为全球三大重点关注风险群之一。次年(2012年),联合国可持续发展会议重点强调水、能源、粮食安全的联系。同时,2012年世界水周大会呼吁寻找一种综合的方法来解决水、能源、粮食安全问题。水-能源-粮食纽带关系定义为水资源、能源、粮食部门或系统之间复杂的相互依赖关系和联系,包括权衡和它们之间的反馈。

3.2.1 纽带关系解读

"Nexus"在英汉词典中解释为 A complicated series of connections between different things,翻译为错综复杂的联结、关系和联系。其翻译词在国内说法不一致,鲍淑君等人[20]首次将"Nexus"翻译为"纽带关系",从而推广开来,并被国内学者接受[36,59,60]。另一方面,部分学者将"Nexus"翻译为"关联关系",如李桂君等人[61]、李良等人[62]。本书在保持概念连续性和不失内涵的条件下,继续沿用"纽带关系"这一翻译词。目前,水-能源-粮食纽带关系概念众多,但共识部分有:①水、能源、粮食之间存在复杂的相互作用关系;②气候变化、城市化、人口增长等诸多因素将会对"纽带关系"产生影响。

我国西南水电基地水能资源蕴藏丰富,水量丰沛,水电基地集中,其水力发电量为全国的50%左右。一方面,水电大规模开发对地区水资源、能源和粮食安全产生不同程度的正面影响。水库通过调蓄功能,实现蓄丰补枯,在供水、防洪等水安全方面做出巨大贡献;水力发电提供大量清洁能源,保障国家能源安全,降低了碳排放,缓解全球温室效应;粮食的生产、运输、加工等环节均离不开能源的投入。另一方面,水电大规模开发,与环境的关系变得愈加复杂。地区内水、能源、粮食三种资源相互关系主要表现为以水为核心的水与能源、水与粮食和水、能源、粮食的相互耦合关系。因此,本小节着重梳理了水-能源、水-粮食纽带关系特征。

3.2.2 水与能源纽带关系特征

厘清水与能源纽带关系的特征,对正确处理水和能源相关的社会、经济、生态、环境、土地、气候之间可能的矛盾,实现高效、合理、持续的开发利用水资源和能源有重要意义。水资源的开发利用必须以能源为动力,能源的开发利用离不开水资源的支撑,这是二者的内在联系,同时水资源、能源都是经济社会发展、生态文明建设的重要基础资源,这是二者的外在联系。因而,水与能源纽带关系基本特征主要表现在依存性、约束性、协同性[36]。

1. 依存性

水与能源之间存在相互依存的关系。水的提取、运输和处理需要消耗能源,能源的生产以及化石能源的开采也需要使用水资源。水资源生命周期各个环节都需要能源提供动力,比如在水利工程建设中将电能、化学能等能量转化为机械能,达到提升水体或者输送等目的;能源的开采、生产、利用等环节也离不开水资源,比如在煤炭开采过程中的井下注浆用水、采场工作面降尘洒水,等等

2. 约束性

水与能源存在相互约束的关系。所有能源的生产都离不开水资源,水资源是能源生产的一种限制性因素,且能源生产不仅需要考虑总体用水需求,

还要考虑其他用水部门对水资源的需求量,以及维持生态健康所需要的水资源量。例如为了满足人们的用电需求,水力发电工程会不可避免地改变河流的水文特性和变化规律。同时,能源产业也会造成严重的水资源污染问题,例如在煤炭开采过程中,因地下水与煤层、岩层接触,发生一系列物理化学反应,排出的疏干水会污染天然的地下水系。

3. 协同性

水与能源存在相互协同的关系。随着经济社会的发展,给水资源供给带来巨大压力,水与能源的供求关系发生变化,为防止水资源短缺或能源短缺问题的出现,需要强调水资源与能源之间的协调发展,提高水资源和能源的利用效率。例如在页岩气开采过程中采用水力压裂技术,通过注入高压水流对页岩层进行压裂,可以大大提高页岩气的产量。

3.2.3　水与粮食纽带关系特征

水与粮食纽带关系主要表现为水系统对粮食系统的影响作用,而粮食系统对水系统的影响作用表现较弱。水贯穿了粮食生产的整个生命周期,从灌溉到加工再到配送都需要消耗水,粮食中又蕴含着虚拟水。相对于水-能源纽带关系,其所包含的研究内容较少,主要原因有:①水资源与能源在各自的生命周期过程中是相互需求、相互消耗的,而水资源与粮食仅是单方面的需求关系;②能源的生产、加工、利用等过程几乎都需要消耗水资源,而粮食作物主要在其生产阶段消耗水资源,在其他环节的用水量相对很少;③不同类型能源(如煤、石油、电力)的用水形式和过程大相径庭,而不同粮食作物(如玉米、小麦)种植阶段的需水量虽然不同,但用水活动却基本相同,即灌溉用水。

3.3　行业水足迹核算案例

本小节基于水足迹理论,以四川省为例,对其整体水足迹、分部门水足迹、一次能源水足迹和粮食作物水足迹进行核算和分析。

3.3.1　四川省概况

四川省位于中国西南腹地,介于东经 97°21′～108°33′和北纬 26°0′～34°19′之间,地处长江上游,辖区面积 48.6 万 km²,居中国第五位,东西长 1 075 km,南北宽 921 km。

四川河流众多,以长江水系为主。黄河一小段流经四川西北部,为四川和青海两省交界,支流包括黑河和白河;长江上游金沙江为四川和西藏、四川和云南的边界,在攀枝花流经四川南部,在宜宾流经四川东南部,较大的支流有雅砻江、岷江、大渡河、理塘河、沱江、嘉陵江、赤水河。四川主要的湖泊有邛海、泸沽湖和马湖。

四川气候总的特点是:区域表现差异显著,东部冬暖、春旱、夏热、秋雨、多云雾、少日照、生长季长,西部则寒冷、冬长、基本无夏、日照充足、降水集中、干雨季分明;气候垂直变化大,气候类型多,有利于农、林、牧综合发展;气象灾害种类多,发生频率高,范围大,主要是干旱、暴雨、洪涝和低温等。① 四川盆地的亚热带湿润气候区,即四川盆地及周围山地。该区全年温暖湿润,年均温 16~18℃,日温≥10℃ 的持续期 240~280 d,积温达到 4 000~6 000℃,气温日较差小,年较差大,冬暖夏热,无霜期 230~340 d。盆地云量多,晴天少,2013 年日照时间较短,仅为 1 000~1 400 h,比同纬度的长江流域下游地区少 600~800 h。雨量充沛,年降水量达 1 000~1 200 mm。②川西南山地亚热带半湿润气候区。该区 2013 年气温较高,年均温 12~20℃,年较差小,日较差大,早寒午暖,四季不明显,但干湿季分明。降水量较少,2013 年有 7 个月为旱季,年降水量 900~1 200 mm,90% 集中在 5—10 月。云量少,晴天多,日照时间长,年日照多为 2 000~2 600 h。其河谷地区受焚风影响形成典型的干热河谷气候,山地形成显著的立体气候。(3) 川西北高山高原高寒气候区。该区海拔高差大,气候立体变化明显,从河谷到山脊依次出现亚热带、暖温带、中温带、寒温带、亚寒带、寒带和永冻带。总体上以寒温带气候为主,河谷干暖,山地冷湿,冬寒夏凉,水热不足,年均温 4~12℃,年降水量 500~900 mm。天气晴朗,日照充足,年日照 1 600~2 600 h。

四川省,2018 年末常住人口 8 341 万人,比上年末增加 39 万人,其中城镇人口 4 361.5 万人,乡村人口 3 979.5 万人。2018 全年实现地区生产总值(GDP)增加值 40 678.1 亿元,按可比价格计算,比上年增长 8.0%。其中,第一产业增加值 4 426.7 亿元,增长 3.6%;第二产业增加值 15 322.7 亿元,增长 7.5%;第三产业增加值 20 928.7 亿元,增长 9.4%。三次产业对经济增长的贡献率分别为 5.1%、41.4% 和 53.5%。人均地区生产总值 48 883 元,增长 7.4%。

3.3.2 部门水足迹

根据用水特征分类,四川省用水结构分为四个部门,分别为农业部门、工业部门、居民生活部门和生态环境部门,四个部门水足迹如图 3-2 所示。从图 3-2 可知:各部门水足迹年际变化不大,农业部门为第一大用水部门,多年平均值为 764.6 亿 m^3,占比高达 88.64%;工业部门是第二大用水部门,用水比例占到 6.62%;居民生活部门和生态环境部门用水比例分别为 4.41%和 0.33%。

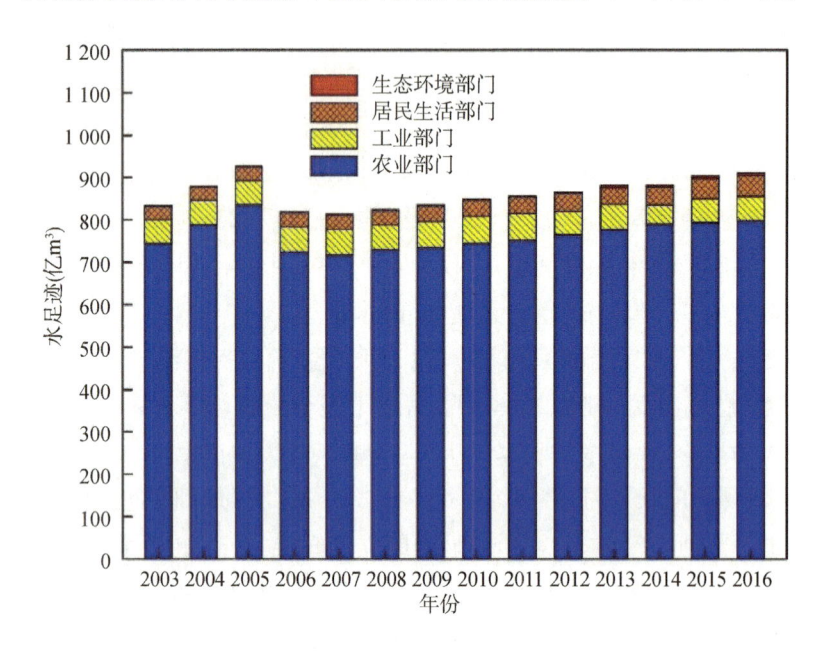

图 3-2 四川省部门水足迹

3.3.3 整体水足迹

将四川省四个部门水足迹(农业部门、工业部门、居民生活部门和生态环境部门)加和,得到四川省整体水足迹,如图 3-3 所示。四川省整体水足迹呈现先下降后逐年上升的趋势,2005 年四川省整体水足迹为 926.6 亿 m^3,2016 年四川省整体水足迹为 910.6 亿 m^3,年均整体水足迹为 863.7 亿 m^3;2005 年整体水足迹最大,主要是因为肉类产量增大,进而导致较大的水足迹。对比四川省实体用水量可知,平均整体水足迹是平均实体用水量的 3.71 倍,说明用实体用水量不能较真实反映四川省实际用水情况(水足迹视角)。

由图 3-4 可知,四川省人均水足迹与人均实体用水量变化趋势基本与整

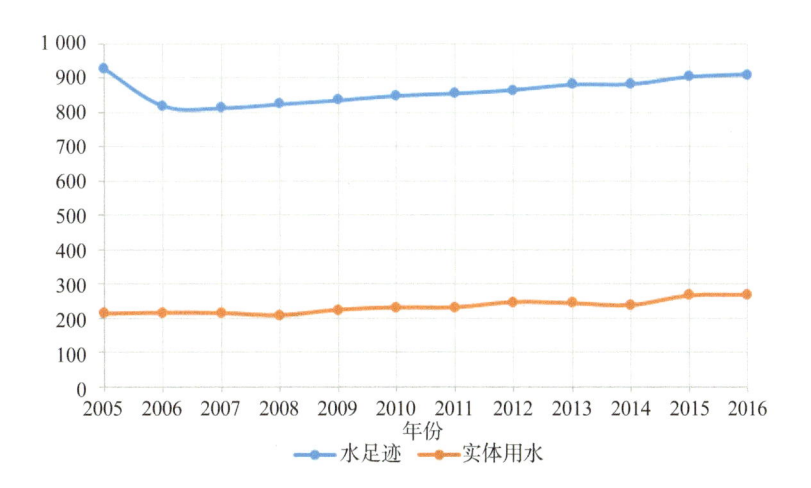

图 3-3　四川省整体水足迹与实体用水量(亿 m³)

体水足迹和实体用水量一致。2005 年四川省人均水足迹为 1 072.2 m³,2016 年四川省人均水足迹为 996.6 m³;2005—2016 年多年人均水足迹为 863.7 m³,人均实体用水量为 258.8 m³,人均水足迹是人均实体用水量的 3.34 倍。

图 3-4　四川省人均水足迹与人均实体用水量(m³/a)

3.3.4　一次能源水足迹

一次能源水足迹表征能源产出过程中能源生产消耗的水资源总量,单位万 m³。四川省原煤、原油、天然气、核能、风能和太阳能等一次能源历年水足迹如图 3-5 所示,可以看出:四川省一次能源水足迹呈现逐年递增的趋势,一次能源水足迹从 2005 年的 80.46 万 m³ 增加至 2016 年的 191.17 万 m³,表明人类对一次能源的需求量越来越大。

图 3-5　四川省一次能源水足迹

四川省涉及中国三大水电基地,分别是金沙江水电基地、雅砻江水电基地和大渡河水电基地。因此水电在四川省能源中占据至关重要的地位。四川省水电水足迹如图 3-6 所示,可以看出:2005—2016 年,四川省水电水足迹呈现指数增长的趋势($R^2=0.9864$),水电水足迹从 2005 年的 33.68 万 m³ 增加至 2016 年的 147.02 万 m³。

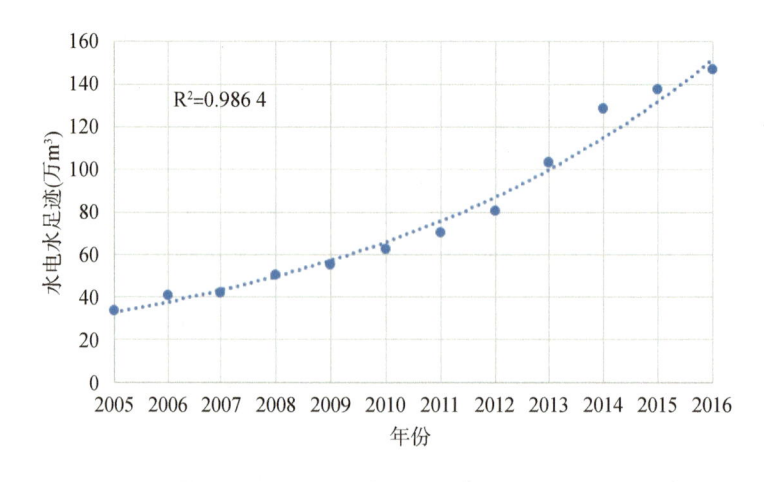

图 3-6　四川省历年水电水足迹

3.3.5 粮食作物水足迹

随着人口的不断增长和经济社会的快速发展,人类对淡水和粮食的需求日益增加。农业是人类食物的主要来源,是三大产业的基础,并一直是用水大户。因此,理清水资源和粮食之间的相互关系,有效地评价一个国家或地区的粮食水资源利用效率、解析粮食和水资源的关系对水资源管理具有重要的意义。本书依托水足迹理论,建立四川省水资源和粮食作物之间的关系,旨在为解决水资源、粮食危机提供新的思路。

1. 粮食作物质量水足迹

粮食作物质量水足迹表征生产单位质量粮食所消耗的水资源,值越大,表明水资源利用效率越低。四川省主要粮食作物(稻谷、小麦、玉米、豆类和薯类)如表 3-2 所示,可以看出:小麦的质量水足迹最大,其次是豆类、薯类、稻谷和玉米,其值分别为 1 792.3、1 507.3、1 197.4、862.5 和 789.6 m^3/t;小麦和玉米全部消耗绿水,蓝水为 0。

表 3-2 主要粮食作物质量水足迹(m^3/t)

稻谷			小麦			玉米		
WF_{green}	WF_{blue}	WFc	WF_{green}	WF_{blue}	WFc	WF_{green}	WF_{blue}	WFc
547.8	314.6	862.5	1 792.3	0.0	1 792.3	789.56	0.0	789.6

豆类			薯类					
WF_{green}	WF_{blue}	WFc	WF_{green}	WF_{blue}	WFc			
1 165.0	342.4	1 507.3	1 188.0	9.4	1 197.4			

2. 粮食作物水足迹

粮食作物水足迹表征粮食生产过程消耗的淡水,包含绿水、蓝水和灰水。灰水足迹是衡量污染情况的一个指标,目前受争议较大,且计算误差较大。因此,本书仅考虑粮食作物生育期消耗的水资源量(绿水和蓝水),不考虑化肥等对水资源污染的情况(灰水)。四川省历年粮食作物水足迹如图 3-7 所示,可以看出:粮食作物水足迹呈现下降的变化趋势,但近十年来基本没有变化;绿水占据主要地位,接近 85%,这与四川省雨量充沛有关;此外,绿水用水成本较蓝水低,故若能进一步提升绿水比例,有利于粮食生产成本降低。

1995—2016 年四川省粮食作物水足迹构成如图 3-8 所示,可以看出:粮食作物水足迹呈现下降的变化趋势,但近十年来基本没有变化;稻谷水足迹占比最大,其次是小麦、薯类、玉米和豆类,其值分别为 38.98%、26.28%、

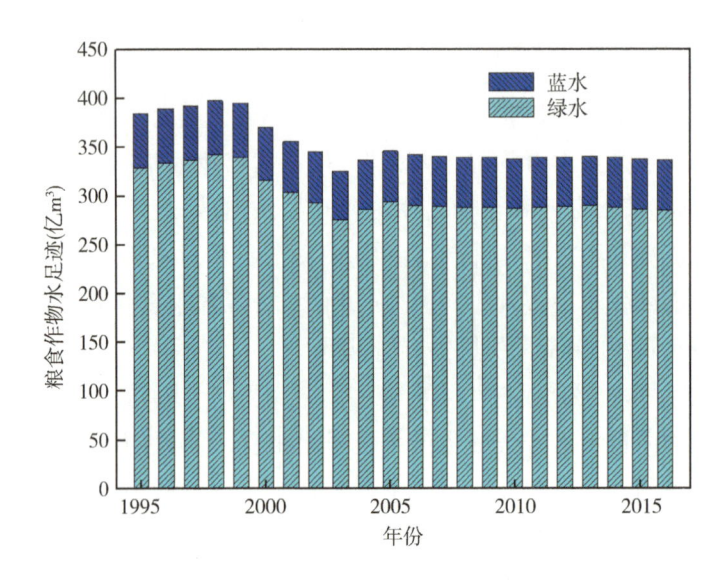

图 3-7 四川省历年粮食作物水足迹

15.98%、14.52%和4.23%(表3-3);稻谷和小麦水足迹占比过半,为四川省最主要耗水粮食作物,这与它们的种植规模有关。

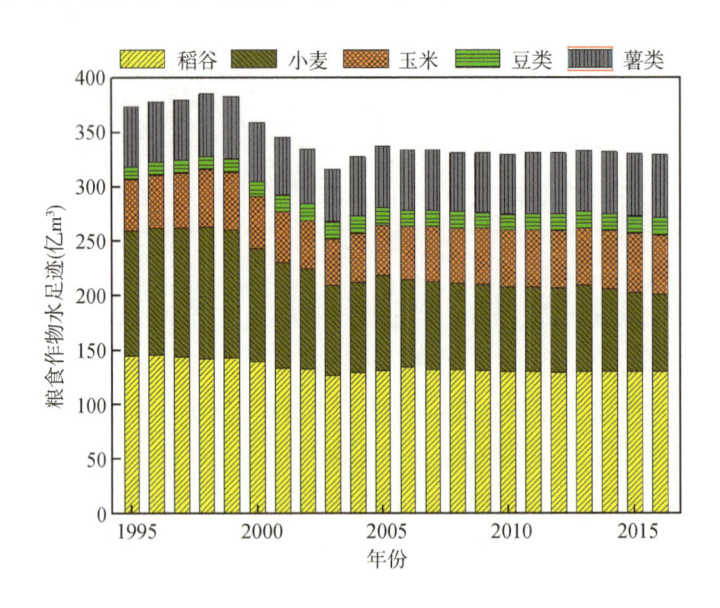

图 3-8 四川省粮食作物水足迹构成

表 3-3　各类粮食作物水足迹多年平均占比(%)

稻谷	小麦	玉米	豆类	薯类
38.98	26.28	14.52	4.23	15.98

3.4 水电水足迹分析计算案例

本小节基于水足迹理论,对流域层面水电水足迹进行计算分析,评价梯级水电站对环境的累积效应,并以雅砻江流域为例,展开相关研究。

3.4.1 雅砻江水电概况

雅砻江全长 1 571 km,天然落差 3 830 m,年径流量 609 亿 m³,流域水力资源丰富,理论蕴藏量达 3 839 万 kW,是我国十三大水电基地之一。根据流域综合规划,雅砻江干流规划分为四个阶段,分别为已建阶段(5 座电站,锦屏一级、锦屏二级、官地、二滩和桐子林)、在建阶段(2 座电站,两河口和杨房沟)、拟建阶段(5 座电站,牙根一级、牙根二级、楞古、孟底沟和卡拉)和规划阶段(7 座电站,木罗、仁达、林达、乐安、新龙、共科和甲西),可开发 19 座大中型相结合、水库调节性能良好的梯级水电站,装机容量约 3 000 万 kW。水电站及对应的水面蒸发量站位置如图 3-9 所示。

3.4.2 水电水足迹

水电水足迹表征电站电力产出过程中单位能源生产消耗的水资源,其值越大,表示对应水电站发电效率低。本小节对雅砻江流域中下游已建和在建共 7 座水电站进行分析和讨论。

1.研究方法

水电水足迹单位 m³GJ⁻¹。水电站发电期间,不会消耗上游来水,但上游水库因蓄水,增大水库水面面积,从而导致大量地表水蒸发,引起水资源消耗。雅砻江干流为山区河流,河床呈 V 形,原始河道水面面积小,较建坝后水库水面面积可忽略不计;此外,雅砻江干流水电站均以发电为主,兼顾防洪和灌溉,无需考虑水电水足迹分配问题[13]。因此,本书采用总水量消耗法,核算水电水足迹,公式如下:

$$WF = \frac{WE}{3.6 \times 10^5 \times EG} \tag{3-7}$$

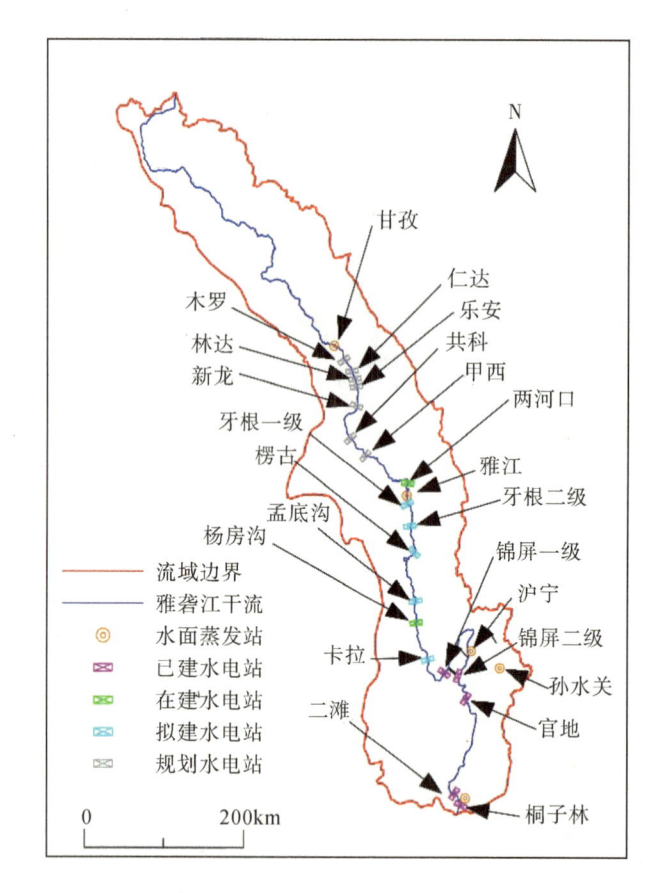

图 3-9 雅砻江流域水电站及水面蒸发量站位置示意图

式中：WF 为水电水足迹，$m^3 GJ^{-1}$；WE 为水库年均蒸发量，m^3；3.6×10^5 为单位转换系数；EG 为水电站多年年均发电量，亿 kW·h。

其中：

$$WE = 1\,000 \times h_E \times A \tag{3-8}$$

式中：1 000 为单位转换系数；h_E 为水库年均蒸发深度，mm；A 为正常蓄水位对应的水面面积，km^2。

2. 水电水足迹计算结果

雅砻江流域已建和在建 7 座水电站平均水足迹为 1.13 $m^3 GJ^{-1}$，两河口水电水足迹最大，为 2.91 $m^3 GJ^{-1}$；锦屏二级水电水足迹最小，为 0.01 $m^3 GJ^{-1}$，各电站水足迹差异性较大（CV=88.66%），水足迹最大值是最小值的 291 倍，具体见表 3-4。从表中可知，两河口水库水面面积最大，为 109.02 km^2，这是导致两河口水电水足迹最大的主要原因；锦屏二级水电站比较特殊，在锦屏一级水电站下游库区建挡水坝，通过四条约 16.7 km 长的引水隧洞，利用天然大河湾形成巨大落差发电，故其水库水面面积最小，这是锦屏二级水电水足迹最小的主要原因。

表 3-4 雅砻江中下游 7 座水电站水电水足迹

水电站名称	水面蒸发量站	平均年蒸发深度(mm)	年发电量(亿 kW·h)	水库水面面积(km²)	蒸发水量(m³)	装机容量(MW)	水足迹(m³GJ⁻¹)
两河口	雅江	1 046.27	108.90	109.02	114 064 355.40	3 000	2.91
杨房沟	泸宁站	905.11	69.43	10.19	9 220 446.08	1 500	0.37
锦屏一级	泸宁站	905.11	180.90	82.55	74 716 830.50	3 600	1.15
锦屏二级	泸宁站	905.11	258.80	0.87	787 445.70	4 800	0.01
官地	孙水关站/泸宁站	1 017.74	99.50	14.69	14 950 527.15	2 400	0.42
二滩	桐子林站	1 454.43	176.70	100.60	146 315 658.00	3 300	2.30
桐子林	桐子林站	1 454.43	30.20	5.60	8 144 808.00	600	0.75

注：官地水电站的蒸发量数据采用孙水关站和泸宁站数据的均值。

3. 影响因子分析

水电水足迹大小与众多因素有关，如能效因子（单位装机容量的水库水面面积，hm²MW⁻¹）、地形因子（水库水面面积/库区平均水深，10⁶m）、蒸发深度和气候因子等。从已有的研究可知水电水足迹受能效因子和地形因子影响较大，故本书选择这两项因子，分析其对水足迹影响程度。能效因子、地形因子与水足迹的相关性如图 3-10、图 3-11 所示。从图 3-10 可以看出，两河口水电站能效因子最大（3.63 hm²MW⁻¹），锦屏二级能效因子最小（0.02 hm²MW⁻¹），7 座水电站能效因子平均值为 1.60 hm²MW⁻¹；雅砻江流域 7 座水电站水电水足迹与能效因子有非常好的相关性（$R^2 = 0.950\ 7$），说明具有较大能效因子的水电站，水足迹通常比能效因子较小的水电站大。从图 3-11 可以看出，两河口水电站地形因子最大（1.75×10^6 m），锦屏二级地形因子最小（0.05×10^6 m），7 座水电站地形因子平均值为 0.72×10^6 m。雅砻江流域 7 座水电站水电水足迹与地形因子有较好的相关性（$R^2 = 0.783\ 1$），说明具有较大地形因子的水电站，水足迹一般来说比地形因子较小的水电站大（两河口水电站除外）。

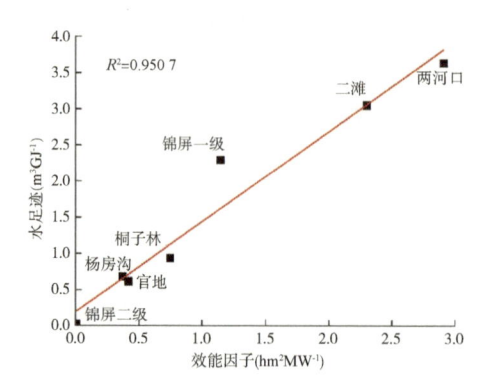

图 3-10 水电水足迹与能效因子的关系

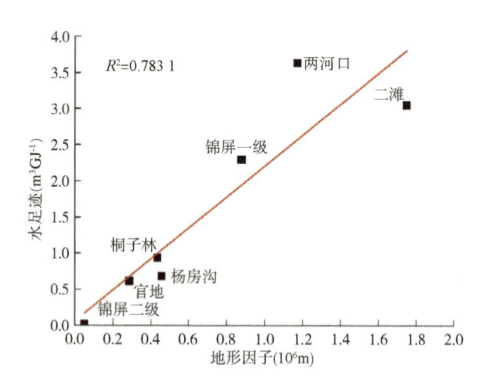

图 3-11 水电水足迹与地形因子的关系

4. 水电行业水足迹对比

根据研究方法和资料口径一致性原则,本书对现有国内外研究成果进行筛选和分析,具体见表 3-5。现有研究包含全球、国家、省级和流域等多种空间尺度的水电水足迹核算,不同地区水电水足迹相差悬殊。在现有研究中,水电水足迹最大值和最小值为长江流域的 Zhanggang 水电站和 Hongyi 水电站,其值分别为 4234 m^3GJ^{-1} 和 0.001 m^3GJ^{-1}[1], Zhanggang 水电站有较大水库水面面积(13.2 km^2),但年发电量很少,仅有 1 GW·h,故其水足迹远远大于其他水电站;Hongyi 水电站年发电量不少(369 GW·h),但水库水面面积很小,故其水足迹远远小于其他水电站[15]。从该表可以看出,雅砻江流域水电水足迹均值小于全球、国家和省级空间尺度研究的水电水足迹,说明雅砻江流域水电开发水资源利用效率大于其他流域、地区。这与雅砻江流域所处的地理环境有关,即流域地处山区,天然落差大,水库水面面积小,而年发电量大,对水资源消耗较少。此外,根据郭志华等[63]基于 GIS 对中国气候进行的分区,雅砻江流域、金沙江流域和澜沧江流域均为第Ⅰ分区,其各流域气温、降水量、相对湿度和光照强度相似,这就解释了为何雅砻江流域水电水足迹与朱艳霞[64]和袁旭[65]等人研究成果较为接近。

表 3-5 现有研究水电水足迹结果比较

水足迹(m³GJ⁻¹)			研究区域	空间尺度	水电站数量	来源
Min	Max	Average				
0.01	56.00	1.50	California, State	省级	/	Gleick(1993)[66]
0.75	5.01	8.86	North Island of New Zealand	国家	9	Herath(2011)[67]
0.80	32.48	2.17	South Island of New Zealand		8	Herath(2011)[67]
0.28	166.67	6.94	全球	全球	/	Pfister(2011)[68]
0.30	846.00	68.00	全球	全球	35	Mekonnen(2012)[69]
0.40	3.58	1.51	金沙江中游	流域	6	朱艳霞(2013)[64]
0.001	4234	3.60	中国	国家	209	Junguo Liu(2015)[70]
/	/	6.75	中国	国家	283	何洋(2015)[71]
1.15	5.35	2.23	澜沧江中下游	流域	8	袁旭(2018)[65]
0.01	2.91	1.13	雅砻江流域中下游	流域	7	本研究

注:只选择总水量消耗法的研究。

3.4.3 水电环境累积效应

随着流域水电开发利用的进行,水电站开发利用与环境的关系可能会形成累积效应,本小节针对雅砻江流域水电开发四个阶段(已建阶段Ⅰ、在建阶段Ⅱ、拟建阶段Ⅲ、规划阶段Ⅳ)共 19 座水电站,设置未考虑水库蒸发耗水的情况作为参照(即仅考虑该流域农业部门、工业部门、居民生活部门和生态环境部门的水足迹),进行分析和讨论。

1. 研究方法

本小节计算雅砻江流域水电开发四个阶段及未考虑水电站情况的月度水资源缺乏程度,其值等于水足迹与可用水足迹的比值,表示自然径流与环境流量需求之间的差异:

$$WS_j = \frac{WF_j}{AQ_j + WF_j - EFR_j} \quad (3-9)$$

式中:WS_j 是流域 j 的水资源缺乏程度指标;WF_j 是雅砻江流域总蓝水足迹;

AQ_j 是流域的实际径流量，AQ_j 和 WF_j 的总和等于自然流量；EFR_j 是环境流量需求，WF_j，AQ_j 和 EFR_j 的单位为 $m^3\ month^{-1}$。

在式 3-9 中，依据 Hoekstra 等人[72]的研究成果，将水资源缺乏定义为蓝水足迹与可利用蓝水的比率，并假设 80% 的自然径流应用于保持假定当地的环境流量要求。每个流域的水资源缺乏程度划分为四类：低蓝水缺乏（<100%），中度蓝水缺乏（100%~150%），严重蓝水缺乏（150%~200%）和严重水资源缺乏（>200%）。

2. 结果与分析

(1) 雅砻江流域累积水足迹

雅砻江干流规划了 19 个梯级水电站，装机容量为 28 105 MW，分四个阶段建设，即建成的Ⅰ期（包括 5 个水电站），正在进行的Ⅱ期（包括 2 个水电站），拟建的Ⅲ期（包括 5 个水电站）和规划阶段的Ⅳ期（包括 7 个水电站）。雅砻江流域的四个阶段和累积阶段的水力发电水足迹（EWF）如图 3-12 所示。在该图中，EWF 从Ⅰ到Ⅳ阶段呈现下降的趋势，其值分别为 2.43，1.23，0.59 和 0.42 亿 m^3。Ⅰ期水电站主要集中在雅砻江下游，包括两个控制水库，水库库区面积大，导致水足迹大。四个阶段的累积水足迹从 2.43 亿 m^3 逐渐增加到 4.67 亿 m^3，几乎翻了一番。

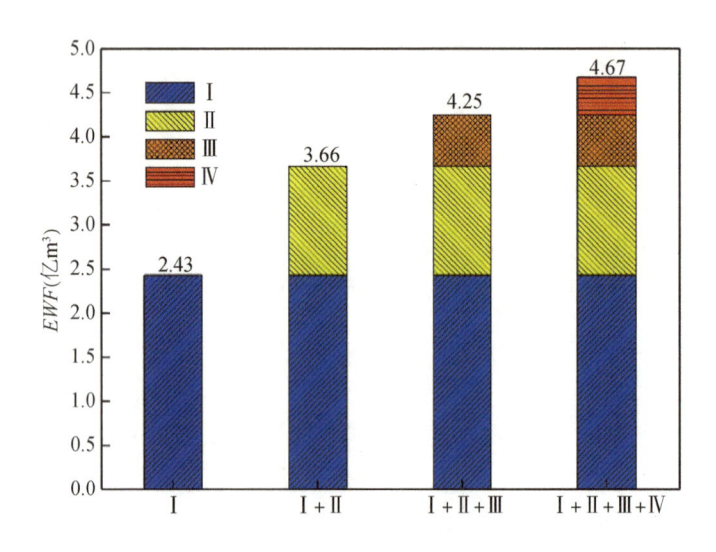

图 3-12 不同阶段水电站累积水足迹

(2) 环境累积效应

2015 年雅砻江流域水资源缺乏程度（WS）如图 3-13 所示。水电站四个阶段的累积效应并没有引起当地 WS 的显著变化，均小于 100%，为低蓝水缺乏程度（<100%）。年内 WS 差异很大。在 9 月份，WS 是最小的，仅为 10.02%。12 月，WS 最大，为 71.43%，接近 9 月份的 7 倍，但均不超过 100%。其结果表明了流域梯级水电站开发利用的累积效应不会影响当地环境用水需求。

考虑最不利的情况，即 2006 年，雅砻江流域的特枯水年。2006 年年内 WS 均低于 100%，最高的是 4 月和 12 月，接近 90%，为低蓝水缺乏程度（<100%）（图 3-14）。其结果表明了水足迹视角下流域梯级水电站开发利用累积效应不会影响当地环境用水需求。

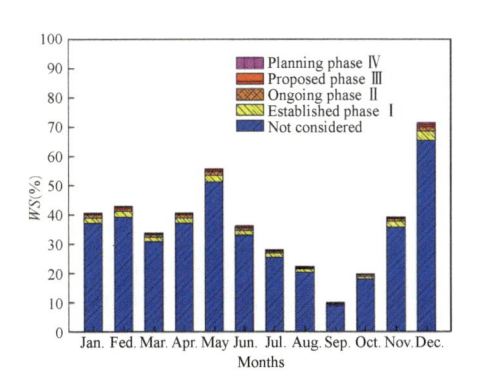

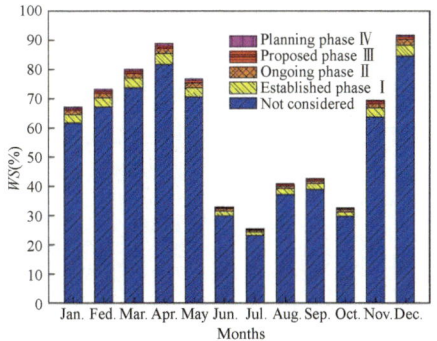

图 3-13　2015 年雅砻江流域水资源缺乏程度

图 3-14　2006 年雅砻江流域水资源缺乏程度

注：未考虑水库蒸发耗水情况是指仅考虑该流域农业部门、工业部门、居民生活部门和生态环境部门所产生的水足迹总和。

3.5　本章小结

本章梳理了水-能源-粮食纽带关系的由来、定义及基本特征，并基于水足迹理论，从省域和流域两个层面剖析了其水-能源-粮食纽带关系，主要成果和结论如下。

（1）基于水足迹理论，解析四川省水、能源和粮食互馈关系，研究发现：①一次能源类型中，水电水足迹最大，其次是煤炭和天然气；②粮食作物水足迹中，稻谷水足迹占比最大，其次是小麦、薯类、玉米和豆类，值分别为 38.98%、26.28%、15.98%、14.52% 和 4.23%（多年平均值）；③各部门水足迹中，农业部门为第一大用水部门，多年平均值为 764.6 亿 m³，占比高达 88.53%；

④2016年四川省整体水足迹为910.6亿 m³,是实体用水量的3.71倍,说明从水足迹视角来看实体用水量不能较真实反映四川省实际用水情况。

(2) 雅砻江流域7座水电站的水足迹范围为 0.01~2.91 m³GJ^{-1},平均水足迹为 1.13 m³GJ^{-1},各电站水足迹差异性较大(CV=88.66%);该流域水电站平均水足迹均小于其他研究全球、国家等空间尺度的水足迹,表明雅砻江流域水电开发水资源利用效率高于其他地区、流域。

(3) 水电水足迹主要受能效因子(单位装机容量的库区水面面积)和地形因子(库区水面面积与库区平均水深比)影响,具有较好的正相关性,其相关指数分别为 0.950 7 和 0.783 1,而蒸发深度和气象因子(降雨量和气温)对水电水足迹大小的影响甚微。

(4) 雅砻江流域水资源缺乏均为低蓝水缺乏程度(<100%),表明水足迹视角下雅砻江流域水电站开发利用程度的累积效应不会影响当地的环境用水需求。

第4章 地区水-能源-粮食协同安全评价

水-能源-粮食协同发展是一个动态的系统过程,水-能源-粮食系统安全评价模型能够揭示一定时期内水、能源、粮食与社会、经济、生态环境间的相互作用及关系。随着政策、环境等外部环境变化,协同安全发展的稳定性、协调性和可持续性将随之发生相应变化,根据系统间距离大小和离散程度判断其协同性,评价模型中稳定性、协调性与可持续性各子系统之间的相互作用,从而进一步衡量系统内部的协同程度。本章在讨论水-能源-粮食适配性的基础上,基于TOPSIS模型,建立系统适配性评价指标体系,采用经过改进后的耦合网络分析法进行指标权重确定,并以我国水、能源和粮食资源开发较为典型的四川省为例,对该地区水-能源-粮食适配性进行评价,分析区域内系统适配状态演变趋势和主要驱动因素,为进一步提出提高系统适配性策略提供参考。

4.1 评价指标体系

水-能源-粮食系统是一个关乎外部经济社会和生态环境的复杂系统,对系统协同发展情况的评价,主要是看系统内子系统有序度的变化和子系统之间协同作用强弱。在确定了构成各子系统有序度的序参量后,在对各序参量所包含的基础指标的选择中,应充分考虑基础型统计数据,选用有直接性和客观性特点的数据,可最大限度减少基础指标层数据对后续评价过程的噪声影响。

基于水-能源-粮食协同安全评价指标体系框架,通过自顶向下和自底向上的方法构建完整、科学、系统的水-能源-粮食协同安全评价指标体系[73,74]。一是通过自顶向下的方法构建水-能源-粮食协同安全评价指标体系的理论框架,通过分析水-能源-粮食各子系统的重要因子以及重要因子之间的关系,确定指标体系的组成结构,构建指标体系的理论框架。二是采用自底向上的方法,筛选统计指标,构建完善的水-能源-粮食协同安全评价指标体系。根据指标体系的理论框架,查阅生态、经济、社会相关统计指标,再通过收集省域的相关数据,对筛选出的指标进行定量分析,剔除不符合指标体系设计原则的指标,构建科学完善的水-能源-粮食协同安全评价指标体系。

以所选指标目的明确,尽可能覆盖评价的内容,切实可行、具有可操作性为原则,兼具系统性、可度量性、代表性、层次性原则,考虑所收集资料的完整性,本章研究在2007—2016年10年资料中直接或间接获取部分指标进行指标体系构建。

本章以四川省为研究对象,将水-能源-粮食协同安全评价指标体系分为三个层次,第一层是按准则划分子系统层,包含稳定性、协调性、可持续性三个子系统。稳定性主要包括水资源系统、能源系统和粮食系统相关的单因素指标,协调性包括反映三个系统之间交互性的双因素或者多因素关系,可持续性包括水、能源、粮食系统的自然、经济、社会压力[75]。每个要素具体细化分别对应数个指标,反映了区域资源、能源、社会生产、人民生活、环境污染与保护等情况[76]。具体评价指标体系见表4-1。

4.2　综合评价指标

本书构建水-能源-粮食(WEF)系统协同安全评价模型,利用层次分析法确定各指标权重,根据2007—2016年相关指标统计数据,利用TOPSIS模型进行WEF系统综合指标计算,对四川省进行WEF系统协同安全评价。

指标数据标准化。由于各指标的单位不同,所以要对原始指标数据进行无量纲化处理,对指标值越大越有利(正向)和越小越有利(负向)的原始指标数据进行无量纲化处理。

表 4-1　四川省水-能源-粮食系统适配性评价指标体系

目标层	准则层	要素层	指标层	指标意义	方向
水-能源-粮食系统协同安全	保障性	水资源系统	人均水资源量	地区水资源总量和人口比值	正
			水资源开发利用率	水资源开发利用占比	正
			地下水资源利用率	地下水资源开发利用占比	正
			非常规水资源占比	非常规水资源开发利用占比	正
			万元GDP用水量	总用水量与GDP比值	负
		能源系统	人均能源生产量	能源生产总量和人口比值	正
			万元GDP能耗	能源消耗量与GDP比值	负
			能源消费弹性系数	能源消费弹性系数	正
			能源自给率	能源消耗量与生产量比值	正
		粮食系统	人均耕地面积	耕地面积和人口比值	正
			人均粮食产量	粮食产量与人口比值	正
			一产增加值占比	农业产值增加值与农业产值比	正
			粮食自给率	粮食消耗量与粮食生产量比	正
	协调性	水-能源	单位能源生产用水量	能源生产用水和能源产量比	负
			能源生产用水占比	能源生产用水和用水量比	负
			工业用水重复利用率	工业循环用水效率	正
		水-粮食	农业用水占比	农业生产用水和用水量比	负
			亩均灌溉用水量	灌溉用水量和灌溉面积比	负
			农田灌溉水有效利用系数	田间灌溉水利用系数	正
			平均降水量	地区年平均降雨量	正
		能源-粮食	单位耕地面积农机动力	农机总动力和耕地面积比	正
			一产能耗占比	农业耗能与能源消耗量比	正
	可持续性	经济系统	人均GDP	GDP与人口比值	正
			GDP增长率	GDP增长率	正
			三产增加值占比	第三产业增加值与产值比	正
		社会系统	人口增长率	人口增长率	正
			城镇化率	城镇人口与总人口比值	正
			人口密度	人口与地区面积比值	负
		自然系统	污水再生利用率	污水再生利用效率	正
			森林覆盖率	森林面积和地区面积比	正
			单位耕地面积化肥施用量	化肥施用量和耕地面积比值	负
			万元GDP温室气体排放	温室气体排放量和GDP比值	负

正向指标：

$$X_{ij} = \frac{x_i - x_{\min}}{x_{\max} - x_{\min}} \quad (4-1)$$

负向指标：

$$X_{ij} = \frac{x_{\max} - x_i}{x_{\max} - x_{\min}} \quad (4-2)$$

式中：X_{ij} 为各指标标准化后的数值，x_i 为原始数据，$x_{\max}$ 为第 i 项指标的最大值，$x_{\min}$ 为第 i 项指标的最小值。

TOPSIS 法由 Hwang 和 Yoon[77]于 1981 年提出，是一种有效常用的处理多目标决策问题分析方法。该方法基本原理为根据评价指标体系及相应的决策值，定义正负理想解，然后分别计算待评价方案与正负理想解的距离，从而得到各方案到理想方案的贴近程度，以此作为多目标方案集优劣评价的依据。具体计算步骤如下。

步骤 1：构造标准化初始矩阵 $\mathbf{Z}$

$$\mathbf{Z} = \begin{bmatrix} z_{11} & z_{12} & \cdots & z_{1n} \\ z_{21} & z_{22} & \cdots & z_{2n} \\ \vdots & \vdots & \ddots & \vdots \\ z_{m1} & z_{m2} & \cdots & z_{mn} \end{bmatrix} \quad (4-3)$$

步骤 2：构造规范化的加权矩阵

本章选用熵权法计算指标权重：$\mathbf{W} = [w_1, w_2, \cdots w_n]$，则加权决策矩阵可表示为：

$$\begin{cases} \mathbf{R} = \mathbf{Z} \times diag(\mathbf{W}) \\ r_{ij} = w_j \times z_{ij} \end{cases} i = 1, 2, \cdots, m; j = 1, 2, \cdots, n \quad (4-4)$$

式中：$diag(\mathbf{W})$ 为指标权重向量 $\mathbf{W}$ 对应的对角矩阵。

步骤 3：确定正、负理想解方案

基于加权矩阵，确定待评价方案集的正、负理想解方案 $\mathbf{S}^+$、$\mathbf{S}^-$，$\mathbf{S}^+ = [s_1^+, s_2^+, \cdots, s_n^+]$，$\mathbf{S}^- = [s_1^-, s_2^-, \cdots, s_n^-]$。其中各属性对应的理想解指标 s_j^+，s_j^- 的计算公式如下：

$$\begin{cases} s_j^+ = \max_{1 \leqslant i \leqslant m}(r_{ij}) \\ s_j^- = \min_{1 \leqslant i \leqslant m}(r_{ij}) \end{cases} \quad (4-5)$$

步骤4：计算评价方案集内各方案相对正、负理想解方案的距离

$$D_i^+ = \sqrt{\sum_{j=1}^{n}(s_j^+ - r_{ij})^2}, i = 1,2,\cdots,m \quad (4-6)$$

$$D_i^- = \sqrt{\sum_{j=1}^{n}(s_j^- - r_{ij})^2}, i = 1,2,\cdots,m \quad (4-7)$$

式中：D_i^+、D_i^- 分别为待评价方案到正、负理想解方案的距离。

步骤5：计算综合指数

$$P = \frac{1}{1+\left(\frac{D_i^+}{D_i^-}\right)^2}, i = 1,2,\cdots,m \quad (4-8)$$

式中：P 为综合指数，值越大，评价结果越好。

步骤6：利用 P 计算 WEF 系统协同安全评价指数及稳定性指数 S、协调性指数 C 和可持续性指数 E。

4.3 评价等级划分

根据 TOPSIS 模型得到的协同安全评价值反映了对于理想状态的接近程度，但是在水-能源-粮食协同安全的探讨中，由于生产力水平的限制和各种资源之间的竞争，理想状态不能达到。因此在实际决策中，更需要结合历史发展水平，对所有待评价方案相对比较，对评价方案在历史上可达到的状态的等级水平进行判断。

在相对等级划分中，根据各个方案的 TOPSIS 评价值的最值和分布特征，将评价结果划分为 N 个等级。等级区间采用等长度方式计算，见式4-9。

$$\Delta = \frac{\text{Max} - \text{Min}}{N} \quad (4-9)$$

式中：Δ 为区间长度，Max 为所有方案中最大 TOPSIS 评价值，Min 为所有方案中最小 TOPSIS 评价值，N 为分级数。

等级区间根据方案评价值和等级区间长度划分如下。

表 4-2 协同安全等级划分标准

第 1 级	第 2 级	…	第 i 级	第 N 级
0～Min+Δ	Min+Δ～Min+2Δ	…	Min+$(i-2)\Delta$～Min+$(i-1)\Delta$	Min+$(N-1)\Delta$～1

在本书中，划分为五个等级，分别对应"差""较差""中等""较好"和"好"，根据计算的各个方案评价值按照表 4-2 得出等级划分标准。

4.4 权重计算方法

权重是一般评价模型的核心内容，权重计算方法主要分为主观方法和客观方法两大类。主观方法以德尔菲法、层次分析法、网络分析法（ANP）为代表，客观方法有熵权法、变异系数法、复相关系数法和坎蒂雷赋权法等。此外，学者们还提出了一系列综合客观、主观两类方法的组合权重计算方法，以寻求更合理的权重表达，常见的主、客观结合方法主要有组合赋权法、交互式赋值法、组合 TOPSIS 方法等。水-能源-粮食系统是典型的复杂系统，本书认为在对该系统进行协同安全评价时，指标间的相互影响描述是关键，当前常用的具有描述指标相互关系特征的有 ANP 法和坎蒂雷法。ANP 通过专家的先验知识，构建了指标间的网络结构，在评价准则下对存在相互影响的指标进行两两比较，最终得到基于主观的指标对于整体的贡献程度，即权重；坎蒂雷赋权法充分利用原始数据所提供的信息，采用基于统计的相关分析方法，通过相关性来取代指标在实际中存在的相互影响，最终计算出权重。

在复杂的水-能源-粮食系统中，水与能源、水与粮食之间的关系错综复杂，指标之间的复杂联系给主观判断带来困难，同时由于指标间关系物理内涵不明确，机理不清晰，直接采用 ANP 方法时，对于大量指标之间的影响量化难度较大，且量化的依据模糊，将直接影响计算的准确性，同时坎蒂雷法的相关性近似替代因果性的思想在水-能源-粮食复杂系统中应用不能真实反映实际特征。

本章综合了坎蒂雷赋权法和 ANP 的优点，提出了耦合网络赋权法。该方法借鉴 ANP 方法，基于主观经验确定指标之间相互影响的定性联系，同时采用坎蒂雷赋权法中的统计分析，量化指标之间的相互影响程度，结合定性联系和定量影响程度，构建反映指标复杂关系的超矩阵，最终通过求解超矩阵的特征向量，得到指标权重。

耦合网络赋权方法的计算步骤如下：

（1）借助于先验知识的帮助，绘制指标之间的网络结构图，通过 ANP 法确定指标间的因果关系。在已有研究成果基础上，构建水-能源-粮食指标体系，具有 n 个指标 x_i。结合水资源、能源和粮食生产过程中的理论研究和工程经验，将评价指标作为网络节点，可以得到水-能源-粮食指标体系的网络结构图。通过网络结构图，对两两指标之间的关系进行赋值，得到因果关系矩阵 $\boldsymbol{C}$。

$$c_{ij} = \begin{cases} 1 \\ 0 \end{cases} \tag{4-10}$$

式中：c_{ij} 体现指标 i 和指标 j 是否存在因果关系，根据先验知识来推断。当指标 i 对指标 j 具有因果影响时，c_{ij} 为 1，否则 c_{ij} 为 0，对于指标自身来讲，$c_{ii}=1$。

c_{ij} 定义为节点直连，认为两节点存在不经过其他节点的直接连接，含义为 x_i 和 x_j 具有因果反馈关系。最终形成一个 $n \times n$ 的 [0，1] 不对称矩阵 $\boldsymbol{C}$，因果关系矩阵 $\boldsymbol{C}$ 的形式如下。

$$\boldsymbol{C} = \begin{bmatrix} c_{11} & \cdots & c_{n1} \\ \vdots & \ddots & \vdots \\ c_{1n} & \cdots & c_{nn} \end{bmatrix} \tag{4-11}$$

（2）采用相关分析的方式客观量化两两指标间影响程度，用指标样本标准差来近似表达指标自身变化程度。

相关分析就是对总体中确实具有联系的样本序列进行分析，但是其本身并不反映是否存在联系。它仅仅是从成对的数据序列变化趋势中，描述两个序列相互间关系的密切程度并用适当的统计指标表示出来的过程。在已知指标之间确实存在因果关系的前提下，以序列之间的相关性指标来近似反映序列之间的影响程度。按照式 4-9 计算相关性指标，构建相关关系矩阵 $\boldsymbol{R}$，其形式见式 4-12。

$$r_{jk} = \frac{\sum_{i=1}^{m}(x_{ij} - \bar{x}_j)(x_{ik} - \bar{x}_k)}{\sqrt{(x_{ij} - \bar{x}_j)^2}\sqrt{(x_{ik} - \bar{x}_k)^2}} \tag{4-12}$$

式中：$\bar{x}_j$、$\bar{x}_k$ 是计算指标 j 和 k 的标准化均值，r_{jk} 为计算指标 j 和 k 的相关系数。

$$\boldsymbol{R} = \begin{bmatrix} r_{11} & \cdots & r_{1n} \\ \vdots & \ddots & \vdots \\ r_{n1} & \cdots & r_{nn} \end{bmatrix} \qquad (4\text{-}13)$$

如果某项指标的实际数值能够明确区分开各个参评样本,说明该指标在这项评价上的分辨信息丰富,那么为提高综合评价的区分效度,应给该指标以较大的权数;反之,若各个参评对象在某项指标上的实际数值差异较小,就表明这项指标区分开各参评样本的能力较弱,因此应给该项指标以较小的权数。为了得到指标上述信息,构建标准差对角矩阵 S 来表示,标准差反映的是数据离散偏离程度,采用式 4-14 来计算。其相应的 S 矩阵形式见式 4-12。

$$s_j = \sqrt{\sum_{i=1}^{m}(x_i - \bar{x}_j)^2 / m} \qquad (4\text{-}14)$$

式中:s_j 是指标 j 的标准差。

$$\boldsymbol{S} = \begin{bmatrix} s_{11} & \cdots & 0 \\ \vdots & \ddots & \vdots \\ 0 & \cdots & s_{mn} \end{bmatrix} \qquad (4\text{-}15)$$

(3)综合网络因果关系、自身变化贡献程度和相互影响贡献程度,最终求出各个指标在整个评价体系的影响程度,即权重。

对矩阵 C、R、S 进行耦合运算,得到综合超矩阵 R_c,运用幂法对 R_c 进行求解,获得最大特征值,进一步计算该最大特征值对应的特征向量 W,对特征向量 W 进行归一化,得到指标体系权重结果。

其中,超矩阵 R_c 计算方法:

$$\boldsymbol{R}_c = \boldsymbol{C} \times \boldsymbol{R} \times \boldsymbol{S} \qquad (4\text{-}16)$$

式中:× 定义为两个矩阵对应元素的乘法运算,即哈达马积。

对矩阵 R_c 求解其特征向量,该向量元素代表各指标对整体的贡献大小,对其归一化处理,最终得到指标权重集合 Ω。

$$\boldsymbol{W} = [w_1, w_2, w_3, \cdots, w_n] \qquad (4\text{-}17)$$

$$\omega_i = \frac{w_i}{\sum_{i=1}^{n} w_i} \qquad (4\text{-}18)$$

$$\boldsymbol{\Omega} = [\omega_1, \omega_2, \omega_3, \cdots, \omega_n] \qquad (4\text{-}19)$$

式中：w_i 为指标 i 对应的特征向量的参数值；ω_i 为指标 i 的归一化的特征向量的参数值。

4.5 案例分析

4.5.1 四川省特征

四川省位于我国西南，人口众多，水系发达，水能丰富，矿产资源丰富，天然气蕴藏量位于全国第一，同时也是我国重要的粮食生产区，也是西北西南水电基地唯一的粮食主产区，同时是生猪、白酒的主要供应区之一。研究区域如图 4-1 所示。四川省境内水资源较为充沛丰富，2018 年全省水资源总量 2 953.79 亿 m³，同年，全省供水量为 259.11 亿 m³，用水消耗总量 141.13 亿 m³，农业用水占 60.4%，工业用水占 16.4%，生活用水占 21.0%，生态用水占 2.2%。从能源来看，四川省历年能源生产呈现先增加后平稳的趋势，其中水电和天然气生产量逐年递增，而原煤生产量逐年递减，石油生产

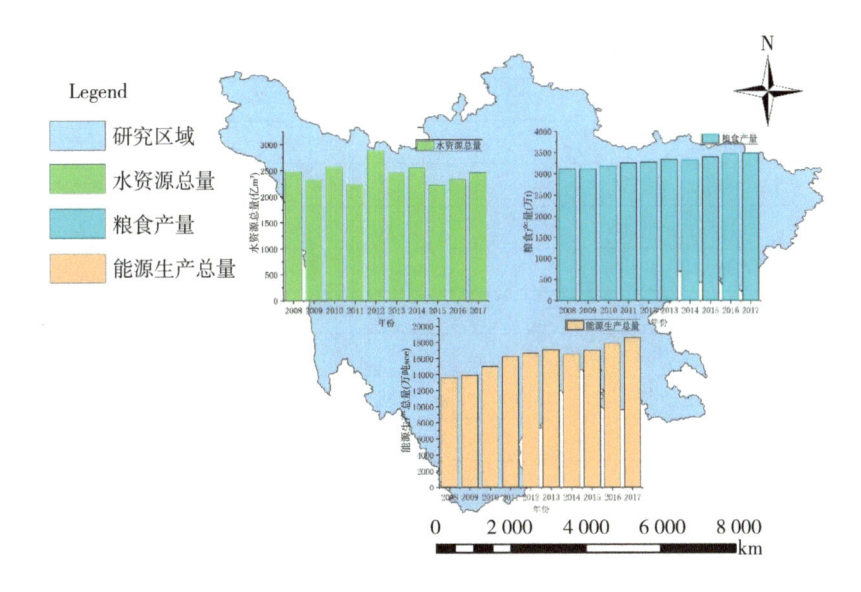

图 4-1 四川省概况

量很少，几乎依赖进口来满足本地油品燃料消费需求。但同时，四川境内水电产能低于电站设计生产能力，每年存在大量弃水现象，水电消纳和外送能力薄弱与水电开发率较高形成矛盾。从粮食来看，四川省人均粮食占有量较为平稳，介于 320～400 kg 之间；粮食自给率呈现稳步上升的趋势，从 2005 年的 177.39% 上升至 2016 年的 244.64%，作为西南地区的重要粮食产区，四川省具有保障区域粮食安全的巨大潜力。

4.5.2 权重计算结果

本章以四川、贵州和云南三省 2008—2017 年 10 年统计数据为基础，结合评价指标体系，构建三省水-能源-粮食协同安全评价指标的样本序列。根据主、客观耦合网络分析法确定权重结果如下。

表 4-3 西南三省协同安全指标权重

指标	贵州	云南	四川
人均水资源量 D1	0.070 0	0.071 8	0.069 0
水资源开发利用率 D2	0.051 7	0.052 6	0.050 4
万元 GDP 用水量 D3	0.035 8	0.037 2	0.035 5
人均能源生产量 D4	0.032 0	0.032 7	0.031 5
万元 GDP 能耗 D5	0.016 0	0.016 4	0.015 8
能源消费弹性系数 D6	0.048 0	0.049 4	0.047 2
能源自给率 D7	0.017 4	0.017 8	0.017 2
人均耕地面积 D8	0.031 7	0.032 5	0.031 3
人均粮食产量 D9	0.047 9	0.049 1	0.047 2
一产增加值占比 D10	0.016 3	0.016 7	0.016 1
粮食自给率 D11	0.016 0	0.016 4	0.015 8
单位能源生产用水量 D12	0.031 8	0.018 7	0.030 9
能源生产用水占比 D13	0.032 4	0.020 5	0.031 6
工业用水重复利用率 D14	0.029 1	0.027 7	0.027 4
农业用水占比 D15	0.016 0	0.016 4	0.015 8
亩均灌溉用水量 D16	0.067 6	0.071 5	0.068 8
农田灌溉水有效利用系数 D17	0.030 7	0.030 2	0.030 2
单位耕地面积农机动力 D18	0.063 1	0.065 4	0.062 5
一产能耗占比 D19	0.032 6	0.041 6	0.041 3
人均 GDP D20	0.035 9	0.037 1	0.035 8

续表

指标	贵州	云南	四川
GDP增长率 D21	0.031 9	0.032 8	0.031 6
三产增加值占比 D22	0.046 5	0.047 6	0.046 0
人口增长率 D23	0.047 8	0.049 1	0.047 4
城镇化率 D24	0.045 4	0.039 1	0.049 2
污水再生利用率 D25	0.016 0	0.016 4	0.015 8
森林覆盖率 D26	0.037 7	0.038 9	0.037 4
平均降水量 D27	0.052 7	0.054 3	0.051 4

对表4-3中各个指标进行分析，确定关键指标。

1. 各省整体分析

对于四川省，指标按照权重进行从大到小排序，发现人均水资源量(D1)、亩均灌溉用水量(D16)、单位耕地面积农机动力(D18)、平均降水量(D27)、水资源开发利用率(D2)、城镇化率(D24)、人口增长率(D23)、能源消费弹性系数(D6)和人均粮食产量(D9)9项指标的贡献度接近50%。其中，属于水资源范畴指标有3项，能源范畴指标有2项，粮食范畴指标1项，社会经济范畴3项。而从评价方面来看，保障性指标3项，协调性指标2项，可持续指标4项。贵州省和云南省指标权重与四川省类似。此外，还发现三省具有共同点，即权重值小于0.002的有能源自给率、一产增加值、万元GDP能耗、粮食自给率、农业用水占比和污水再生率。根据上述结果，在水-能源-粮食系统中，水资源方面因素是整个系统的基础，而系统发展的主要推动力在于社会经济的发展，这些指标存在着较大的波动。而在2008—2017年间，粮食、能源自给率和产业结构基本呈现较为稳定的状态，相对来说其不确定性较小。

2. 保障性、协调性和可持续性分析

为了更好地把握系统发展趋势，从保障性、协调性和可持续性三方面对指标权重特点进行考察。

对于四川省(表4-4)，保障性指标权重占总权重的37.69%，协调性指标权重占总权重的30.85%，可持续性指标权重占总权重的31.46%。保障性指标的波动要高于其他两方面指标，可以认为对于该地区，水、能源、粮食的生产供给处于较为重要的地位，而经济社会环境的驱动作用略高于三者之间协调制约影响。

表 4-4 四川省子系统指标权重排序结果

准则	指标	权重
保障性	人均水资源量 D1	0.069 0
	水资源开发利用率 D2	0.050 4
	能源消费弹性系数 D6	0.047 2
	人均粮食产量 D9	0.047 2
	万元 GDP 用水量 D3	0.035 5
	人均能源生产量 D4	0.031 5
	人均耕地面积 D8	0.031 3
	能源自给率 D7	0.017 2
	一产增加值占比 D10	0.016 1
	万元 GDP 能耗 D5	0.015 8
	粮食自给率 D11	0.015 8
协调性	亩均灌溉用水量 D16	0.068 8
	单位耕地面积农机动力 D18	0.062 5
	一产能耗占比 D19	0.041 3
	能源生产用水占比 D13	0.031 6
	单位能源生产用水量 D12	0.030 9
	农田灌溉水有效利用系数 D17	0.030 2
	工业用水重复利用率 D14	0.027 4
	农业用水占比 D15	0.015 8
可持续性	平均降水量 D27	0.051 4
	城镇化率 D24	0.049 2
	人口增长率 D23	0.047 4
	三产增加值占比 D22	0.046 0
	森林覆盖率 D26	0.037 4
	人均 GDP D20	0.035 8
	GDP 增长率 D21	0.031 6
	污水再生利用率 D25	0.015 8

对于贵州省(表 4-5)，保障性指标权重占总权重的 38.27%，协调性指标权重占总权重的 31.39%，可持续性指标权重占总权重的 30.34%。保障性指标的波动要高于其他两方面指标，可以认为对于该地区，水、能源、粮食的生产供给处于较为重要的地位，而三者之间协调制约影响略高于经济社会环境的驱动作用。

表 4-5　贵州省子系统指标权重排序结果

准则	指标	权重
保障性	人均水资源量 D1	0.070 0
	水资源开发利用率 D2	0.051 7
	能源消费弹性系数 D6	0.048 0
	人均粮食产量 D9	0.047 9
	万元 GDP 用水量 D3	0.035 8
	人均能源生产量 D4	0.032 0
	人均耕地面积 D8	0.031 7
	能源自给率 D7	0.017 4
	一产增加值占比 D10	0.016 3
	万元 GDP 能耗 D5	0.016 0
	粮食自给率 D11	0.016 0
协调性	亩均灌溉用水量 D16	0.067 6
	单位耕地面积农机动力 D18	0.063 1
	一产能耗占比 D19	0.032 6
	能源生产用水占比 D13	0.032 4
	单位能源生产用水量 D12	0.031 8
协调性	农田灌溉水有效利用系数 D17	0.030 7
	工业用水重复利用率 D14	0.029 1
	农业用水占比 D15	0.016 0
可持续性	平均降水量 D27	0.052 7
	人口增长率 D23	0.047 8
	三产增加值占比 D22	0.046 5
	城镇化率 D24	0.045 4
	森林覆盖率 D26	0.037 7
	人均 GDP D20	0.035 9
	GDP 增长率 D21	0.031 9
	污水再生利用率 D25	0.016 0

对于云南省(表 4-6),保障性指标权重占总权重的 39.28%,协调性指标权重占总权重的 29.19%,可持续性指标权重占总权重的 31.54%。保障性指标的波动要高于其他两方面指标,可以认为对于该地区,水、能源、粮食的生产供给处于较为重要的地位,而经济社会环境的驱动作用略高于三者之间协调制约影响。

表 4-6　云南省子系统指标权重排序结果

准则	指标	权重
保障性	人均水资源量 D1	0.071 8
	水资源开发利用率 D2	0.052 6
	能源消费弹性系数 D6	0.049 4
	人均粮食产量 D9	0.049 1
	万元 GDP 用水量 D3	0.037 2
	人均能源生产量 D4	0.032 7
	人均耕地面积 D8	0.032 5
	能源自给率 D7	0.017 8
	一产增加值占比 D10	0.016 7
	万元 GDP 能耗 D5	0.016 4
	粮食自给率 D11	0.016 4
协调性	亩均灌溉用水量 D16	0.071 5
	单位耕地面积农机动力 D18	0.065 4
	一产能耗占比 D19	0.041 6
	农田灌溉水有效利用系数 D17	0.030 2
	工业用水重复利用率 D14	0.027 7
	能源生产用水占比 D13	0.020 5
	单位能源生产用水量 D12	0.018 7
	农业用水占比 D15	0.016 4
可持续性	平均降水量 D27	0.054 3
	人口增长率 D23	0.049 1
	三产增加值占比 D22	0.047 6
	城镇化率 D24	0.039 1
	森林覆盖率 D26	0.038 9
	人均 GDP D20	0.037 7
	GDP 增长率 D21	0.032 8
	污水再生利用率 D25	0.016 4

结合区域特点,西南三省自然禀赋较好,资源丰富,社会发展处于上升阶段,因此,在经济驱动下对于水、能源和粮食的生产供给有着较高的要求,同时由于整体发展水平潜力较大,各资源整体处于低竞争程度,协调程度较低,相应地为了适应经济社会发展,其资源保障程度较高。

3. 关键指标权重结果

综合前面论述分析，从指标自身权重值大小和指标所属子系统权重占比两方面考虑，取各子系统排序前3和总排序前9的指标交集为水-能源-粮食协同安全关键指标。结果见表4-7、表4-8和表4-9。

表4-7 四川省协同安全关键指标

准则	指标	权重
保障性	人均水资源量 D1	0.069 0
保障性	水资源开发利用率 D2	0.050 4
保障性	能源消费弹性系数 D6	0.047 2
协调性	亩均灌溉用水量 D16	0.068 8
协调性	单位耕地面积农机动力 D18	0.062 5
可持续性	平均降水量 D27	0.051 4
可持续性	城镇化率 D24	0.049 2
可持续性	人口增长率 D23	0.047 4

表4-8 贵州省协同安全关键指标

准则	指标	权重
保障性	人均水资源量 D1	0.070 0
保障性	水资源开发利用率 D2	0.051 7
保障性	能源消费弹性系数 D6	0.048 0
协调性	亩均灌溉用水量 D16	0.067 6
协调性	单位耕地面积农机动力 D18	0.063 1
可持续性	平均降水量 D27	0.052 7
可持续性	人口增长率 D23	0.047 8
可持续性	三产增加值占比 D22	0.046 5

表4-9 云南省协同安全关键指标

准则	指标	权重
保障性	人均水资源量 D1	0.071 8
保障性	水资源开发利用率 D2	0.052 6
保障性	能源消费弹性系数 D6	0.049 4
协调性	亩均灌溉用水量 D16	0.071 5
协调性	单位耕地面积农机动力 D18	0.065 4

续表

准则	指标	权重
可持续性	平均降水量 D27	0.054 3
	人口增长率 D23	0.049 1
	三产增加值占比 D22	0.047 6

4.5.3 综合评价结果

1. 协同安全评价结果与分析

运用安全评价模型,根据构建的西南地区水-能源-粮食关联系统指标体系,以主、客观耦合网络赋权法确定各指标权重,代入水-能源-粮食关联系统协同安全度计算模型,得到 2008 年至 2017 年四川、贵州和云南三省的水-能源-粮食关联系统保障性、协调性、可持续性及协同安全综合指数。

(1) 四川省协同安全综合评价

四川省河流众多,以长江水系为主,地表水和地下水开发利用率低,入境水量大,水资源充沛,水资源压力小稳定性较高,能源产量中等,经济发展所需能耗较低,人均耕地面积较少,粮食自给率中等,水-能源-粮食稳定性指数中等。四川省能源生产用水量偏高,降水量较大,农业生产用水量较小,水-能源-粮食协调性指数中等。四川省经济增长较快,但人均 GDP 低,第三产业占比较小,温室气体排放、森林覆盖率等环境状况逐年改善,可持续性指数较优。

根据协同安全评价模型,2008—2017 年期间,四川省水-能源-粮食协同安全总评价为波动趋势,2017 年综合评价 0.6,高于 2008 年得分 0.36,但低于 2012 年得分 0.62。2012 年有着较为明显的一个高峰,在该时间点,保障性评价达到最大,之后保障性评价下降,至 2015 后逐渐升高。可持续性评价与保障性评价存在相似波动趋势,但是整体上为上升,总评价的上升主要得益于可持续性评价的持续上升,从可持续评价结果来看,由于社会、经济和自然环境的有力提升,为整个系统的整体安全提供了前提和保障。协调性指标多年基本持平,在 0.5 左右波动,处于中等水平,说明资源之间的竞争处于一种较为均衡的稳定状态。由此可以发现,该地区在倾向可持续绿色发展决策中,资源的生产供应存在一个被动的调节过程,并且受到可持续发展要求的消极影响,但是由于地区资源禀赋较好,竞争性不强,保障性评价在逐渐上升,不存在明显的协同约束。从各个指标在整体中的占比来看,协调指标对综合评价的贡献略有减少,可持续性指标贡献较大,但三者仍处于均衡状态,在以后的发展中具有较好的基础条件和发展潜力。具体结果见表4-10、图4-2和图4-3。

综合判断,四川省水-能源-粮食协同安全综合指数中等偏优。

表4-10 四川省协同安全评价结果

年份	2017	2016	2015	2014	2013	2012	2011	2010	2009	2008
保障率评价	0.55	0.51	0.40	0.63	0.62	0.73	0.50	0.54	0.29	0.45
协调性评价	0.50	0.53	0.51	0.48	0.55	0.59	0.49	0.54	0.54	0.45
可持续性评价	0.76	0.63	0.49	0.51	0.55	0.54	0.32	0.29	0.35	0.16
综合评价	0.60	0.55	0.46	0.55	0.58	0.62	0.44	0.46	0.39	0.36

图4-2 四川省协同安全评价分析

图4-3 四川省子系统占比分析

（2）贵州省协同安全综合评价

结合贵州省实际情况,对于具体的指标进行核对,以分析结论的合理性。贵州省处在长江和珠江两大水系上游交错地带,水资源相对充沛,地表水和地下水开发利用率低,水资源压力较小稳定性高,能源矿产分布较少能源产量较低,粮食产量和自给率偏低,水-能源-粮食稳定性指数中等。贵州省能源生产用水量大,但工业用水重复利用率高,降水量较大农业用水量少,工业、农业用水效率较高,水-能源-粮食协调性指数中等。贵州省虽然经济增长速度高,第三产业占比较高,但经济前期发展不足,人均 GDP 低,城市发展水平较低,万元 GDP 温室气体排放量高,可持续性指数较低。

根据协同安全评价模型,2008—2017 年期间,贵州省水-能源-粮食协同安全总评价为波动渐增趋势,最低评价出现在 2009 年,最高评价出现在 2017 年,2008—2013 年中间有着较为明显波动,2013 年以后逐年稳定上升。总评价的上升主要得益于可持续性评价的持续上升,从可持续评价结果来看,由于社会、经济和自然环境的有力提升,为整个系统的整体安全提供了前提和保障,从 2008 年评价值 0.33 提升到 2017 年 0.78,得分提升至起始时间的 2 倍以上,说明该省发展势头良好。与其恰恰相反,协调性指标逐年降低,由最初的 0.48 下降至 0.37,处于中等水平以下,随着社会发展水平的提高,社会生产需求越来越高,资源之间的竞争性增强,矛盾进一步加剧,对系统整体提升形成了潜在约束。保障性指标历年来存在波动,基本持平,处于中等水平,说明目前资源供给能够满足当前的需求,但是处于临界状态。从各个指标在整体中的占比来看,协调指标对综合评价的贡献越来越小,可持续性指标贡献越来越大,三者已经不再均衡,在以后的发展中将存在一定的隐患,其解决的关键在于采取措施促使系统回归到均衡状态。具体结果见表 4-11、图 4-4 和图 4-5。

综合判断,贵州省水-能源-粮食协同安全综合指数中等。

表 4-11　贵州省协同安全评价结果

年份	2017	2016	2015	2014	2013	2012	2011	2010	2009	2008
保障率评价	0.56	0.59	0.58	0.61	0.44	0.50	0.34	0.56	0.41	0.52
协调性评价	0.37	0.35	0.43	0.33	0.31	0.55	0.56	0.67	0.51	0.48
可持续性评价	0.78	0.70	0.57	0.53	0.43	0.53	0.41	0.46	0.25	0.33
综合评价	0.57	0.55	0.53	0.50	0.40	0.52	0.43	0.56	0.39	0.45

图 4-4　贵州省协同安全评价分析

图 4-5　贵州省子系统占比分析

(3) 云南省协同安全综合评价

结合云南省实际情况,对于具体的指标进行核对,以分析结论的合理性。云南省河川纵横,湖泊众多,入境水量大水资源充沛,地表水和地下水开发利用率低,水资源压力小稳定性高,能源产量中等,人均耕地面积较高但粮食产量和自给率偏低,水-能源-粮食稳定性指数中等。云南省能源生产用水量中等,农田灌溉水有效利用系数低但降水量大,水-能源-粮食协调性指数较高。云南省经济增长较快,第三产业占比较高,但经济基础较为薄弱,人均 GDP 低,城市发展水平一般,污水再生利用率和森林覆盖率较高,可持续性指数较好。

根据协同安全评价模型,2008—2017 年期间,云南省水-能源-粮食协同安全总评价为持续增长趋势,最低评价出现在 2009 年 0.29,最高评价出现在 2017 年 0.70,2009 年以后逐年稳定上升。其中,协调性指标、可持续性指标和保障性指标全部呈现波动上升态势,可持续性指标从 0.34 上升至 0.83,协调性指标从 0.4 上升至 0.73,上升幅度明显,可以看到总评价的上升潜力巨大,存在进一步提升的空间,该省水-能源-粮食发展结构适宜,资源保障性指标稳定可靠。从各个指标在整体中的占比来看,保障性指标对综合评价的贡献略有减少,可持续性指标和协调性指标贡献越来越大,资源的生产供给还存在一定的提升潜力,在以后的发展中可以更多地增加资源供给,以最大利用水-能源-粮食系统的潜力。

综合判断,云南省水-能源-粮食协同安全综合指数中等偏优,具有较大发展潜力。具体结果见表4-12、图4-6和图4-7。

表4-12 云南省子协同安全评价结果

年份	2017	2016	2015	2014	2013	2012	2011	2010	2009	2008
保障率评价	0.58	0.53	0.52	0.46	0.56	0.47	0.41	0.55	0.24	0.51
协调性评价	0.73	0.48	0.57	0.52	0.48	0.46	0.42	0.32	0.35	0.40
可持续性评价	0.83	0.63	0.42	0.36	0.48	0.53	0.48	0.51	0.28	0.34
综合评价	0.70	0.55	0.50	0.45	0.51	0.49	0.43	0.47	0.29	0.43

图4-6 云南省协同安全评价分析

图4-7 云南省子系统占比分析

综上所述,四川、云南和贵州三省协同安全指数及变化情况表明,2008—

2017年,我国水-能源-粮食关联系统的协同安全度总体呈波动上升趋势,即关联系统的协同安全性不断增加,水-能源-粮食关联系统中各子系统相互配合、相互支持逐渐形成一种互动的良性循环与安全状态,可持续发展性不断提高。各子系统中,可持续性上升最为显著,充分反映近10年西南地区对于经济社会与自然环境可持续发展的重视以及所采取的政策与措施取得了初步成效;三者中最稳定的是保障性指标,其震荡起伏较小,基本持平;水-能源-粮食协同关联系统的协调性存在起伏但近年在逐渐降低,体现出水-能源、能源-粮食、水-粮食各系统之间的协调性随着整体水平的提高,它们之间的竞争冲突在逐渐上升,给今后的协同安全保障发展趋势提出了更大的挑战。如何更好地提高水、能源、粮食的协调性是今后政策规划的主要方向。逐渐向各正负向指标协调配合的方向发展,有利于整体关联系统协同安全性的稳定与提高。

2. 耦合协调评价结果与分析

协同安全评价反映了水资源-能源-粮食系统的整体状态,为了进一步分析其内部的相互关系,对水资源-能源-粮食系统进行耦合协调分析。本小节以四川省为例,进行水资源-能源-粮食耦合协调评价。分析计算中的数据来源为:《四川省统计年鉴》(2008—2017);《水资源公报》(2008—2016);《四川省经济发展年报》(2006—2017)等公开数据。根据前文所述耦合协调评价模型构建方法,构建综合评价体系,对指标值进行无量纲化处理,并确定权重(表4-13),计算出各个子领域的综合评价值,然后代入协调度模型中,最后得出四川省水-能源-粮食耦合协调评价结果。

表4-13 权重计算成果

子领域	一级指标	二级指标	权重(变异系数法)	权重(熵权法)
水资源安全指数	经济社会发展	工业万元产值	0.09	0.10
		农田有效灌溉面积比例	0.25	0.14
		单位GDP用水总量	0.08	0.10
	人类生活	生活用水比例	0.11	0.10
		自来水普及率	0.04	0.10
	水生态	城市污水处理率	0.04	0.02
		农作物受灾面积	0.04	0.40
		工业废水排放	0.04	0.23
	水分布	产水模数	0.14	0.01
		产水系数	0.17	0.06

续表

子领域	一级指标	二级指标	权重(变异系数法)	权重(熵权法)
能源安全指数	可获得	人均能源生产	0.28	0.17
		生产多元化指数	0.22	0.18
		自给率	0.07	0.08
	可支付	燃料消费价格指数	0.07	0.13
		能源消耗强度	0.17	0.17
		工业废气排放	0.07	0.01
	效率	生活垃圾无害化处理率	0.07	0.05
		生活污水处理率	0.06	0.08
	生物质能安全	农作物播种面积	0.05	0.01
		森林覆盖率	0.04	0.04
粮食安全指数	生产安全	粮食播种面积比例	0.20	0.01
		粮食单产	0.05	0.04
		单位面积机械动力	0.07	0.00
		化肥负荷	0.15	0.04
	消费安全	城镇恩格尔系数	0.05	0.03
		农村恩格尔系数	0.15	0.05
		人口自然增长率	0.04	0.10
		人均食品消费支出	0.04	0.00
	流通安全	粮食流通成本变动	0.16	0.12
		农民人均纯收入	0.09	0.20

协调发展评价结果如下(表4-14和图4-8)。

表4-14 安全与耦合协调度评价结果表(变异系数法)

年份	2008	2009	2010	2011	2012	2013	2014	2015	2016
水资源安全	0.19	0.28	0.54	0.17	0.83	0.59	0.68	0.70	0.70
能源安全	0.18	0.13	0.28	0.13	0.32	0.32	0.34	0.33	0.33
粮食安全	0.42	0.27	0.41	0.30	0.65	0.49	0.52	0.56	0.59
耦合度	0.31	0.32	0.32	0.31	0.31	0.32	0.32	0.32	0.32
协调发展度	0.28	0.27	0.36	0.25	0.43	0.39	0.41	0.41	0.41

图 4-8　WEF 系统演变趋势（变异系数法）

（1）从安全保障的角度来看，水资源、能源和粮食系统在历年趋势中具有较高的变化一致性，起伏变化具有同步性，其中水资源安全保障评价较高，并且较为稳定，而粮食安全的波动性最大，其次是能源安全。

（2）四川省历年 WEF 的耦合度不高，耦合度处于 0.3 附近，处于较低水平耦合阶段的临界点上。

（3）能源系统的安全保障评价在 2016 年末低于其他两系统的评价值。这与四川作为一个水能大省的定位不符。从指标权重中发现，多元化生产指标权重较大，而四川能源生产类型较为单一，同时能源消耗权重也较大，导致该省在内部自给中处于不利位置。同时对指标体系进行反复审视，能源系统并不能体现出优势，评分始终较低，还需要对其问题进行进一步深入的分析。

4.5.4　合理性分析

1. 评价指标网络结构关系

邀请行业专家结合水资源、能源和粮食生产过程中的理论机理和工程经验，分析上述指标之间的相互影响关系，绘制出指标网络结构图，构建指标网络关系矩阵 C。

在指标体系中共有水资源、能源、粮食、水-能源、水-粮食、能源-粮食、经济、社会、自然 9 个要素子系统构成，对其系统指标之间关系进行梳理，可以得到整个指标体系的网络结构图，结果见图 4-9。

2. 指标权重计算结果

对 2008—2017 年四川省水-能源-粮食复合系统中各指标的数据序列进行处理，得到综合矩阵 R_c，求得指标权重结果，同时计算熵权法、坎蒂雷法和

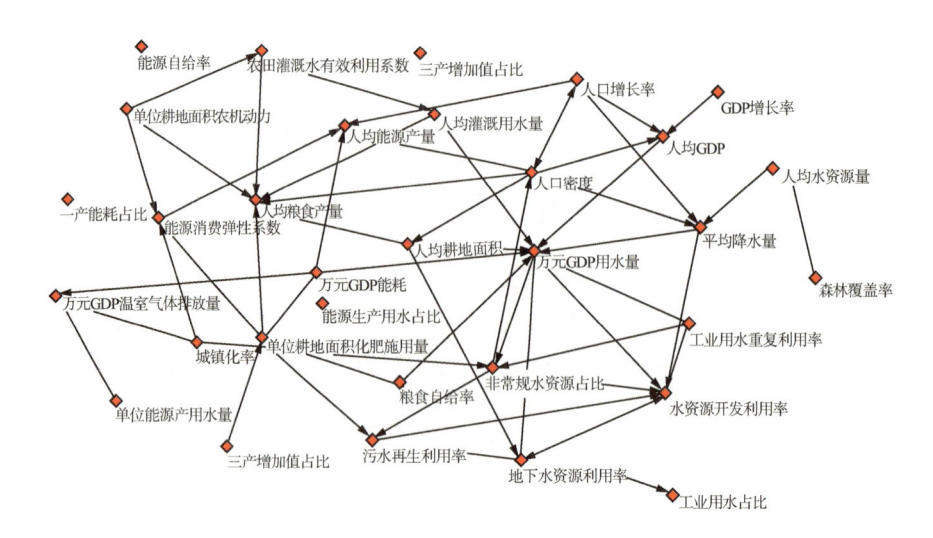

图 4-9 水-能源-粮食系统协同安全评价指标体系网络结构图

ANP法下的权重结果以做比较,结果见表 4-15。由该表可知:属于客观方法的熵权法和坎蒂雷法由于均依据指标数据序列的差异信息来确定权重,其赋值结果较为接近。由于主观和客观的出发点不同,以主观赋值为主的 ANP 和其余三种方法权重结果的区别更为明显,而综合了主、客观视角的耦合网络赋权法介于两者之间,结合指标的物理内涵来分析,基于数据的量化结果有效限制了主观判断的过度倾向。例如,"人均水资源量"作为在水-能源-粮食系统中具有较大影响力的指标,它与多个指标存在相互影响,但是它的指标值在多年中变化幅度较小,熵权法、坎蒂雷法确定的权重分别为 0.016 和 0.018,但基于 ANP 方法计算权重忽略了该指标对系统贡献的敏感性,其结果 0.034 又远远大于其他三种方法。因此,耦合网络赋权法的计算结果相对合理。

表 4-15 评价指标权重计算成果表

评价指标	权重计算结果			
	熵权法	坎蒂雷法	ANP 法	耦合网络赋权法
人均水资源量	0.016	0.018	0.034	0.030
水资源开发利用率	0.020	0.014	0.034	0.024
地下水资源利用率	0.017	0.014	0.045	0.027
非常规水资源占比	0.051	0.043	0.045	0.041
万元 GDP 用水量	0.042	0.053	0.045	0.043

续表

评价指标	权重计算结果			
	熵权法	坎蒂雷法	ANP 法	耦合网络赋权法
人均能源生产量	0.038	0.026	0.011	0.020
万元 GDP 能耗	0.038	0.033	0.045	0.053
能源消费弹性系数	0.016	0.016	0.022	0.013
能源自给率	0.024	0.034	0.011	0.017
人均耕地面积	0.025	0.035	0.045	0.039
人均粮食产量	0.016	0.025	0.011	0.015
一产增加值占比	0.028	0.017	0.022	0.024
粮食自给率	0.023	0.031	0.034	0.034
单位能源生产用水量	0.036	0.038	0.022	0.036
能源生产用水占比	0.033	0.038	0.011	0.019
工业用水重复利用率	0.030	0.026	0.045	0.036
农业用水占比	0.052	0.047	0.022	0.033
亩均灌溉用水量	0.041	0.042	0.034	0.047
农田灌溉水有效利用系数	0.041	0.026	0.034	0.046
平均降水量	0.023	0.026	0.022	0.036
单位耕地面积农机动力	0.034	0.039	0.045	0.039
一产能耗占比	0.027	0.034	0.011	0.018
人均 GDP	0.042	0.043	0.022	0.030
GDP 增长率	0.019	0.018	0.022	0.023
三产增加值占比	0.046	0.016	0.011	0.023
人口增长率	0.020	0.018	0.056	0.026
城镇化率	0.039	0.038	0.045	0.036
人口密度	0.033	0.041	0.079	0.062
污水再生利用率	0.030	0.037	0.022	0.019
森林覆盖率	0.038	0.039	0.022	0.022
单位耕地面积化肥施用量	0.029	0.033	0.056	0.045
万元 GDP 温室气体排放量	0.035	0.044	0.011	0.022

由表 4-16 可知，耦合网络赋权法确定的权重结果，其权重离散程度略优于两种客观赋权方法，都劣于 ANP 方法，但权重最大值和最小值与 ANP 方法接近，具有较强的重要指标区分能力。考虑到主观方法结论包含有一部分个体主观倾向的特点，与客观事实存在着不一致的可能性，应用耦合网络方

法进行综合评价可以更为准确描述重要指标对整体的实际影响程度。

综上,本章提出的耦合网络赋权法满足水-能源-粮食系统协同安全综合评价的权重分析要求,且权重计算结果更为合理。

表 4-16　各方法权重结果统计特征

赋权方法	标准差	均值	最大值	最小值
熵权法	0.010 111	0.031 25	0.051 72	0.015 516
坎蒂雷法	0.010 64	0.031 25	0.053 024	0.013 684
ANP 法	0.016 315	0.031 25	0.078 652	0.011 236
耦合网络赋权法	0.011 793	0.031 25	0.062 382	0.012 629

3. 协同安全评价结果

本章应用 TOPSIS 模型方法分别计算了保障性、协调性、可持续性和水-能源-粮食协同安全综合评价指标,将协同安全评价结果划分为五个等级,由小到大依次对应"差""较差""中等""较好""好",等级区间见表 4-17,2008—2017 年各年度的评价值和等级结论,见表 4-18。

表 4-17　协同安全评价等级划分

等级	差	较差	中等	较好	好
保障性	0~0.767	0.767~0.784	0.784~0.800	0.800~0.817	0.817~1
协调性	0~0.706	0.706~0.746	0.746~0.785	0.785~0.825	0.825~1
可持续性	0~0.768	0.768~0.784	0.784~0.799	0.799~0.815	0.815~1
协同安全	0~0.764	0.764~0.782	0.782~0.800	0.800~0.819	0.819~1

表 4-18　四川省 2008—2017 年水-能源-粮食系统协同安全等级评价结果

年份	综合评价			
	保障性	协调性	可持续性	协同安全
2008	0.826(好)	0.769(中等)	0.767(差)	0.792(中等)
2009	0.782(较差)	0.666(差)	0.766(差)	0.746(差)
2010	0.750(差)	0.738(较差)	0.759(差)	0.749(差)
2011	0.815(较好)	0.798(较好)	0.752(差)	0.792(中等)
2012	0.803(较好)	0.716(较差)	0.831(好)	0.791(中等)
2013	0.807(较好)	0.823(较好)	0.767(差)	0.801(较好)
2014	0.824(好)	0.786(较好)	0.770(较差)	0.797(中等)
2015	0.805(较好)	0.865(好)	0.821(好)	0.832(好)

续表

年份	综合评价			
	保障性	协调性	可持续性	协同安全
2016	0.834(好)	0.858(好)	0.815(好)	0.837(好)
2017	0.805(较好)	0.730(较差)	0.829(好)	0.794(中等)

4. 四川省水-能源-粮食协同安全评价分析

在 2008—2017 年期间,四川省水-能源-粮食协同安全呈基本持平态势,但年际之间存在波动。其中,2008 年和 2017 年等级均为中等,在 2009—2010 年期间协同安全评价为差,2011—2014 年期间基本稳定在中等等级,在 2015 年和 2016 年达到好的评价。这体现出近年来水-能源-粮食系统尚未达到稳定状态,受到多种外界不确定因素影响,整体较为敏感,各种资源的协同适配尚需进一步提升。从评价值得分来看,在目前生产力发展水平约束下,近 10 年最高评价分值为 0.837,最低评价分值为 0.746,对于得分较差的年份分析,所属年份四川受到汶川地震这一恶劣灾害影响,国民生产总值、各产业产值都处于较低状态,该得分体现外部因素对水-能源-粮食系统的影响。从整体上来看,近 10 年协同安全评价距离理论上最优解状态较近,处于中上水平,水-能源-粮食系统协同安全水平较高,同时还有进一步提升的潜力(图 4-10)。

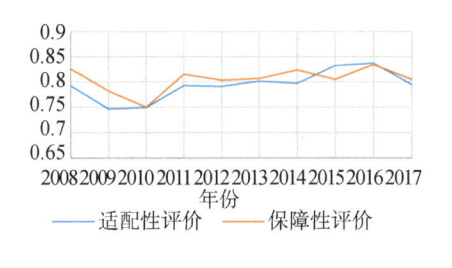

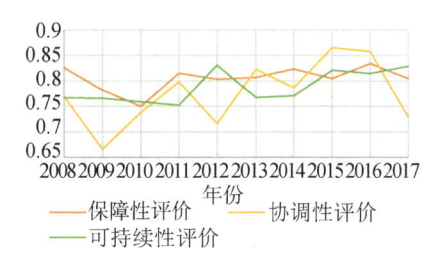

图 4-10 四川省水-能源-粮食系统协同安全趋势图

从保障性、协调性和可持续性各子系统评价来看,历年协同安全评价和保障性子系统评价态势基本一致,各年得分较为接近,说明水、能源、粮食的生产供应为水-能源-粮食系统功能的体现(图 4-10),其得分水平与系统整体运行状态是近似等价的,两者的差异主要由资源之间内部竞争(协调性因素)和系统外部影响(可持续性因素)带来;协调性子系统与协同安全评价的趋势一致,但波动较大,该子系统反映的是水-能源-粮食内部的资源协同竞争的特征,在不同的年份条件下一直在动态调整,其状态影响着系统整体状态的变化趋势;可持续性子系统和协同安全评价在相同年份并不体现明显的同步特征。在实际情况中,水、能源和粮食三者的生产与社会、经济和生态发展之间的相互影响存在时滞现象,其间过程机理极为复杂,存在更多的探讨空间,具体分析中发现:2015年开始,在国家可持续政策指引下,四川省地区相关措施逐步体现出积极影响,可持续发展评价呈持续上升态势。结合四川地区的实际情况,根据各子系统的态势分析发现,社会、经济和自然环境的有力上升,为整个系统的整体安全提供了前提和保障,这是协同安全评价稳定的主要原因,而该地区在可持续绿色发展决策中,资源的生产供应存在一个被动的调节过程,因此导致协调性指标多年波动,协调性与可持续发展评价出现明显差异,说明随着可持续发展要求的提高,对协调性调控能力也有了更高的要求。但是由于地区资源禀赋较好,保障性评价基本处于稳定。

为了进一步分析保障性、协调性和可持续性之间的转化影响,对三者所属指标评分和进行比较,计算各子系统指标评分和在总得分中的比例值,得到历年各子系统得分占比,见图 4-11。随着绿色经济发展推动,可持续性评价在整体占比中逐渐提升,保障性评价基本保持稳定,说明四川省水资源、能

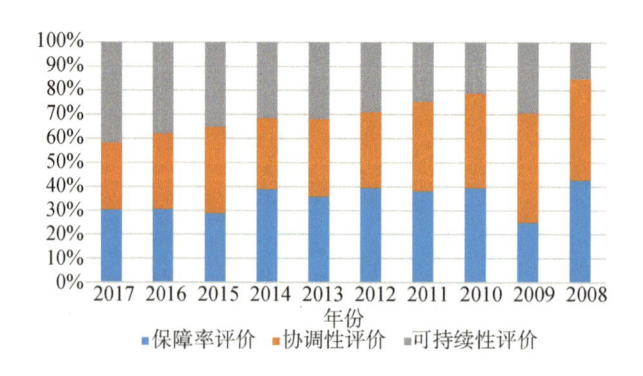

图 4-11 四川省水-能源-粮食子系统占比

源和粮食在以后的发展具有较好的基础条件和发展潜力。但随着经济社会的发展,对水、能源、粮食的需求提高,三者之间的竞争性增加,协调评价逐年

降低，同时，对三者之间协调发展的管理和决策也提出更高的要求。

4.6 本章小结

针对水-能源-粮食各领域的复杂关系，本章建立了系统协同安全评价指标体系，通过改进后的耦合网络分析法进行指标权重确定，最终提出基于TOPSIS模型的水-能源-粮食协同安全评价方法。根据该方法，本章对四川省的水-能源-粮食系统协同安全特征进行评价分析，主要结论如下：

（1）四川省地区水-能源-粮食系统协同安全整体水平较好，其中保障性评价水平稳定，可持续性评价呈上升态势，协调性评价存在较大的波动特征，该地区协同安全状态存在较大的提升潜力。

（2）该地区水-能源-粮食系统可持续性评价上升，协调性评价降低，表明水、能源、粮食资源之间的竞争关系增强，意味三种资源的协调将成为制约该地区协同安全进一步提高的瓶颈。

（3）对指标历史数据及其权重分析，亩均灌溉水量、农田灌溉水有效利用系数、非常规水资源占比、单位耕地面积四项指标的提升有助于该地区水-能源-粮食系统协同安全水平的提高。

（4）本章结合水-能源-粮食复杂系统特征，提出了一种综合网络分析法和坎蒂雷法的主、客观组合权重计算方法，四川省案例验证了该权重计算方法在水-能源-粮食系统内部纽带研究中的适用性。

第5章 水电系统水-能源-粮食协调配置关键技术

水电不仅能够直接提供能源、水资源等各种直接资源,而且还可以发挥减贫、促进区域发展等作用。西南地区河流为山区型河流,干流主要以大型水电站开发为主,其水-能源-粮食纽带关系主要表现为水电与生态的相互关系。西南地区的粮食主产区主要分布在平原地区,如安西平原,其灌溉均来自支流。此外,西南地区人口主要分布在各流域的下游地区,且居民生活和工业的供水工程大部分位于支流上。总的来说,整个西南各大流域形成干流发电-生态,支流供水-灌溉-生态的需求功能布局。

本章节从水电可持续发展理论出发,针对西南水电基地的水、能源、粮食资源特征,基于流域和系统的视角,以水资源利用效率提高、电力供应保障能力提升、粮食生产保障能力提升和生态环境保护、修复作用加强四个正向作用为导向,从流域水资源分配、区域能源开发布局、粮食生产安排建立综合协调机制出发,相继运用大型水库群梯级优化调度技术,流域水资源综合利用干支流统筹调配技术、小水电站灌溉排水调剂技术,提出一套面向水电可持续发展的水-能源-粮食协调配置保障关键技术,即梯级调度-干支调配-灌排调剂保障关键技术。

5.1 水电可持续发展理论

5.1.1 水电可持续发展基本概念

1987年世界环境与发展委员会公布了《我们共同的未来(Our Common

Future)》报告,该报告将可持续发展定义为:在不损害后代人满足其自身需要的能力的前提下满足当代人的需要的发展。此后,可持续发展逐渐成为国际广泛认可的发展理念。联合国指出可持续发展要求为人类和地球建设一个具有包容性、可持续性和韧性的未来,其三大核心要素是经济增长、社会包容和环境保护,同时强调消除一切形式和维度的贫穷是实现可持续发展的必然要求。此外,2015年联合国大会提出了17项全球可持续发展目标,制定了《2030年可持续发展议程》,并呼吁全世界共同采取行动,消除贫困、保护地球、改善所有人的生活和未来。17项可持续发展目标中,目标7为经济适用的清洁能源,确保人人获得可负担、可靠和可持续的现代能源,其中水电在实现该目标中扮演着至关重要的角色。联合国发布的《2019年可持续发展目标报告》指出全球人口享有电力服务的比例从2010年的83%上升到2015年的87%,2017年迅速达到89%(过去两年年均上升1个百分点)。但是2017年仍有8.4亿人口无法享受这一必需服务,大部分位于撒哈拉以南非洲,该地区2017年仅有44%的人口可以用电,相当于还有5.73亿人口仍然无法用电。可见,水电开发在可持续发展中发挥着重要作用。

对于水电可持续发展,国际上一些组织和机构提出了意见和建议。2004年在北京召开了联合国水电与可持续发展国际会议,会议通过了《水电与可持续发展北京宣言(Beijing Declaration on Hydropower and Sustainable Development)》,提出了"促进环境友好的、对社会负责的和经济可行的水电发展",并且"呼吁政府和水电工业界推广好的做法,推广恰当的政策、规定和导则,使其纳入经济、社会和环境可持续的水电开发的主流中"。作为国际上代表水电行业的非政府组织,国际水电协会(IHA)在2004年发布的《水电可持续性指南(Hydropower Sustainability Guidelines)》中提出"国际水电协会将水电可持续发展看作是社会责任、完善的商业运营和自然资源管理的基本要素"。以指南文件为基础,IHA于2006年发布了《水电可持续性评价规范(Hydropower Sustainability Assessment Protocol)》,作为评估水电可持续性的实用工具。2009年世界银行发布了《水电发展方向(Directions in Hydropower)》,该报告对世界银行关于水电开发的政策和观点进行了集中阐述。报告指出:"水电开发错综复杂,存在一定的经济、社会和环境风险。其中一部分风险是该行业固有的,而更多风险可以也必须通过谨慎推行良好做法以及可持续的三重底线方法(即兼顾经济、社会和环境效益)予以解决。"

根据可持续发展的一般定义,并且分析国际机构和组织的阐述,可以发现水电可持续发展具有以下三个重要特征：①水电对于经济社会的可持续发展可以发挥重要作用。水电不仅能够直接提供能源、水资源等各种直接资源，而且还可以发挥减贫、促进区域发展等作用。在气候变化成为世界关注议题的条件下，水电在应对气候变化方面的作用变得更加重要。②水电行业本身也面临着如何实现可持续发展的问题。二十世纪九十年代，国际上开始出现水电开发的激烈争论，我国近年也出现了水电的争论，这些争论对国际和我国的水电发展都产生了一定程度的不利影响。水电发展中存在的问题是出现争论和产生影响的主要原因之一，比较突出的问题是水电开发的环境和社会问题。③技术、经济、环境和社会是水电可持续发展的基本要素[9]。本书针对西南水电的特点，结合前人的研究成果，将水电可持续开发定义为：在区域、流域、国家乃至全球空间尺度，在水电开发前期、准备、实施和运行等阶段全生命周期时间尺度，水电开发活动为一种以生态环境友好为基础，依靠有效管理和可靠技术，实现经济持续增长和社会不断进步的水电发展模式，致力于全球人口均享有经济适用的清洁能源、消除偏远地区贫困状态。

5.1.2 水-能源-粮食协调配置耦合系统框架

我国共规划有十三大水电基地，其中，西南水电基地占据六个水电基地，规划装机容量占全国的 66%，已建装机容量占全国的 73%。西南水电基地是我国水能资源的富集地区，是供应电力能源的骨干电源点，而且水电作为清洁能源在能源结构中占据着不可替代的关键作用。国家需求与地区经济社会发展，既有相容也有矛盾，但水能开发与水电基地建设要与区域水资源安全、能源安全和粮食安全满足适配、协调和可持续性。因此，厘清西南水电基地的水-能源-粮食纽带关系，提出以水为串联主线的供给侧资源配置中的协调技术及其方法，对于国家需求和区域发展适应的水-能源-粮食协同安全具有重要意义。

西南水电基地基本上均在山区，水能资源富集，利用河流的天然落差开发水电，提供优质的清洁能源。然而，西南水电基地建设势必给整个流域造成一定程度的影响，与流域内的水资源安全、能源安全、粮食安全及经济社会环境关联紧密，为了水电可持续开发利用与水-能源-粮食协同安全并进，首先就要梳理清晰水电基地的水-能源-粮食纽带关系的属性特征。

根据上述西南水电基地水、能源、粮食资源特征及分析，以及雅砻江典型水电基地的实地调研，得到西南水电基地 WEFN 视角的关联属性图，如图 5-

1所示，并从相关定义入手展开后续研究和探索。

西南水电基地的"水"以地表水为主，其水安全内涵应指区域水资源安全，主要包括城镇生活用水、工业用水、生态环境用水、发电用水及灌溉用水等方面的保障水平；西南水电基地的"能源"以水电为主，其能源安全内涵应指区域电源供电保障安全，主要包括大型水电站、农村小水电及其在区域电网、省市电网中的保障水平；西南水电基地的"粮食"以生产为主，其粮食安全内涵应指区域水稻、小麦、玉米、薯类等不同粮食作物生产量的保障水平。西南水电基地的"水-能源-粮食"以资源供给侧为主，其协同安全内涵应指充分考虑三者自身纽带关系及其在经济社会环境关联条件下区域适配的保障水平。

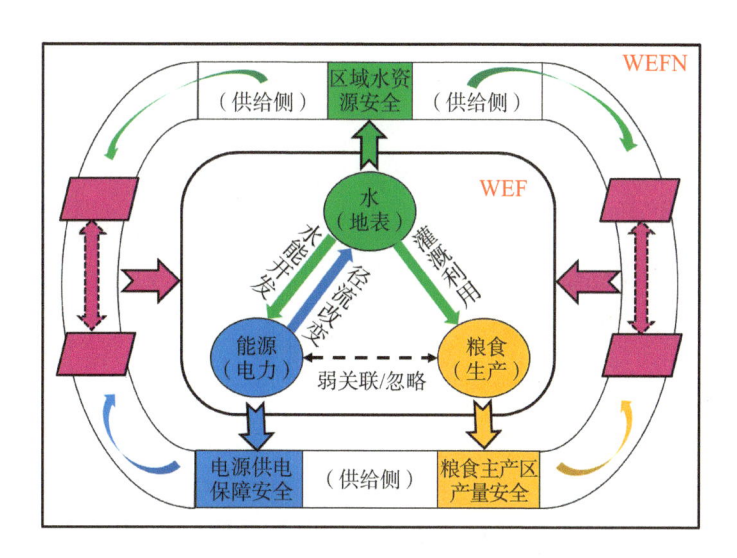

图 5-1　西南水电基地 WEFN 视角的关联属性图

5.2　梯级水电站群水库优化调度技术

水库是在水资源系统中存储和重新分配自然水资源的重要工程措施，通常在经济、社会、生态和环境等方面产生多重好处，包括防洪、发电、航运、供水、缓解干旱和生态流量维护等。目前，多目标调度运行是全世界许多大型水库运行的基本原则。然而这些目标通常是矛盾的，一个目标的实现通常是以影响或牺牲其他目标为代价的。对梯级水电站群，该系统更为复杂，需从流域视角，统筹兼顾流域上下游，对水资源在时间上进行重分配(蓄丰补枯)，以追求流域调度综合效益最大化。梯级水电站群优化调度可分为单目标优化调度和多目标优化调度，是多维度、多约束的复杂问题，其数学模型包含三部分：①目标函数，有发电目标（梯级发电量和发电保证率等）、防洪目标、生态目标（生态缺水量、生态保证率等）、航运目标、供水目标等；②约束条件，有水量平衡约束、水位约束、下泄流量约束、出力约束等；③模型求解算法，有GA、PSO、NSGA-Ⅱ、MOGA等。此外，水电开发与生态环境的关系一直是外界的关注点，同时如何协调两者的关系是水电可持续发展的关键问题之一。因此，本小节主要介绍梯级水电站群优化调度数学模型构建方法、模型求解方法、决策方法和河道生态流量确定方法。

5.2.1 单目标优化调度模型

5.2.1.1 目标函数

单目标优化调度通常追求发电经济效益最大化，防洪、供水、生态和航运等要求通过约束松弛法转化为约束条件。在汛期，库区水位不能超过汛限水位，满足流域防洪安全；供水、生态和航运等需求可考虑在水库最小下泄流量中。因此，单目标优化调度目标函数可表示为：

$$MaximizeCPG = \sum_{i=1}^{n} \sum_{t=1}^{T} \eta_i H_{i,t} Q_{i,t} \Delta t \tag{5-1}$$

式中：CPG 为调度期内梯级电站总发电量，亿 kW·h；n 为梯级电站个数；T 为调度时间段数；Δt 为时段长度；$H_{i,t}$ 和 $Q_{i,t}$ 分别为 i 电站 t 时段的发电水头和发电流量，m 和 m³/s；η_i 为 i 电站综合出力系数。

5.2.1.2 约束条件

梯级水电站群单目标优化调度是一个复杂多约束问题，主要包含以下约束。

（1）水量平衡约束

$$V_{i,t+1} = V_{i,t} + (I_{i,t} - Q_{i,t}) \times \Delta t - E_{i,t} - L_{i,t} \tag{5-2}$$

式中：$V_{i,t}$ 为 i 电站 t 时刻的蓄水量，m³；$I_{i,t}$ 和 $Q_{i,t}$ 分别为 i 电站 t 时段的入库、出库流量，m³/s；$E_{i,t}$ 和 $L_{i,t}$ 分别为 i 电站 t 时段的蒸发和泄漏水量，m³。

（2）水位约束

$$Z_{i,t}^{\min} \leqslant Z_{i,t} \leqslant Z_{i,t}^{\max} \tag{5-3}$$

式中：$Z_{i,t}^{\min}$ 和 $Z_{i,t}^{\max}$ 分别为 i 电站 t 时刻的下限水位和上限水位，m。

（3）流量约束

$$Q_{i,t}^{\min} \leqslant Q_{i,t} \leqslant Q_{i,t}^{\max} \tag{5-4}$$

式中：$Q_{i,t}^{\min}$ 和 $Q_{i,t}^{\max}$ 分别为 i 电站 t 时段最小、最大下泄流量，m³/s。

（4）出力约束

$$N_{i,\min} \leqslant N_{i,t} \leqslant N_{i,\max} \tag{5-5}$$

式中：$N_{i,\min}$ 和 $N_{i,\max}$ 分别为 i 电站 t 时段最小、最大出力，MW。

（5）调度期初末时刻水位约束

$$Z_{i,1} = Z_{i,T+1} = Z^* \tag{5-6}$$

式中：Z^* 为 i 电站调度期初末时刻控制水位，通常取正常蓄水位，m。

（6）梯级电站水力联系方程

$$I_{i,t} = Q_{i-1,t} + B_{(i-1)-i,t} \tag{5-7}$$

式中：对梯级电站中第 i 电站，$Q_{i-1,t}$ 为第 $i-1$ 级电站 t 时段的出库流量，m³/s；$B_{(i-1)-i,t}$ 为第 $i-1$ 级电站至第 i 电站 t 时段的区间入流，m³/s。

（7）弃水流量方程

$$q_{i,t} = Q_{i,t} - S_{i,t} \tag{5-8}$$

式中：$S_{i,t}$ 为 i 电站 t 时段的弃水流量，m³/s。

5.2.2 多目标优化调度模型

5.2.2.1 目标函数

梯级水电站群多目标优化调度主要目标为梯级发电量最大、梯级发电保证率最大和河段生态流量保证率最大，三个目标呈现相互竞争关系，对应三个目标函数描述如下。

（1）梯级发电量最大

$$E_1 = \max \sum_{i=1}^{n} \sum_{t=1}^{T} N_{i,t} \Delta t \tag{5-9}$$

$$N_{i,t} = \eta_i H_{i,t} Q_{i,t} \tag{5-10}$$

式中：E_1 为调度期内梯级水电站总发电量，MW·h；n 为梯级水电站个数；T

为调度时间段数；$N_{i,t}$ 为 i 电站 t 时段的出力，MW；Δt 为时段长度；$H_{i,t}$ 和 $Q_{i,t}$ 分别为 i 电站 t 时段的发电水头和发电流量，m 和 m³/s；η_i 为 i 电站综合出力系数。

$$Maximize CPG = \sum_{i=1}^{n} \sum_{t=1}^{T} \eta_i H_{i,t} Q_{i,t} \Delta t \qquad (5-11)$$

式中：CPG 为调度期内梯级电站总发电量，亿 kW·h；n 为梯级电站个数；T 为调度时间段数；$\triangle t$ 为时段长度；$H_{i,t}$ 和 $Q_{i,t}$ 分别为 i 电站 t 时段的发电水头和发电流量，m 和 m³/s；η_i 为 i 电站综合出力系数。

(2) 梯级发电保证率最大

$$Maximize ARCPG = \frac{1}{n \times T} \sum_{i=1}^{n} \sum_{t=1}^{T} p_{i,t} \times 100\% \qquad (5-12)$$

$$p_{i,t} = \begin{cases} 0, N_{i,t} < N_{i,\min} \\ 1, N_{i,t} \geqslant N_{i,\min} \end{cases} \qquad (5-13)$$

式中：$ARCPG$ 为调度期内梯级电站发电保证率，%；$N_{i,\min}$ 为 i 电站保证出力，MW。

(3) 河段生态流量保证率最大

$$Maximize AREF = \frac{1}{n \times T} \sum_{i=1}^{n} \sum_{t=1}^{T} m_{i,t} \times 100\% \qquad (5-14)$$

$$m_{i,t} = \begin{cases} 0, EF_{i,t} < EFT_{i,t} \\ 1, EF_{i,t} \geqslant EFT_{i,T} \end{cases} \qquad (5-15)$$

式中：$AREF$ 为调度期内梯级电站下游河流生态流量保证率，%；$EF_{i,t}$ 为 i 电站 t 时段下游河道的生态流量，m³/s；$EFT_{i,t}$ 为 i 电站 t 时段下游河道的目标生态流量，m³/s。

5.2.2.2 约束条件

上述目标函数的求解需要服从一系列物理约束和运行约束，流量约束和出力约束如下。

(1) 流量约束

$$0 \leqslant Q_{i,t} \leqslant Q_{i,t}^{\max} \qquad (5-16)$$

式中：$Q_{i,t}^{max}$ 分别为 i 电站 t 时段最大下泄流量，m^3/s。

（2）出力约束

$$0 \leqslant N_{i,t} \leqslant N_{i,\max} \tag{5-17}$$

式中：$N_{i,\max}$ 分别为 i 电站 t 时段最大出力，MW。

5.2.3 基于智能算法的求解方法

上述梯级调度问题，不可避免有优化模型的存在，其优化模型是一个在诸多非线性条件下求解复杂巨系统极值问题，一般很难从数学上证明其解的可行性、最优解的存在性，等等。随着现代优化技术发展，尤其是智能计算方法的涌现，为此类优化问题的求解提供了一个新的解决办法。智能优化算法一般都是建立在生物智能或物理现象基础上的随机搜索算法，目前在理论上还远不如传统优化算法完善，往往也不能确保解的最优性，但是其最大的优点是能在有限的计算内获得接近最优解的方案。从实际应用的观点看，这类新算法一般不要求目标函数和约束的连续性与凸性，甚至有时连有没有解析表达式都不要求，对计算中数据的不确定性也有很强的适应能力。目前，水电站水库优化调度模型求解算法研究取得了丰硕的成果，按目标函数数量主要分为单目标优化算法（线性规划、动态规划、非线性规划、逐次优化，等等）和多目标优化算法（多目标遗传算法、多目标粒子群算法、多目标差分进化算法等）。本书推荐使用差分进化算法来求解单目标优化调度模型，带精英策略的快速非支配排序遗传算法（Elitist Non-dominated Sorting Genetic Algorithm，NSGA-Ⅱ）求解多目标优化调度模型。

5.2.3.1 DE 算法

1. 基本原理

差分进化（Differential Evolution，DE）算法是由 Rainer Storn 和 Kenneth Price 于 1997 年为求解 Chebyshev 不等式问题提出的一个新颖的智能算法，属于进化算法的分支。和其他进化算法一样，DE 算法也是一种模拟生物进化的随机模型，它保留了基于种群的全局搜索策略和基于实数编码的变量操作，它利用简单差分变异操作、一对一竞争生存操作，降低了进化操作的复杂性。同时，DE 特有的记忆能力使其可以动态跟踪当前的搜索情况，以调整其搜索策略。因而，DE 算法具有原理简单、高效并行、全局收敛的特点，最出色的特点是具有很强的鲁棒性。由于这些突出的优点，DE 算法不仅仅是智能计算领域研究的热点,而且在诸如工程、电力、经济、环境保护等领域得到了广泛的应用研究。

DE算法主要用于求解连续变量的全局优化问题和一些常规数学规划方法无法求解的复杂优化问题,其基本原理主要包括变异(Mutation)、交叉(Crossover)、选择(Selection)三种操作。DE算法从随机产生的初始种群开始,利用从种群中随机选取的两个个体的差向量作为第三个个体的随机变化量来源,将加权的差向量按照规则融入第三个个体产生变异个体,称为变异操作。然后,变异个体与某个目标个体按照选择概率进行交叉混合,生成试验个体,称为交叉操作。最后,评价试验个体和目标个体的适应度值,适应度值优的个体保存下来进入下一代,称为选择操作。种群中的每一个个体均会作为目标个体,算法通过不断地进化迭代,保留优秀个体,淘汰劣质个体,引导随机搜索向待优化问题的全局最优解逼近。

2. 优化计算步骤

差分进化算法的操作设计主要由变异算子、交叉算子和选择算子完成,为方便行文表述清晰流畅,约定差分进化算法操作设计涉及的参数变量名及其含义如表 5-1 所示,同时约定如果没有特殊的说明,算法操作设计中涉及的公式均以求解全局最小化问题为例。

表 5-1 差分进化算法的参数及含义表

参 数	含 义
D	待优化问题的计算维度,以 d 作为下标标识,$d \in [1, D]$
N_P	种群规模,以 i 作为下标标识,$i \in [1, N_P]$
N_E	最大进化代数,以 g 作为上标标识,$g \in [1, N_E]$
$\Psi(\cdot)$	适应度评价函数
P_S	差向量缩放因子,算法控制参数之一
P_C	交叉率,算法控制参数之二
X_{best}^g	第 g 次进化时适应度值最优的个体向量
$x_{i,d}^g$	第 i 个体第 g 次进化时在第 d 维的分量

(1) 种群初始化

设 $X_i^g = \{x_{i,1}^g, x_{i,2}^g, \cdots, x_{i,d}^g, \cdots, x_{i,D}^g\}$ 为个体 i 在第 g 次进化时的实数编码矢量,个体初始化在待优化问题的搜索边界以内随机产生,N_P 大小种群规模的群体随机分布于搜索空间以内,具体到群体中的每一个个体的每一维元素的初始化,其生成方式表达如下:

$$x_{i,d}^0 = Rnd \cdot (x_{\max} - x_{\min}) + x_{\min} \qquad (5-18)$$

式中：Rnd 为 [0,1] 区间的均匀分布随机数；$x_{\min}$ 为搜索空间的下边界；$x_{\max}$ 为搜索空间的上边界。

（2）适应度评价函数设计

适应度评价函数 $\Psi(\cdot)$ 是差分进化算法中用来评价个体的优劣等级，完成反映待优化问题的目标函数与算法进化搜索方向的映射关系的。在算法一次次的寻优进化中，它除了需要考虑待优化问题的目标函数值大小外，同时需要考虑个体对于有约束条件情况的满足程度。针对各种优化问题，适应度评价函数设计的通用表达式可以写作如下：

$$\Psi(X_i^g) = f(X_i^g) + Pun(X_i^g) \qquad (5-19)$$

式中：$f(\cdot)$ 为待优化问题的目标函数；$Pun(\cdot)$ 为约束类优化问题的惩罚项函数。

（3）变异算子

变异算子是差分进化算法的核心操作，其运算方式是对父代个体之间进行差分。按照在差分时选择的父代个体的类别和数量以及差分方式的区别，变异算子可以划分为十多种不同的模式，引入 DE/α/β/γ 来标记对应具体的变异模式，其中 DE 标识 Differential Evolution，α 标识选择的父代个体类别（Rand 表示随机选择的个体；Best 表示选择最优个体），β 标识差向量的个数，γ 标识差分方式（Bin 表示多项式交叉，Exp 表示指数交叉）。按照这样的规范形式，5 种常用多项式差分对应变异算子如下：

DE/Rand/1/Bin

$$V_i^g = X_{r3}^g + P_S \cdot (X_{r1}^g - X_{r2}^g) \qquad (5-20)$$

DE/Best/1/Bin

$$V_i^g = X_{best}^g + P_S \cdot (X_{r1}^g - X_{r2}^g) \qquad (5-21)$$

DE/Rand/2/Bin

$$V_i^g = X_{r3}^g + P_S \cdot (X_{r1}^g - X_{r2}^g + X_{r4}^g - X_{r5}^g) \qquad (5-22)$$

DE/Best/2/Bin

$$V_i^g = X_{best}^g + P_S \cdot (X_{r1}^g - X_{r2}^g + X_{r4}^g - X_{r5}^g) \qquad (5-23)$$

DE/Rand-to-Best/2/Bin

$$V_i^g = X_{r3}^g + P_S \cdot (X_{r1}^g - X_{r2}^g + X_{best}^g - X_{r4}^g) \tag{5-24}$$

式中：P_S 为缩放因子，是差分进化算法主要控制参数之一，它控制差向量在变异个体中的缩放比例，一般取值为 $(0,2]$；V_i^g 为 g 代（父代）的第 i 个变异个体；下标 $r1$、$r2$、$r3$、$r4$、$r5$ 为种群规模区间 $[1, N_P]$ 的随机整数，这些随机整数需要满足互不相等，并且均不等于 i，以保证计算的差向量不为零向量。

DE/Rand/1/Bin 和 DE/Best/1/Bin 是目前为止使用最为广泛、应用最为成功的差分算子，前一种模式有利于保持种群的多样性，后一种模式有利于加速算法的收敛速度。在水库群防洪调度中，追求算法求解的收敛性和时效性需要平衡，相关的研究文献已经很多，同时算法的鲁棒性和适用性在应用中应该受到重视。

(4) 交叉算子

差分进化算法通过采用交叉算子可以计算得到试验个体，为的是保持种群的多样性，试验个体在父代个体和变异个体之间产生，其计算方式表达如下：

$$Y_i^g = \begin{cases} v_{i,d}^g, & d = 1,2,\cdots,D, \text{ If } Rnd \leqslant P_C \\ x_{i,d}^g, & d = 1,2,\cdots,D, \text{ Otherwise} \end{cases} \tag{5-25}$$

式中：P_C 为交叉率，是差分进化算法的主要控制参数之一，它控制试验个体中含有父代个体和变异个体的成分比例，一般取值位于 $(0, 1]$ 区间；Y_i^g 为 g 代（父代）的第 i 个试验个体。

(5) 选择算子

差分进化算法的选择算子是一种"贪婪"的选择，它用来比较试验个体和父代个体的适应度，二者中适应度值较优的被保留下来，进入下一代种群的进化中，而适应度值较劣的被淘汰。以寻求目标最小化问题为例，选择算子的计算公式表达如下：

$$X_i^{g+1} = \begin{cases} Y_i^g, & \text{If } \Psi(Y_i^g) \leqslant \Psi(X_i^g) \\ X_i^g, & \text{Otherwise} \end{cases} \tag{5-26}$$

(6) 终止条件

进化终止条件为达到预先设定的最大进化代数 N_E 或预先设定的计算精度，求得的 $\Psi(X_{best}^{N_E})$ 即为最优解对应的目标函数值，$X_{best}^{N_E}$ 即为最优解。

DE 算法具体计算流程见图 5-2：

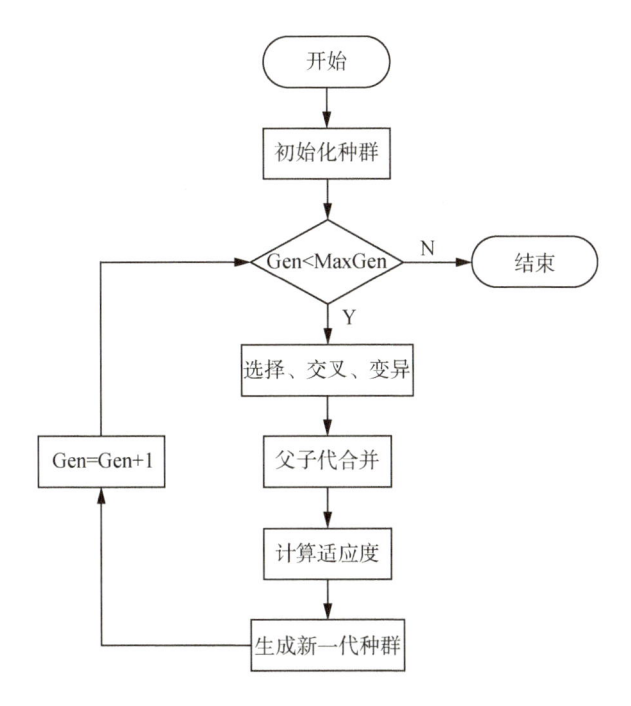

图 5-2　DE 算法计算流程图

5.2.3.2　NSGA-Ⅱ算法

遗传算法是由美国学者 Holland 于 1975 提出的，它是一种借鉴生物界自然选择、遗传机制的随机搜索智能算法，能够较快地获得较好的优化结果，为复杂系统的优化问题提供了一种新的方法，在水库调度领域得到了广泛应用[78-81]。带精英策略的非支配排序遗传算法最早由 Deb 等[82]于 2002 年提出。该算法在每一代，先对种群 P 进行遗传操作，得到种群 Q；然后将两个种群合并，进行非劣排序和拥挤距离排序，优选出新的种群 P，以此类推反复进行，直到迭代结束。该算法主要计算流程见图 5-3。

5.2.4　优化调度决策方法

梯级水库群多目标优化调度问题求解之后可获得一系列的非劣方案集，通常这些方案之间相互矛盾、相互竞争，不可公度，故称为非劣解。决策者需要通过决策优选方法（如 Topsis 法、ELECTRE 法和 MAVT 法等），最终获得最优方案或推荐方案。其中逼近理想解法（TOPSIS）只要求各效用函数具有单调递增（或递减）性，被广泛应用于多指标、多方案决策分析问题，是一种有

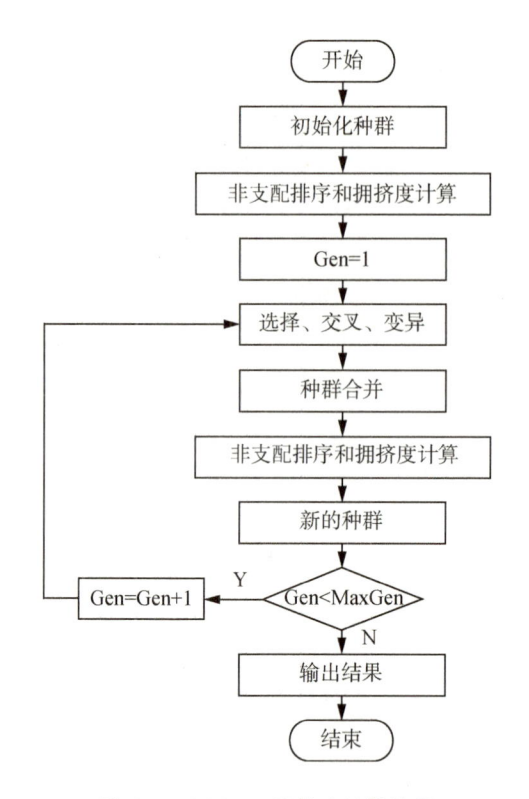

```
           开始
            ↓
         初始化种群
            ↓
      非支配排序和拥挤度计算
            ↓
          Gen=1
            ↓
  →→→   选择、交叉、变异
  ↑         ↓
  ↑      种群合并
  ↑         ↓
  ↑   非支配排序和拥挤度计算
  ↑         ↓
  ↑       新的种群
  ↑         ↓
Gen=Gen+1 ← Gen<MaxGen
       Y     ↓ N
           输出结果
            ↓
           结束
```

图 5-3　NSGA-Ⅱ算法计算流程

效常见的决策优选方法[83,84]。但该方案自身存在一些缺陷，如主观赋权不合理等。本书引入基于熵权的 TOPSIS 法，避免主观赋权的不合理性[85]。

1. 熵权法

熵权法是一种客观赋权法，仅依赖于数据本身的离散性，具有操作性和客观性强的特点。熵是信息论中对不确定性的一种度量，不确定性越大，熵就越大，反之亦然。在评价过程中，某指标的离散程度越大，则该指标的权重越大[85]。具体计算步骤如下。

Step1：数据标准化。

Step2：计算第 j 项指标下第 i 个样本值占该指标的比重 p_{ij}。

$$p_{ij} = \frac{a_{ij}}{\sum_{i=1}^{n} a_{ij}} \tag{5-27}$$

式中：a_{ij} 为第 j 项指标下第 i 个样本对应的数值。

Step3:计算第 j 项指标的熵值。

$$e_j = -\frac{1}{\ln n}\sum_{i=1}^{n} p_{ij} \ln p_{ij}(i,j=1,2,\cdots,n) \quad (5-28)$$

式中：e_j 为第 j 项指标的熵值，介于 0 和 1 之间；$\frac{1}{\ln n}$ 为信息熵系数。

Step4:计算各项指标的权重 u_j。

$$u_j = \frac{1-e_j}{n-\sum_{j=1}^{n}e_j} \quad (5-29)$$

2. TOPSIS 模型

TOPSIS 法是由 Hwang 和 Yoon 于 1981 年提出，是一种有效常用的处理多目标决策问题分析方法[77]。该方法基本原理：根据评价指标体系及相应的决策值，定义正负理想解，然后分别计算待评价方案与正负理想解的距离，从而得到各方案到理想方案的贴近程度，以此作为多目标方案集优劣评价的依据。具体计算步骤见 4.2 小节。

5.2.5 河流生态流量确定方法

目前，已有 200 多种确定河道生态流量需求的方法[86]，主要分为 4 类：水文学法[蒙大拿法(Tennant)[87]、IHA 和 RVA 等]、水力学法(湿周法和 R2CROSS 法)、栖息地法(WUA 和 River2D)和整体法(ELOHA)[88]。这 4 类方法各有优缺点，适用范围不同，其中水文学法是最早研究生态流量的方法，也是应用最广泛的方法，具有数据需求量少、操作简便和成本较低等优点。

蒙大拿法(Tennant)[87]依据观测资料而建立起来流量和栖息地质量之间的经验关系，是世界上应用最广泛的水文学法。它使用简单、方便，仅仅需要历史流量资料就可以确定河道生态需水，具有宏观的指导意义。蒙大拿法基于年平均流量(MAF)的特定百分比将栖息地定性描述为 8 个级别，分别为极差、最小、开始退化、好、非常好、极好、最佳和最大，其中最佳的上限等于年平均流量。但该方法未体现出生态流量年内逐月丰、平、枯变化特征，适用于大的、常年性河流，不适用于季节性河流。

VMF 法是由 Pastor 等人[88]开发的生态流量方法，是一种水文学法。该方法使用算法将一年分为丰水期、平水期和枯水期，通过分配平均月流量的百分比来确定生态流量，体现了河道生态流量需求的年内变化，增强了枯水期对河流生态系统的保护,与其他三种广泛使用的水文方法(蒙大拿法[87]、Smakhtin法[89]和Tessmann法)相比,VMF方法表现出更好的性能。但该方法仅仅描述河道生态环境为适宜的状况,未对其他状况进行定性描述,如差、好和最佳等状况。

虽然Tennant法的分级标准不具有普适性,但其等差数列分级思想基于大量的野外观测、水力学分析和统计分析,得到了全世界的普遍认可[86]。因此,本书依据蒙大拿法生态流量标准及其等差数列分级思想[86],对VMF法进行扩展与分级,提出一种多种生态环境状况河道生态流量确定方法(改进型VMF,RVMF),即基于月平均流量(MMF)的特定百分比将栖息地定性描述为6个级别,分别为差、适宜、好、非常好、极好和最佳。VMF法定性描述了栖息地适宜的状态,不同月份对应的生态流量分别为丰水期30%MMF、平水期45%MMF和枯水期60%MMF[88]。本书参照蒙大拿法生态流量标准,以10%的MMF作为最小生态流量,即差的状态。适宜至最佳状态,设置5个等级,以10%MMF逐级递增,当生态流量为100%MMF时,达到最佳状态,具体见表5-2。

表5-2 RVMF法河流生态流量确定标准(月平均流量的百分数,%)

项目	水文季节 计算法则	差	适宜	好	非常好	极好	最佳
丰水期	MMF>0.8MAF	10	30	40	50	60	70
平水期	0.4MAF<MMF≤0.8MAF	15	45	55	65	75	85
枯水期	MMF≤0.4MAF	20	60	70	80	90	100

5.3 水资源干支流统筹调配技术

5.3.1 调配能力属性

受季风气候的影响,我国水资源时空分布不均,总体上南丰北缺,东多西少;夏秋多,冬春少,且年际变化大。部分地区存在水资源与土地资源、产业布局不匹配的现象,制约了当地社会、经济发展。如西北地区受水资源限制,存在工业与农业"争水"现象。水资源在流域上下游、左右岸和干支流呈现时空分布不均的特征。具有调节功能的水库能对水资源在时间和空间上进行重分配,如蓄丰补枯,是一种有效缓解我国水资源时空分布不均的工程措施。干流和支流上的控制性水库,通过科学调度与合理水资源配置,能实现流域水资源高效利用,其概化示意见图 5-4。此外,通过干支流水库群联合调度,可有效抵御洪水带来的危害,如 2020 年 7 月,长江流域发生全流域特大洪水,通过长江、金沙江、雅砻江等干支流 41 座控制性水库群联合调度,做到最大程度削峰、错峰,保障下游防洪安全。

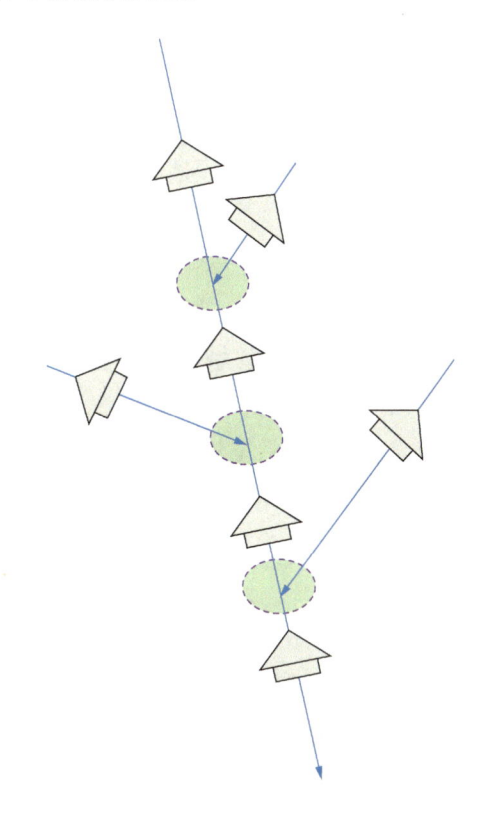

图 5-4 流域干支调配结构概化图

5.3.2 时空调配需求

1. 水资源量分配原则

通过控制性水库,对干支流水资源量进行分配,所服从的分配原则为:① 支流来水流量满足交汇处下游水库引水流量时,上游水库优先蓄水;② 干流来水流量满足交汇处下游水库引水流量时,支流控制性水库优先蓄水。通过该分配原则,合理、科学地进行干支流水资源配置,确保水资源高效利用。

2. 需求功能分解

西南地区河流为山区型河流,流速快、落差大,V形河道,是水能资源的聚集地。干流通常以发电为主,其水低人高的特点,导致供水、灌溉等取水工程通常布置在支流上,形成干流发电-生态,支流供水-灌溉-生态的需求功能布局。因此,本书将干支流发电-供水-灌溉-生态需求功能分解为三部分,分别为:干流发电-生态子系统,支流供水-灌溉-生态子系统和干支调配子系统。

5.3.3 大系统分解协调方法

区域 WEF 协同安全保障技术的提出预期能够提升西南水电基地的可持续开发利用水平,而这源于 WEF 纽带关系下的系统思维。因而,分解复杂 WEF 系统模式中子系统及其关联,协调子系统的冲突,是提出"梯级调度-干支调配-灌排调剂"保障技术的关键所在,从而提升西南水电基地 WEF 复杂系统的综合效益,涵盖西电东送电量、省域和市域电量、供水保证水平、灌溉保证水平及其协同安全水平。

对于复杂 WEF 系统,可采用大系统概念分析。从控制论角度概括其有三个方面的特点:大批量多来源的数据采集处理、具有多级结构模型、控制反馈过程呈现复杂性,这些恰恰与西南水电基地的大小水电、灌溉用水、供水等纽带关联系统的本质特点不谋而合。分解协调的思想是研究大系统问题的重要方式,它几乎贯穿于大系统理论的所有重要方面,分解是分解协调方法的第一步,它可以分成三个主要模式:(a)空间分解,又称水平分解,是从整体问题出发,利用定义的一组组彼此独立的低阶子问题,由一个个局部控制器进行关联状态的控制;(b)时间分解,又称垂直分解,是通过将控制作用分成不同层次上的控制来实现复杂系统的控制规律;(c)空间-时间分解则是前两种方式的组合。

由于子系统之间关联的存在偏离实际情况,分别求解各个子问题并不能得到全局问题的最优解,就需要进行协调,而协调方法的重要理论基础是拉格朗日对偶理论。将全局系统分解成多个子系统,再对每个子系统定义对应子问题,然后协调各个子问题的解,就可以将全局系统的最优控制问题变换成多级系统的递阶控制问题。典型的二级递阶分解协调结构如图 5-5 所示,递阶控制的协调有多种方法,大多数是属于目标协调法和模型协调法。

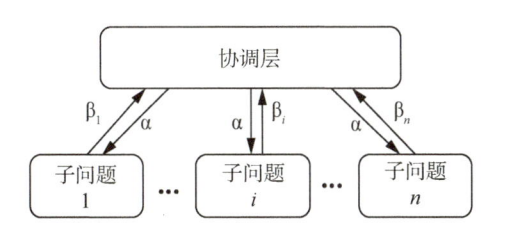

图 5-5　大系统分解协调的二级递阶结构

1. 目标协调法。通过改变子问题的目标函数来进行协调,将关联约束方程的拉格朗日乘子作为协调变量,在协调过程中不断修正子问题的目标函数,直到获得最优解为止。其特点是在整个协调过程中不能保证各个子系统之间的关联约束条件得到满足,每个中间解都不能位于全局问题解的可行域内,只有协调过程结束时才能满足关联约束,所以又称为关联平衡法,它是一种"非现实法"。

2. 模型协调法。借助对关联输出的预估进行协调,子问题的目标函数不发生变化,而是不断修正子问题的模型,在某种意义上是目标协调法的对偶方法。其特点是在整个协调过程中系统的全部约束条件均能满足,每个中间结果都是一个可行解,只是在直到协调过程结束时全局系统才能达到最优,所以又称为关联预估法,它是一种"现实法"。

5.3.4　水资源调配模型(WEAP)

1. 模型原理

WEAP模型是由斯德哥尔摩研究院和美国陆军工程兵团共同支持开发的微机版的水资源综合规划工具,其独特之处在于它提供了一种综合的方法,用于模拟政策导向对水系统的影响。WEAP模型把需求端(包括用水规律、人口增长、设备节水效率、回用、价格、分配等)与供给端(包括地表水、地下水、水库、跨流域调水等)放在同等的地位来考虑。作为预测工具,WEAP可以模拟一个城市、一个流域或者一个系统未来人口、经济的变化对当地水资源的需求、供给、流量、存储的影响,以及对水体污染物排放的要求和影响。作为政策分析工具,WEAP可以评估各种水资源的利用、开发、选择、管理的方式以及其带来的影响。WEAP模型有两个基础设置:一是基础性数据的计算均以月为单位,如流量、蒸发量、需求等;二是所有对未来发展趋势的模拟和计算均以现状基准年数据为基础,如未来年份来水量、需求点的农业、经济和人口发展数据等。WEAP建模包括五个步骤：①研究定义，设置时间跨度、空间界限，绘制模型概化图；②现状基准，建立研究区域的现状基准年数据库，提供系统研究区域现状基准年的水源、水量、人口、耕地、经济等与研究区域供给和需求相关的实际数据，用于模型校准；③生成参照预案和情景预案，参照预案是以现状基准年数据为基础，模拟在当前发展趋势下，系统不受外界干预可能发生的演变。情景预案则是在参照预案的基础上，模拟在不同外界因素的影响和干预下，模型对未来可能发生的情况的演变；④关键假设，在不同预案下，可能对系统未来变化的模拟产生影响的关键性条件的假设。如在人口增长预案中，假设人口以不同增长率增长会有什么不同；⑤评估，通过对不同的预案进行结果计算和模拟，就不同预案和假设条件下，水的满足程度、成本和效益等进行评估。WEAP建模具体流程如图5-6所示。

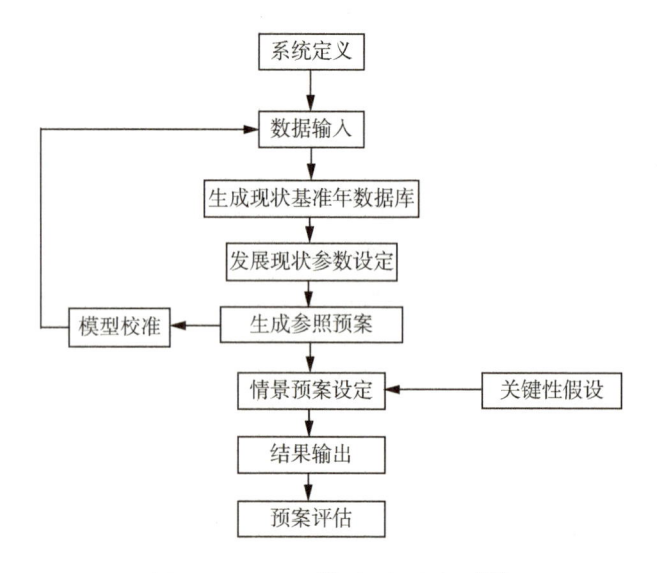

图5-6 WEAP模型运行流程图[90]

2. 软件主要界面介绍

WEAP模型由五个主要界面显示部分构成：图示、数据、结果、总览和注释。

"图示显示视窗"包含基于地理信息系统（GIS）的工具，用于帮助设置系统。"目标"（如需求节点、水库）可通过在菜单上拖放相应项目来生成并置放于系统中。ArcView或其他标准GIS矢量或栅格文件可被作为背景图层添加到"图示"中。通过点击感兴趣的目标，用户可以迅速打开任何节点上的数据和结果（图5-7）。

"数据显示视窗"允许用户生成变量和关系，输入假设，并利用数学表达式形成预测及至 Excel 的动态连接(图 5-8)。

"结果显示视窗"用于以图和表格形式及在图示上详细和灵活地显示模型输出结果(图 5-9)。

"总览显示视窗"使用户可以以此突出系统的关键指标，帮助快速浏览(图 5-10)。

"注释显示视窗"为用户提供进一步解释说明数据和假设的场所(图 5-11)。

图 5-7 WEAP 图示视窗

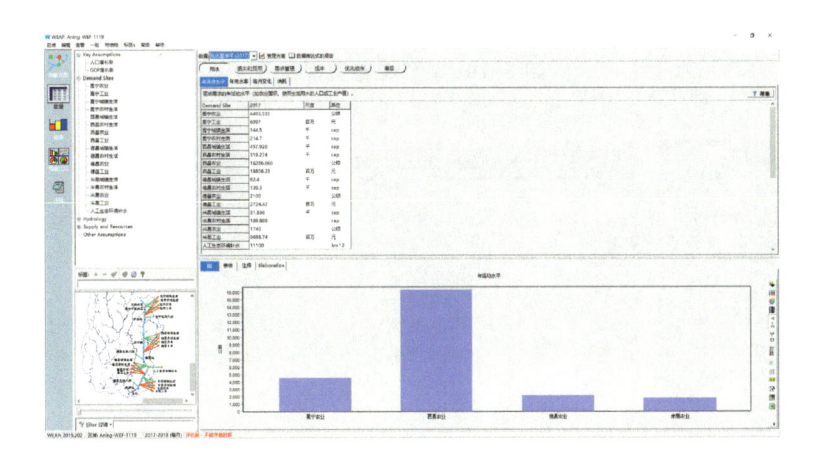

图 5-8 WEAP 数据视窗

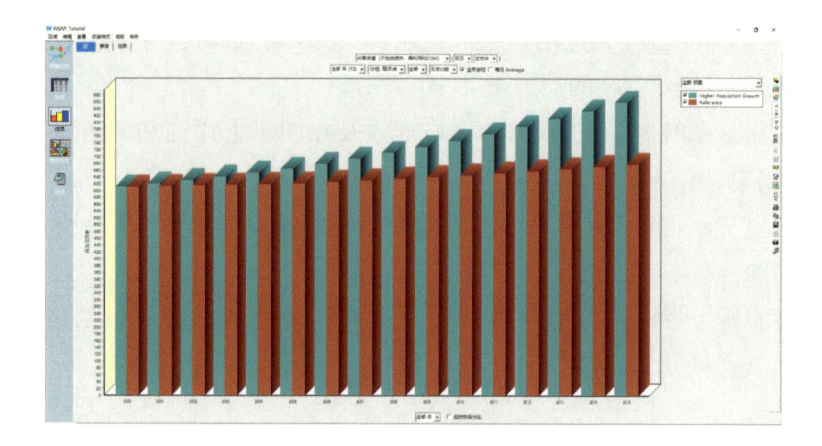

图 5-9　WEAP 结果显示视窗

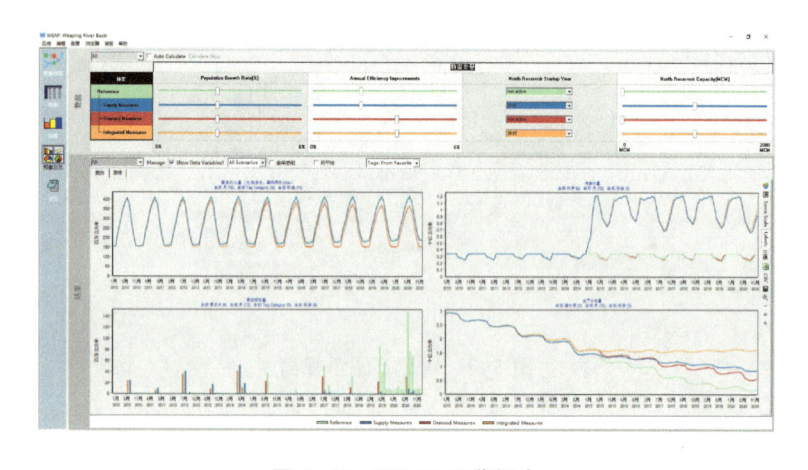

图 5-10　WEAP 总览视窗

图 5-11　WEAP 注释视窗

3. 约束条件

按照 WEAP 功能设计,根据流域内各县市水资源实际开发、利用、分配情况,将流域内的水源、各县市的需求点和灌区概化成 WEAP 模型中的节点和连接,水量分配满足所有节点和连接的消耗性要求,并受需求优先顺序、供给优先顺序、水量平衡等条件限制约束。

4. 模型校准方法

WEAP 模型可采用水文站实测流量资料对模型进行校准。纳什效率系数(Nash-Sutcliffe model efficiency coefficient,NSE)是用于评价模型模拟质量的一个评价参数,计算公式如下:

$$E = 1 - \frac{\sum_{t=1}^{T}(Q_0^t - Q_m^t)^2}{\sum_{t=1}^{T}(Q_0^t - \overline{Q_0})^2} \tag{5-30}$$

式中:Q_0^t 和 Q_m^t 分别为 t 时刻实测值和模拟值;$\overline{Q_0}$ 为实测值的均值;E 为纳什效率系数,取值为负无穷至 1,E 接近 1,表示模拟质量好,可信度高;E 接近 0,表示模型结果接近实测值的平均水平,即总体结果可信,但过程模拟误差大;E 远远小于 0,则模型是不可信的。

5.4 小水电水资源灌排调剂技术

在传统的灌溉模式中,各工程尚存不协调之处,如水库工程关注蓄水量,灌溉工程关注灌溉面积和灌溉水量,水电站工程关注发电效益。在过去的粗放式管理模式中,工程群的运行存在主观性、单一性、局部性等问题,表现出来的后果是整体或系统效率不高。随着社会、经济的发展,一方面需要更多的资源保障,另一方面需要更好地保护自然生态环境,以实现可持续发展。因此,如何在有限的资源总量前提下,高效实现区域或流域水-能源-粮食的生产保障是迫在眉睫的。本节将供水、粮食生产、电力生产过程耦合至同一模型中,通过对其三者生产过程的模拟计算,比选出满足系统整体要求的运行方案,进而实现小流域尺度上水利工程群灌排调剂保障。

5.4.1 灌排要素的时空边界

安宁河是雅砻江下游左岸最大支流,河长 326 km,流域面积 11 150 km²。

安宁河谷自然条件优越、资源禀赋独特,是四川省内仅次于成都的第二大平原,发展条件好、人口和城镇分布密集、产业集中程度高,特色产业初具规模。

2010年四川省人民政府发布了《安宁河谷地区跨越式发展规划(2010—2020年)》,特别提出构建水利保障体系,建设节水高效的农田水利设施,构建安全可靠的防洪体系,建立城乡供水保障体系,建设水生态环境保障体系,创新水利设施建设机制。重点灌区工程包括大桥水库灌区一期工程、二期工程,盐边县藤桥河引水工程,安宁河沿河灌区和中小型灌区续建配套与节水改造工程。规划还提出有序推进电源点建设,建设完成桐子林电站和安宁河、黑水河、孙水河等梯级电站。

以安宁河河谷段发电-灌溉-排水-生态系统为研究对象,通过对该地区经济社会特点和工程群布置的分析,确定该系统边界如下。

1. 时间尺度

水量计算以月单位为模型计算时间步长,以年单位为一次计算周期,对于多年问题按逐年计算的方式处理。对于粮食问题,按季度计算,通过插值将每季产量分解为虚拟月产量。起算时间按自然月1月份开始,与区域统计数据时间统一。

2. 空间边界

发电-灌溉-排水-生态系统空间边界需要综合考虑两个方面。一方面流域信息是本保障技术的技术基础,另一方面行政区域是水资源、能源、粮食生产信息的载体。所以定义空间边界为,流域范围内的行政区空间面积。具体针对安宁河河谷发电-灌溉-排水-生态系统来讲,空间边界为属于安宁河流域的冕宁、喜德、西昌和德昌四个行政区中的部分面积。上下边界分别为安宁河河源和锦川电站,左右边界为四县市的安宁河汇流区域(图5-12)。

5.4.2 系统动力学仿真方法

本节以系统动力学(SD)方法为基础,构建跨学科和部门的知识集成框架模型。SD方法可以映射系统结构特征(可视化),如多种跨学科的关键变量(经济、社会、环境等)的相互依存性通过因果分析图(CLD)的方式表现出来,并以存量-流量模型的方式在选定的时间尺度上对系统的演变进行仿真模拟。SD模型最终目的是解析研究对象的运行机制,给不同的政策方案的决策提供依据。本书中用于创建CLD的软件为Vensim(www.vensim.com),是由Ventana公司开发。

图 5-12　系统边界示意图

因果回路图(CLD)是系统分析的主要手段,相比于其他的系统分析方法,它可以直观地探索和表示所分析的学科领域或系统中关键变量之间的互联。即 CLD 是一个集成的地图,它代表不同系统的动态相互作用。CLD 的创建在整个系统决策过程中有着多种优势。首先,它将团队的思想、知识和观点结合起来;第二,它突出了分析的边界,聚焦于待解决问题的范畴,有助于方案的解决;第三,它帮助所有利益相关者对所分析问题形成系统的认识。

然而,CLD 有两个相互关联的局限性。首先,所有 CLD 都是对正在考虑的实际情况的简化。因此,所有的 CLD 都只是对实际情况的部分表示。这一点导致了第二个限制,即对于考虑的任何特定情况,存在多个可能的 CLD 表示。因此,表示特定问题的任何特定 CLD 可能受人为主观因素的影响,存在较大的偏差。

1. 因果回路图分析

基于文献整理和基础资料分析,本节确定了水-能源-粮食系统中的基本因素和关系,然后逐步增加更多复杂和完整的模型细节。本研究从图 5-13 中的基本组合模型开始,将决策下的水量和生产效益之间的关系结合在一起。

因果循环图包括变量和箭头(称为因果链接),后者将变量与每个链接上的符号链接在一起,呈正或负的因果关系。该模型结构属于增长限制模型。

该模型强调在水资源开发利用过程中,多种效益共存是水-能源-粮食复杂系统的重要特征。水资源开发压力变量作为一个综合评价指标,为是否蓄

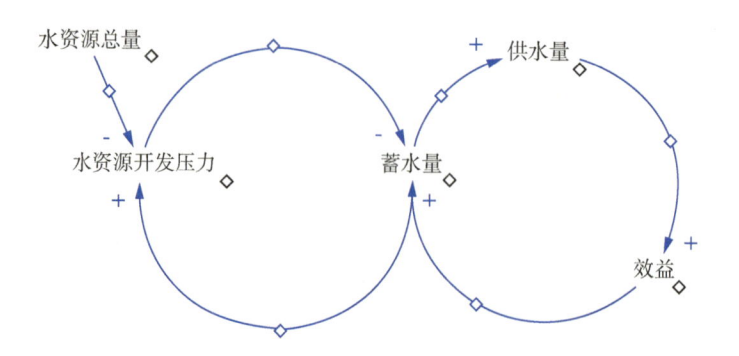

图 5-13　基本组合因果关系

水以及如何蓄水提供决策依据。它一方面表示随着蓄水规模的增长,河流正常下泄受到影响,蓄水难度增加。同时该变量还包含整个流域其他部门连锁影响的映射,蓄水越多,带来的效益越大,同时给管理机构带来更多挑战。

在系统动力学中,系统中各个变量代表了不同尺度系统对其的映射,各个变量的关系被称为系统的内部结构,系统的行为模式与特性主要取决于其内部结构。

对基本组合因果回路图进行分析,增加细节。首先讨论多种供水用途之间的关系。在水资源开发过程中,生活生产用水、灌溉用水、发电耗水存在着竞争关系,同时该三者对于生态来说是负因果。另一方面,生态用水又决定了蓄水的可能性,是正因果关系,整个行程呈现出负反馈环形式。反映该结构的因果回路如图 5-14。

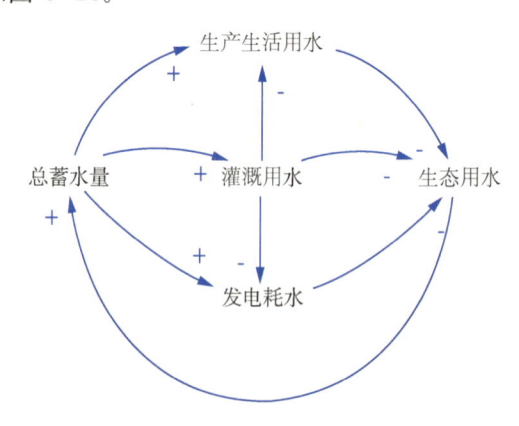

图 5-14　多用途水资源利用因果回路图

在水-能源-粮食的相互关系讨论中,不同目的供水产生的效益不同,并且不同效益之间又存在着相互影响,模型的复杂性进一步增强,如何得到均衡结果是关键。图 5-15 可以看出随着投入增加,效益随之增加,这是一个无限增长模型。

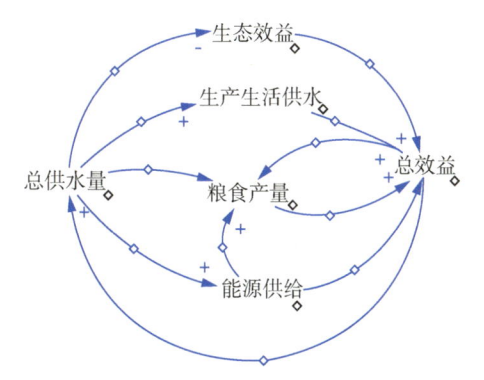

图 5-15 水-能源-粮食系统效益因果回路图

本模型暂不将社会生产其他环节的连锁影响计入系统范围,聚焦于水资源利用最优化的决策。将上述各回路图放入基本组合模型中,得到本系统的因果回路图(图 5-16)。

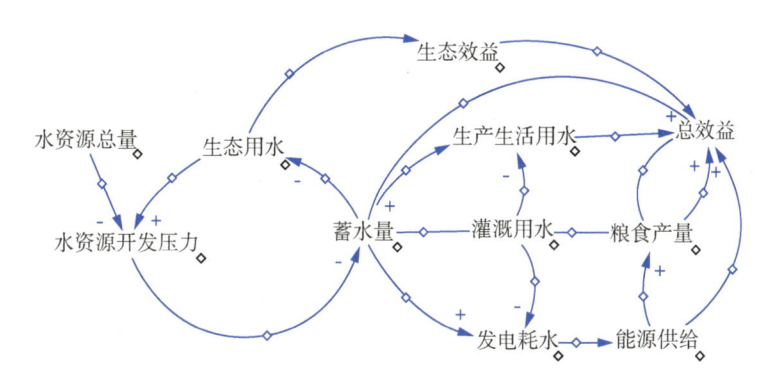

图 5-16 系统因果回路图

2. 存量-流量模型的构建

在上述系统结构和因果回路图的基础上,构建存量-流量模型。遵循水量平衡原理,考虑土壤、地质、工程结构、农作物等多种因素。考虑到研究区域生态问题的复杂性,首先确定研究问题为:对一定情境下的系统功能进行预测,同时对系统调整措施进行研究,最终完成水-能源-粮食系统的高效运行和可持续发展的保障研究。主要目标变量:保障粮食产量、减少弃水、增加下泄生态流量。主要控制变量为:灌溉排水、引水流量、泄洪流量和发电流量,其对应的控制变量分别为引水时长、支渠发电流量、泄洪方式。

在存量-流量模型中系统中变量之间的关系主要依据如下。

(1) 水量平衡原理

主要变量的影响参数分析。首先,根据水量平衡原理,列出下列方程:

$$Q = Q_1 + Q_2 - Q_3 \tag{5-31}$$

$$E = E_1 + E_2 \tag{5-32}$$

$$W = Q - E \tag{5-33}$$

式中:Q_1 为河流上游来水,Q_2 为流域内汇水,Q_3 为河道下泄流量,E_1 为地面蒸发,E_2 为植物生长需求,W 为补给后的地下水量。

(2) 工程水力特性:闸流公式、堰流公式、明渠公式、水能转换公式等。

(3) 粮食生产关系。

(4) 各资源效益换算关系。

(5) 社会生产统计调查资料。

5.4.3 仿真模型构建步骤

用系统分析的方法对地区尺度上的水资源、能源、粮食三者进行分析,以形式、功能、操作数的层次构建水-能源-粮食系统。首先,明确形式为功能的载体,同时是对系统进行影响和调整的唯一方式;然后对水-能源-粮食系统的运行状态进行评价,对该系统在一定情境下的功能进行预测,同时进行系统调整措施研究;最终完成水-能源-粮食系统的高效运行和可持续发展的保障研究。在系统模型的构建中对水、能源和粮食的生产供应系统进行分析。

在 WEF 生产供应工程中,三要素存在极为复杂的相互影响,通过构建 WEF 生产供应系统,对其进行整体描述。系统构建流程[91]:首先构建泛化模型,区分出系统的形式架构;然后对形式所具备的功能进行论证,根据功能的分析建立系统动力学模型;最终设置不同的情景和运行方案进行仿真模拟,其模拟结果可用于 WEF 供应系统状态评价和系统运行方案优化。

1. 泛化模型构建

针对水-能源-粮食不同系统,分别构建子系统模型,先列出其实体清单,判断构建系统形式,判断功能与实体关系,根据功能特性,列出操作数途径。根据操作数途径,构建出各个子系统的输入输出端口,并给出子系统连接规则与顺序。

表 5-3 水利工程系统分析

构造清单	形式	单元功能
大坝	大坝	提高水位,蓄积水量
溢洪道	溢洪道	下泄水量
泄流闸	泄水闸孔	控制下泄水量
泄流底孔		
引水管	管道	有压输送水量
水电站(引水、水轮机、发电机、变压器)	水电站	水能转换电能
输电线路	输电线路	输送电能
引水闸	闸门	控制引水水量
引水渠道	渠道	无压输送水量
分水闸	上游	分配水量

表 5-4 农田系统分析

构造清单	形式元素	单元功能
田地(土壤)	田地	作物生长载体
渠道	渠道	灌溉引水通道
肥料机械	化肥、农家肥	提升土壤肥力
农民	农民	辅助作物生长
提灌泵站	泵站	灌溉引水
运输车辆、农用机械	机械	辅助作物生产
节水灌溉	节水措施	灌溉引水

表 5-5 能源系统分析

构造清单	形式元素	单元功能
火电厂	火电厂	煤炭转电能
水电厂	水电站	水能转变电能
清洁能源(风、光)	其他电厂	其他能源转变电能
变压器	变电站	调节电压
电网	电网	输送电能
调度中心	调度中心	控制电网荷载

在低层次的功能通过相互配合,涌现出 WEF 协调适配功能,实体过程系统概念模型(OPM)[92]如图 5-17。

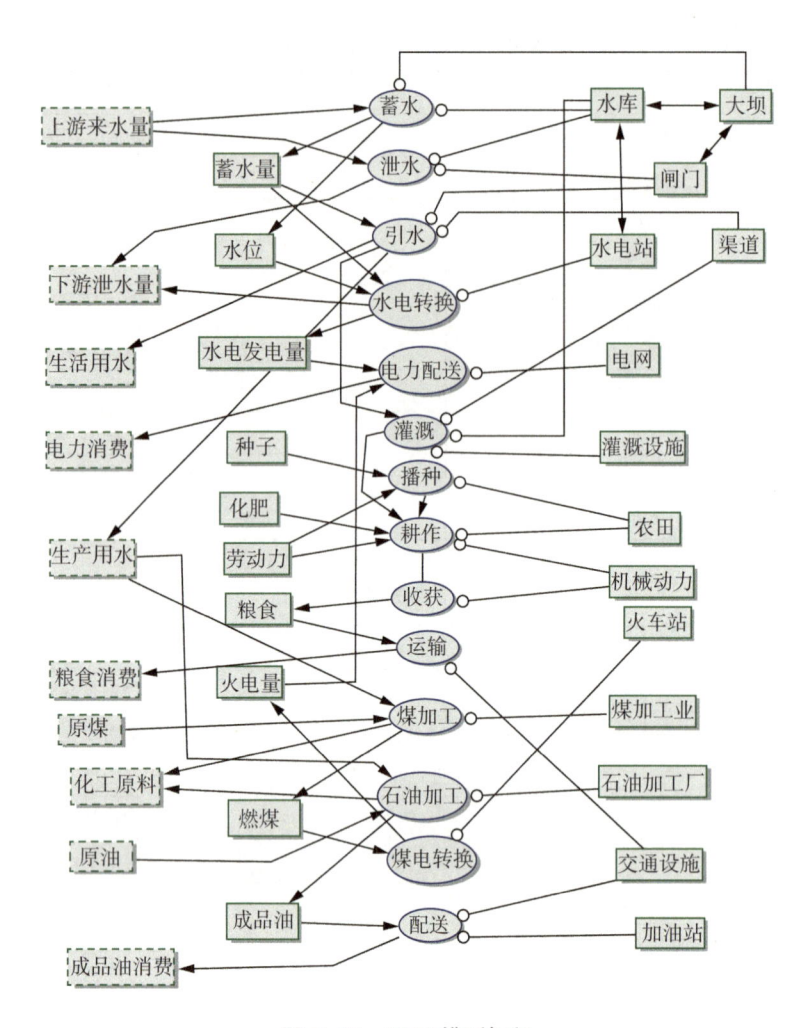

图 5-17 OPM 模型框架

2. 模型转换为系统动力学模型

系统分析方法构建出的泛化模型可以清晰地反映出系统中不同实体之间,实体与功能之间,输入-功能-输出之间的逻辑关系和资源流动路径,但是对于系统实际运行模拟还存在着短板。在图 5-17 所示的关系框架下,构建系统动力学模型可以实现对 WEF 生产供应系统的仿真模拟[93]。

特化模型,结合具体条件和问题,选择涉及系统结构和相关结构,形成实体模块,按照连接规则将各个模块进行连接,形成复杂系统。

通过对系统功能的梳理,认为低层次功能通过聚合涌现出系统功能,在这里主要讨论蓄排水功能、作物生产功能和水电功能几项重要功能。

（1）蓄排水功能

蓄排水功能主要通过水库、溢洪道、闸门、管道等实体共同实现。其工作过程为上游来水和降雨汇流入库区，经过大坝拦蓄，水位上升。根据防洪、发电和灌溉引水等需求，对闸门进行控制。其系统动力学模型形式如图 5-18 所示。

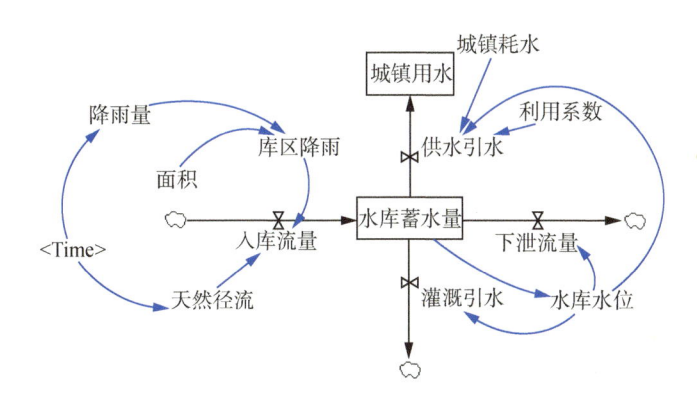

图 5-18　蓄排水功能

（2）作物生产功能

在图 5-19 中可以清晰看到作物生产功能：在多年光照、温度不变的前提下，生产功能和种子、土地供给、肥料和灌溉有直接关系。土地和肥料作为外

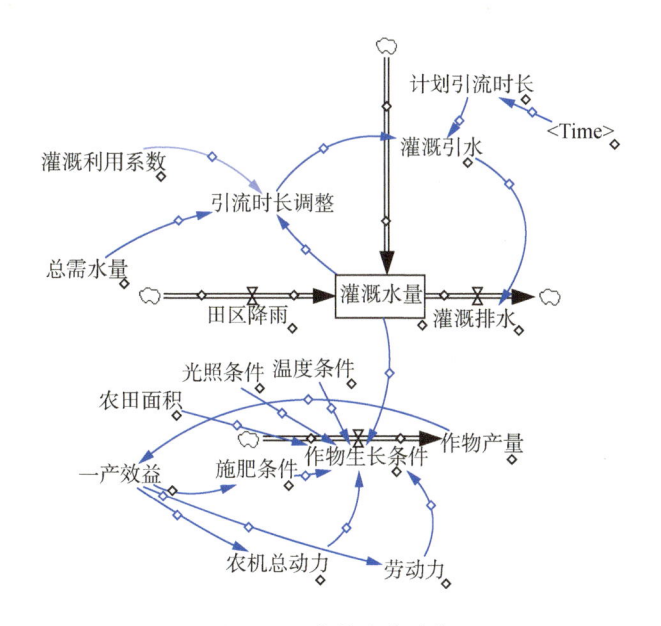

图 5-19　作物生产功能

部输入条件,系统内部的灌溉功能是主要影响因素。灌溉功能主要通过田地、渠道和闸门等实体实现。其工作过程为水库引水,流入农田,根据灌溉水量和实际降雨情况判断是否满足作物用水,不能满足在当前上游水位条件下增加引水水量,直至满足为止。其系统动力学模型形式如图 5-19 所示。

(3) 水电生产功能

水电站具备将水能转换为电能的能力,其电能生产受到发电水头、发电流量和发电效率的影响,同时又受到电网消纳能力的限制。在实际运行中,大规模弃水必然会影响到发电的效益,但是完全依靠发电尾水下泄又有可能带来防洪安全和生态安全的负面影响。根据系统框图构建水电生产系统动力学模型如图 5-20 所示。

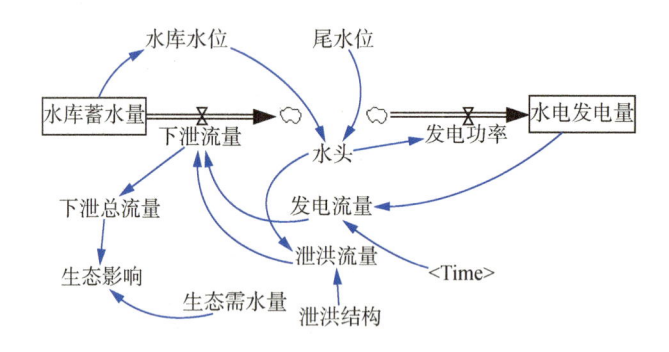

图 5-20 水电生产功能

5.5 本章小结

从水电可持续发展理论出发,建立了"水"以地表水为主、"能源"以水电为主、"粮食"以生产为主和资源以供给侧为主的西南水电基地水-能源-粮食协调配置耦合系统框架,据此提出了一套梯级调度-干支调配-灌排调剂保障关键技术及协调配置耦合系统的降维技术,具体如下。

(1) 梯级水电站群优化调度模型。基于水电站、水库防洪-发电-供水-生态多功能属性,构建了以梯级发电量最大为调度目标的单目标优化调度模型和以梯级发电量最大、梯级发电保证率最大和梯级生态流量保证率最大为调度目标的多目标优化调度模型,分别以 SEGA 和 NSGA-Ⅱ智能算法对其进行求解。

(2) 干支调配模型。从干支流水资源调配能力时空属性角度出发,提出干支流水资源分配原则(支流来水流量满足交汇处下游水库引水流量时,上游水库优先蓄水；干流来水流量满足交汇处下游水库引水流量时，支流控制性水库优先蓄水），对其发电-供水-灌溉-生态功能进行分解和剖析，构建以 WEAP 模型和梯级水电站群优化调度为主的干支调配模型。

（3）灌排调剂模型。从水利工程群（小水电站、灌区、取水枢纽等）发电-灌溉-排水-生态系统出发，基于系统动力学方法，构建了流域尺度水-能源-粮食生产供应系统的仿真模拟模型，其系统功能要包括灌排水功能、作物生长功能和水电生产功能。

（4）协调配置耦合系统降维技术。基于 ANP 法理论，结合物理机理过程，构建了水-能源-粮食网络结构模型，提炼出其复杂系统的重要指标，主要流程包括指标汇总与数据整理、初始网络构建、网络结构简化和相似性分析，以四川省为研究案例，其结果表明该技术能有效对水-能源-粮食复杂系统进行降维，加快计算速度。但方法存在一定不足，如相似性判断依据的有效性，相关度与物理机理之间的吻合程度等问题，尚需要进一步深入研究。

第6章 雅砻江水电基地水-能源-粮食协调配置技术应用

本章以雅砻江流域为研究对象,进行水库、渠道等水利工程网络概化,对该流域水-能源-粮食系统结构分解,设置四种水资源协调配置情景方案,运用第五章提出的梯级调度-干支调配-灌排调剂保障技术,对雅砻江水电基地水-能源-粮食协调配置情况进行讨论和分析,并提出针对性的规划建议。

6.1 雅砻江流域概况

雅砻江流域地处青藏高原东南部,位于东经 96°52′~102°48′,北纬 26°32′~34°05′。雅砻江是金沙江最大的一级支流,也是长江的八大支流之一,发源于青海省巴颜喀拉山南麓尼彦纳玛克山与冬拉冈岭之间,自西北向东南流经尼达坎多后进入四川省,至石渠县境内后始称雅砻江,在两河口以下大抵由北向南流,于攀枝花市注入金沙江。从河源至河口,雅砻江干流全长 1 535 km,干流天然落差 3 192 m,平均坡降 2.08‰,流域面积约 12.84 万 km²,其中四川省境内面积 11.76 万 km²,占流域总面积的 91.6%,青海省境内面积 0.72 万 km²,占 5.6%,云南省境内面积 0.36 万 km²,占 2.8%。

6.1.1 水文气象

1. 水文

雅砻江流域径流主要来源于降水(雨、雪),其次为地下水补给。径流年际、年内变化及地区分布,与降水的变化趋势基本一致。径流具有年际变化不大和年内分布不均的特征。据天然流量系列统计,河口多年平均流量为

1 910 m³/s,折合年水量 602 亿 m³,多年平均径流模数为 15.0 L/(s·km²),年径流深 474 mm。径流年内分配大致分为丰水期 6—10 月,水量约占全年的 75.8%；枯水期 11 月至次年 5 月,水量占全年的 24.2%。雅砻江干流多年平均流量的沿程变化详见表 6-1。

表 6-1　雅砻江干流多年平均流量的沿程变化

序号	电站名称	坝址距河口距离(km)	坝址多年平均流量(m³/s)
1	两河口	643	664
2	牙根一级	608	670
3	牙根二级	571	745
4	楞古	557	843
5	孟底沟	478	874
6	杨房沟	439	893
7	卡拉	412	907
8	锦屏一级	365	1 220
9	锦屏二级	358	1 220
10	官地	178	1 430
11	二滩	33	1 670
12	桐子林	15	1 920

雅砻江流域洪水主要由暴雨形成。暴雨一般出现在 6—9 月,主要集中在 7、8 两月,较大洪水多为两次以上的连续降雨形成。洪水过程多呈双峰或多峰型,一般单峰过程 6～10 天,双峰过程 12～17 天。洪水起涨时流量较大,一般可占洪峰流量的 1/2～1/3 左右。由于流域大部分地区雨强不大,加之流域形状呈狭长带状,不利于洪水汇集,故洪水一般具有洪峰相对不高、洪量大、历时长的特点。

2. 气象

雅砻江流域属川西高原气候区,主要受高空西风环流和西南季风影响,干湿季分明,11 月至次年 4 月为旱季,5—10 月为雨季,雨季气候湿润,降雨集中,由北向南递增。雅砻江流域内共设气象站 15 个,雨量站 90 个。根据气象长期统计资料,流域多年平均降水量为 500～2 470 mm；流域内气温由北向南递增,多年平均气温为 −4.9～19.7 ℃,多年平均相对湿度差别不大,下游略高于上游。由于雅砻江流域地跨七个多纬度,且地形地势变化复杂,海拔高程相差很大,致使流域内气候差异也很大。

雅砻江中游属青藏高原高寒区温带大陆性气候,气象和自然景观在南北及垂直方向都有明显差异。年平均气温、降水量及平均蒸发量均由北向南递增。甘孜、道孚以北多年平均气温－4.9～7.8 ℃,极端最低气温为－42.9 ℃,极端最高气温为32 ℃,多年平均降水量为500～650 mm,年平均蒸发量为1 166～1 690 mm,年平均相对湿度为57%～67%;甘孜、道孚以南至大河湾多年平均气温为3.0～10.8 ℃,极端最低气温－32.2 ℃,极端最高气温35.9 ℃,年平均降水量为600～900 mm,年平均蒸发量为1 400～1 950 mm,年平均相对湿度为53%～61%。

雅砻江下游气候主要受高空西风南支气流和印度洋暖流控制,区域垂直气候显著、干湿分明,雨季集中、四季变化不明显。多年平均气温为14.5 ℃,多年平均降水量为850.0 mm,多年平均相对湿度为62%。

流域内气象灾害主要有干旱、低温冷害、冰雹、大风、暴雨和洪灾等。

6.1.2 社会经济

1. 社会概况

雅砻江干流中下游河段自上而下主要涉及四川省甘孜藏族自治州道孚县、理塘县、雅江县、康定市、九龙县,凉山彝族自治州西昌市、冕宁县、喜德县、德昌县、木里县、盐源县,攀枝花市盐边县、米易县,共计3州(市)13县,属少数民族聚集区,其中甘孜州和凉山州均为民族自治州,人口民族构成以藏族为主,其他少数民族有彝族、回族、羌族和纳西族。流域2018年总人口为653.48万人,其中城镇人口222.51万人,农村人口430.97万人,城镇化率为34.05%。

2. 经济概况

受气候、地形、人口分布等因素影响,雅砻江流域社会经济活动从上往下呈现逐渐活跃的趋势。

流域中游地区主要涉及的甘孜州为少数民族聚居区,社会经济以农牧业为主。区域内工业基础薄弱,除已建有少量的水电站外,基本无大型工业企业分布,社会经济较为落后。据统计,甘孜州2018年地区生产总值291.20亿元,其中第一产业65.47亿元,第二产业121.78亿元,第三产业103.95亿元,人均地区生产总值24 446元。

雅砻江下游主要涉及的凉山州和攀枝花的盐边县、米易县社会经济以工业为主。区域矿产资源丰富,工业经济以采矿为主,农业结构以粮食生产为主。凉山州2018年地区生产总值1 533.19亿元,其中第一产业307.61亿元,第二产业 613.13 亿元,第三产业 612.45 亿元,人均地区生产总值 31 472 元。

6.1.3 水资源时空分布

雅砻江流域水系主要由干流和四条一级支流(鲜水河、理塘河、九龙河和安宁河)组成,依据径流可控、可测的准则,选择流域内 6 个水文站和 4 座已建水电站作为控制站点,将全流域从上游到下游划分为 10 个集水区,如图 6-1 所示。其中集水区编号与控制站点对应关系为:F1—甘孜、F2—道孚、F3—雅江、F4—列瓦、F5—锦屏一级、F6—乌拉溪、F7—官地、F8—湾滩、F9—二滩和F10—桐子林。

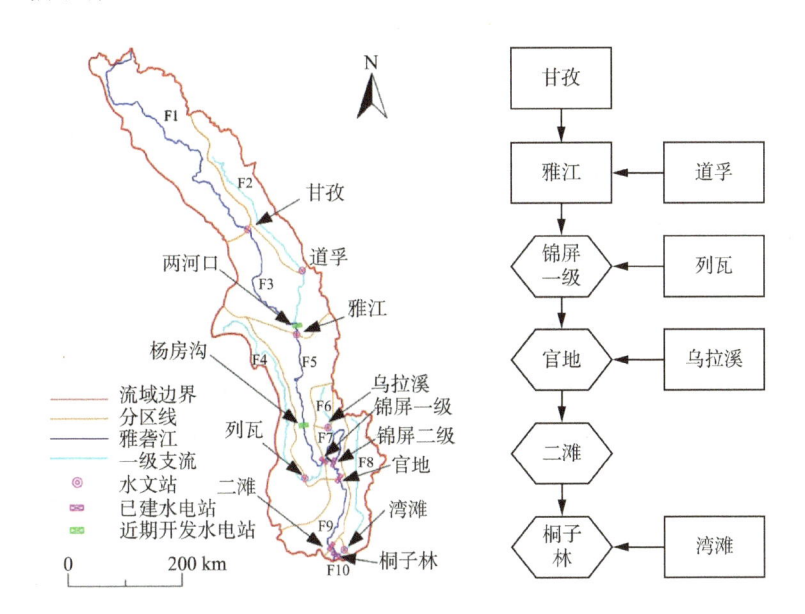

图 6-1 雅砻江流域分区、站点分布及拓扑结构示意图

1. 研究方法

(1) 天然径流量还原计算

根据频率曲线,选定 2006 年(90%特枯年份)、2008 年(30%偏丰年份)和 2012 年(10%特丰年份)三个典型年份;利用各水文站典型年的月径流量、水电站典型年的月均入库、出库、蓄量变化等基础数据,采用水量平衡方法还原计算出流域内各个集水区的天然径流量。

(2) 基尼系数与洛伦兹曲线

基尼系数(Gini Coefficient)最早由经济学家阿尔伯特·赫希曼于 1912 年提出,他根据洛伦兹曲线(Lorenz curve)提出了判断分配平等程度的指标。

基尼系数介于 0~1 之间,基尼系数越大,表示不平等程度越高[94]。近年来,研究人员把基尼系数的概念引入水文学学科中,用以描述水文特征量年内或年际间分配均匀度,如降雨量和径流量等[95]。

根据基尼系数计算方法和洛伦茨曲线的特点,构建水文站和水电站水库节点天然径流量年内分布均匀度模型[96],具体步骤如下:

步骤 1:把水文站天然径流和水电站水库天然入库流量月平均值进行升序排列,并进行百分比累积;

步骤 2:以月为时间单位,对各站点进行时间百分比累积;

步骤 3:以时间累积百分比为横轴 x,径流累积百分比为纵轴 y,拟合出径流时间分布洛伦茨曲线,并求出其基尼系数(式 6-1),如图 6-2 所示。基尼系数越大表示径流要素年内分配越不均匀,即年内各月径流要素悬殊越大。参照联合国开发计划署等组织相关规定[97],基尼系数大小与径流要素年内分配均匀度的对应关系如表 6-2 所示。

$$G = \frac{S_A}{S_A + S_B} \tag{6-1}$$

式中:G 为基尼系数;S_A 为图 2 中 A 区域的面积;S_B 为图 2 中 B 区域的面积。

表 6-2 基尼系数与分配均匀度的关系

基尼系数	<0.20	0.20~0.29	0.30~0.39	0.40~0.59	>0.59
分配均匀度	高度均匀	比较均匀	相对均匀	不均匀	非常不均匀

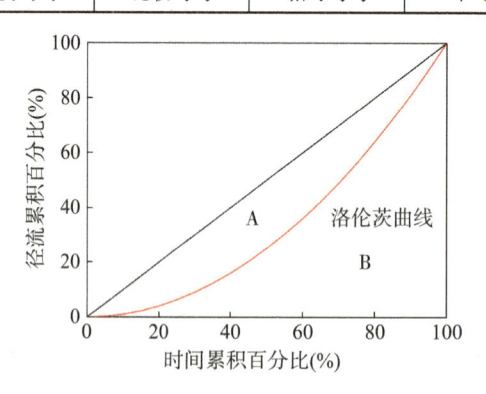

图 6-2 径流年内分配洛伦茨曲线

(3) 径流贡献率

径流贡献率是衡量集水区径流量对流域出口断面径流量贡献大小的指标,同时也是体现流域径流空间分布特征的指标,其值越大,代表该集水区对出口断面径流量贡献越大。具体计算公式如下：

$$c_i = \frac{r_i}{r_{总}} \times 100\% \quad i=1,2,\cdots,n \tag{6-2}$$

式中：c_i 为第 i 个集水区径流贡献率；r_i 为第 i 个集水区径流量；$r_{总}$ 为流域出口断面径流量；n 为集水区数量。

对于某个流域，各集水区径流贡献率均值为 $1/n$，为了定性描述各集水区径流贡献率的大小，采用分级评价方式，拟定评价等级为 N：当 $0 < c_i \leqslant \frac{2}{n}$ 时，等分为 $N-1$ 份；当 $\frac{2}{n} < c_i \leqslant 1$ 时，划分为一级，且表示最高级别。左边每级区间长度可表示为（图 6-3）：

$$\Delta = \frac{2}{n(N-1)} \times 100\% \tag{6-3}$$

式中：N 为分级数，且满足 $n \geqslant N \geqslant 2$。

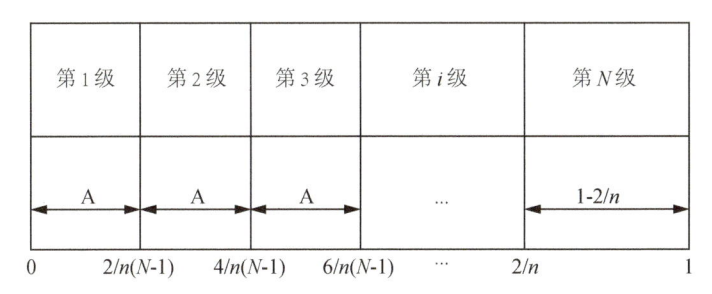

图 6-3 径流贡献率分级示意图

本书中，根据雅砻江流域特点，取 $N=6, n=10$，该流域径流贡献率分级及含义如表 6-3 所示。

表 6-3 径流贡献率分级及含义

径流贡献率	<4%	4%~8%	8%~12%	12%~16%	16%~20%	>20%
贡献程度	微小	小	较小	中等	大	最大

2. 结果与分析

（1）径流量年内分配均匀度分析

雅砻江流域典型年各站点径流年内分配均匀度和年平均径流量如表 6-4 和表 6-5 所示，分析结果如下。

表 6-4 雅砻江流域各站点基尼系数

年份	甘孜	道孚	雅江	列瓦	锦屏一级	乌拉溪	湾滩	官地	二滩	桐子林
2006	0.34	0.31	0.38	0.34	0.35	0.39	0.35	0.35	0.35	0.36
2008	0.44	0.38	0.44	0.45	0.43	0.49	0.36	0.42	0.44	0.43
2012	0.45	0.46	0.48	0.43	0.48	0.72	0.49	0.47	0.48	0.47

表 6-5 各站点年平均径流量变化($m^3 s^{-1}$)

年份	甘孜	道孚	雅江	列瓦	锦屏一级	乌拉溪	湾滩	官地	二滩	桐子林
2006	195.1	99.4	524.0	173.0	946.2	51.1	204.5	1 113.5	1 194.2	1 413.0
2008	327.9	120.3	678.0	275.4	1 312.2	54.3	265.7	1 579.7	1 640.3	1 981.5
2012	386.3	207.8	938.8	233.3	1 522.3	25.3	261.1	1 653.5	1 786.1	2 150.1

①特枯水年,雅砻江流域各站点基尼系数均介于0.3～0.4之间,说明其径流年内分配相对均匀;偏丰水年,流域各站点基尼系数均介于0.36～0.49之间,且流域基尼系数均值为0.43,说明其径流年内分配不均匀;特丰水年,流域各站点基尼系数均大于0.4,且乌拉溪站点基尼系数高达0.72,其流域基尼系数均值为0.49,说明其径流年内分配不均匀。

②三个典型年中,流域内雅砻江干流上的各站点基尼系数基本一致,即径流年内分配均匀度基本一致,这与本书将各水库控制站点流量还原成天然径流量有关,即未考虑水库调蓄对流域径流量分布的影响。水库调蓄通常会改变流域径流年内分布情况,降低其不均匀程度,从而使流域内不同控制站点间的基尼系数差异性减小。

③特丰、偏丰和特枯水年流域基尼系数均值分别为0.49、0.43和0.35,各站点基尼系数变化与流域径流丰枯变化一致,即特丰水年(2012年)＞偏丰水年(2008年)＞特枯水年(2006年)。表明径流量越大的年份,各站点径流年内分配越不均匀,各月径流量相差越大。

(2) 径流空间分布特征

雅砻江流域11月至次年4月为旱季,5—10月为雨季,故将一年划分为枯季和汛季,分别为11月至次年4月和5—10月。本书对全年、枯季和汛季的径流空间分布特征进行了分析,探究不同时间尺度下流域径流空间分布的差异性。

①全年径流空间分布特征

雅砻江流域各集水区的径流贡献率如图6-5所示,图中红色(＞20%)表示该集水区径流贡献率最大,绿色(<4%)表示该集水区贡献率微小,其具体含义如表2所示,其他分布图色阶含义同上。特枯水年(2006),F3、F5集水区径流贡献率均介于16%~20%,贡献程度大,而F6、F10集水区贡献率均小于4%,贡献程度微小;雅砻江上游径流贡献率最大(37.08%),中游最小(29.88%),表明流域内径流量主要来自上游段;此外,左、右岸贡献率分别为55.71%和44.29%,左岸贡献略大于右岸(图6-5a)。偏丰水年(2008),F1、F5集水区径流贡献率均介于16%~20%,贡献程度大,而F6、F9和F10集水区贡献率均小于4%,贡献程度微小;雅砻江上、中、下游径流贡献率十分接近,介于32.00%~34.22%之间;此外,左、右岸贡献率分别为56.09%和43.91%,左岸贡献大于右岸(图6-5b)。特丰水年(2012),F1、F3和F5集水区径流贡献率均介于16%~20%,贡献程度大,而F6集水区贡献率均小于4%,贡献程度微小;雅砻江上游径流贡献率是中游的1.6倍,分别为43.66%和27.14%,表明流域内径流主要来自上游段;此外,左、右岸贡献率分别为55.04%和44.96%,左岸贡献大于右岸(图6-5c)。全年、枯季和汛季雅砻江流域上、中、下游和左、右岸径流贡献率如表6-6和图6-4所示。

表6-6 雅砻江流域径流贡献率时空分布(%)

区域	涉及集水区编号	全年			枯季			汛季		
		2006	2008	2012	2006	2008	2012	2006	2008	2012
上游	F1、F2、F3	37.08	34.22	43.66	33.33	31.17	38.22	37.83	34.79	44.76
中游	F4、F5	29.88	32.00	27.14	33.74	32.87	26.00	28.31	31.70	27.37
下游	F6、F7、F8、F9、F10	33.04	33.78	29.20	32.93	35.96	35.78	33.86	33.50	27.87
左岸	/	55.71	56.09	55.04	58.27	60.95	57.24	57.66	56.03	57.34
右岸	/	44.29	43.91	44.96	41.73	39.05	42.76	42.34	43.97	42.66

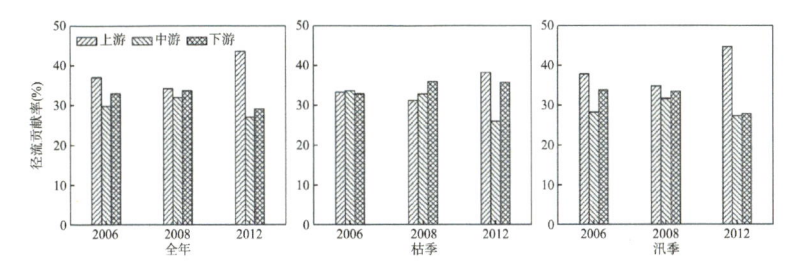

图6-4 雅砻江流域径流贡献率(%)

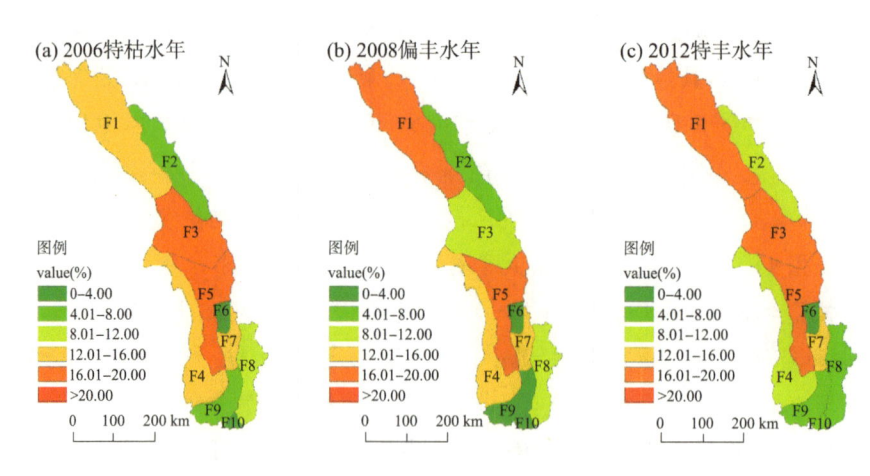

图 6-5 雅砻江流域全年径流贡献率分布图

②枯季径流空间分布特征

雅砻江流域枯季各集水区的出口断面径流量贡献率如图 6-6 所示。特枯水年(2006),F5 集水区径流贡献率均大于 20%,贡献程度最大,而 F6、F10 集水区贡献率均小于 4%,贡献程度微小;雅砻江上、中、下游径流贡献率十分接近,介于 32.93%~33.74%之间;此外,左、右岸贡献率分别为 58.27%和 41.73%,表明左岸贡献大于右岸(图 6-6a)。偏丰水年(2008),F5、F8 集水区径流贡献率均介于 16%~20%,贡献程度大,而 F6、F9 和 F10 集水区贡献率均小于 4%,贡献程度微小;雅砻江下游径流贡献率最大(35.96%),上游最小(31.17%),其贡献率较接近;此外,左岸贡献率是右岸的 1.56 倍,分别为

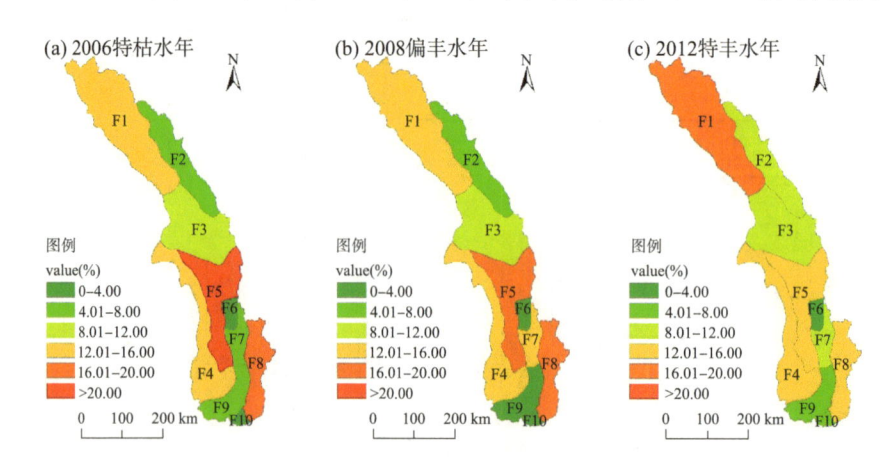

图 6-6 雅砻江流域枯季径流贡献率分布图

60.95%和39.05%,表明左岸贡献大于右岸(图6-6b)。特丰水年(2012),F1集水区径流贡献率均介于16%~20%,贡献程度大,而F6集水区贡献率均小于4%,贡献程度微小;雅砻江上游径流贡献率最大(38.22%),而中游最小(26.00%),表明流域内径流量主要来自上游段;此外,左、右岸贡献率分别为57.24%和42.76%,表明左岸贡献大于右岸(图6-6c)。

③汛季径流空间分布特征

雅砻江流域各集水区的出口断面径流量贡献率如图6-7所示。特枯水年(2006),F3、F5集水区径流贡献率均介于16%~20%,贡献程度大,而F6、F10集水区贡献率均小于4%,贡献程度微小;雅砻江上游径流贡献率最大(37.83%),中游最小(28.31%),表明流域内径流量主要来自上游段;此外,左、右岸贡献率分别为57.66%和42.34%,表明左岸贡献大于右岸(图6-7a)。偏丰水年(2008),F1、F5集水区径流贡献率均介于16%~20%,贡献程度大,而F6、F9和F10集水区贡献率均小于4%,贡献程度微小;雅砻江上、中、下游径流贡献率十分接近,介于31.70%~34.79%之间;此外,左、右岸贡献率分别为56.03%和43.97%,表明左岸贡献大于右岸(图6-7b)。特丰水年(2012),F1、F3和F5集水区径流贡献率均介于16%~20%,贡献程度大,而F6、F7集水区贡献率均小于4%,贡献程度微小;雅砻江上游径流贡献率是中游的1.6倍,分别为44.76%和27.37%,表明流域内径流主要来自上游段;此外,左、右岸贡献率分别为57.34%和42.66%,表明左岸贡献大于右岸(图6-7c)。

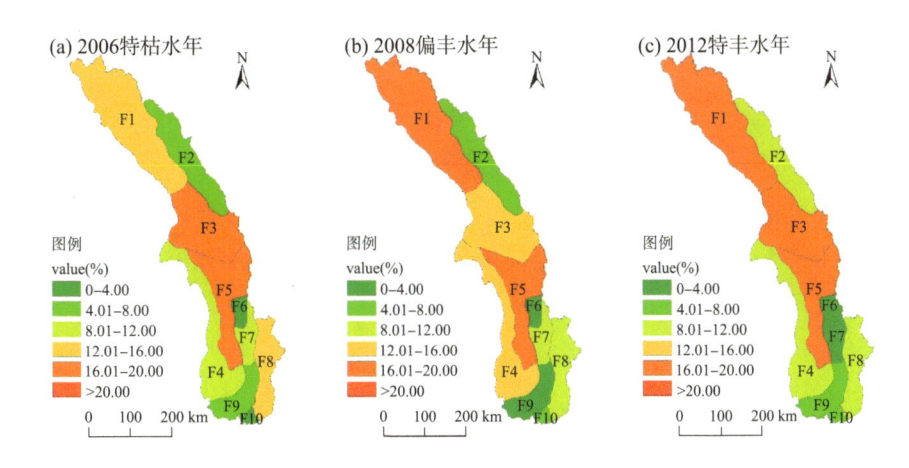

图6-7 雅砻江流域汛季径流贡献率分布图

3. 结论

本小节以雅砻江流域为研究对象,依据主要水文站和电站节点划分径流片区,利用水量平衡方法还原典型年份河川天然径流量,综合运用基尼系数法和径流贡献率指标,从年内分配和空间分布两个维度来分析天然径流量的时空分布特征,主要结论如下。

(1) 特枯水年,各站点基尼系数介于 0.3～0.4 之间,径流年内分配相对均匀;偏丰、特丰水年,径流年内分配不均匀;特丰、偏丰和特枯年份的基尼系数均值分别为 0.49、0.43 和 0.35,流域内各站点径流年内分配均匀度与其丰枯变化一致,即特丰水年＞偏丰水年＞特枯水年,年径流量越大年份,其径流年内分配越不均匀,各月径流量相差大。

(2) 枯季,特枯、偏丰水年流域上、中、下游径流贡献率比例接近 1∶1∶1,而特丰水年流域径流贡献率为上游＞下游＞中游;汛季和全年流域径流空间分布特征一致,即特枯、特丰水年流域径流贡献率为上游＞下游＞中游,而偏丰水年流域径流贡献率比例接近 1∶1∶1;总体呈现左岸径流量大于右岸径流量的分布格局。

6.1.4 水电开发利用

雅砻江是金沙江第一大支流,发源于青海省玉树州境内的巴颜喀拉山南麓。雅砻江流域属川西高原气候区,主要受高空西风环流和西南季风影响,干湿季分明,11 月至次年 4 月为旱季,5—10 月为雨季,雨季气候湿润,降雨集中,由北向南递增。流域多年平均降水量为 500～2 470 mm;流域内气温由北向南递增,多年平均气温为 −4.9～19.7℃。由于雅砻江流域地跨七个多纬度,且地形地势变化复杂,海拔高程相差很大,致使流域内气候差异也很大。年径流量 609 亿 m³,雅砻江干流技术可开发容量约 3 000 万 kW,技术可开发年发电量约 1 500 亿 kW·h,占四川省全省发电量的 24%,全国的 5%,在我国十三大水电基地中装机规模排名第三。雅砻江干流划分为上、中、下游三个河段。

上游河段从呷依寺至两河口,河段长 688km,目前正在开展河段水电规划。初拟以木能达水电站为龙头水库的 10 级开发方案,总装机容量约 230 万 kW,多年平均年发电量 112 亿 kW·h,项目投资匡算合计约 764 亿元。

中游河段从两河口至卡拉,河段长 385km,拟定以两河口水电站为龙头水库的 7 级开发方案[自上而下分别为:两河口(300 万 kW)、牙根一级(27

万kW)、牙根二级(108万kW)、楞古(257.5万kW)、孟底沟(240万kW)、杨房沟(150万kW)、卡拉(102万kW)],总装机1184.5万kW,多年平均发电量约500亿kW·h,总投资约2000亿元。其中两河口水库具有多年调节能力。

下游河段从锦屏一级至江口,河段长412km,拟定以锦屏一级水电站为龙头水库的5级开发方案[自上而下分别为:锦屏一级(360万kW)、锦屏二级(480万kW)、官地(240万kW)、二滩(330万kW)、桐子林(60万kW)],总装机1470万kW。其中锦屏一级水库具有年调节能力,二滩水库具有季调节能力。流域水电规划如图3-9所示。

1. 流域中下游梯级水电站概况

(1) 两河口水电站

两河口水电站位于四川省甘孜州雅江县境内的雅砻江干流上,电站坝址位于雅砻江干流与支流鲜水河的汇合口下游约2km河段,下距雅江县城约25km,坝址控制流域面积6.57万km^2,占全流域的48%左右,坝址处多年平均流量664m^3/s。水库正常蓄水位2865m,相应库容101.5亿m^3,调节库容65.6亿m^3,具有多年调节能力。电站装机容量300万kW,设计年发电量110亿kW·h,枯水年调节期平均出力113万kW;可增加雅砻江下游全部梯级电站设计枯水年枯期平均出力444.7万kW,多年平均年发电量102亿kW·h。

(2) 牙根一级水电站

牙根一级水电站位于雅江县城上游,与上游两河口水电站梯级衔接,其建成后对两河口日发电流量进行反调节,使下泄流量满足雅江县城河段的生态、景观和水环境功能要求,从而可使两河口充分发挥调峰作用,实现其在系统中的容量电量效益。牙根一级电站采用河床式开发,坝址位于雅江县城上游约4.5km处的河段。水库正常蓄水位2605m,具有日调节能力,装机容量27万kW。

(3) 牙根二级水电站

牙根二级水电站坝址位于茨玛绒沟上游长约3.2km的河段上。正常蓄水位2560m,具有日调节能力,装机容量108万kW。

(4) 楞古水电站

该电站位于康定、雅江两县,采用混合式开发。坝址位于支流力丘河汇口上游500m,为牙根梯级的下游衔接梯级。水库正常蓄水位2477m,具有日调节能力,电站装机容量257.5万kW(4台机组+1台生态机组)。该工程施工总工期101个月,其中准备工程直线工期22个月。该梯级所在河段两岸滑坡崩塌多而且规模巨大,距区域性断裂近,地震地质构造稳定性较差。总体看其地质条件较差。工程区位于偏远地区深山峡谷,远离交通干线,对外和工程区内部交通都十分不便。该梯级采用混合式开发方式,坝址至厂房约有27 km的减水河道,环境问题较为敏感。

(5) 孟底沟水电站

该梯级电站位于九龙、木里两县,采用坝式开发,坝址在左岸支沟孟底沟口下游0.5~2 km河段上,上下游分别与楞古梯级、杨房沟梯级相衔接。正常蓄水位2 254 m,具有日调节能力,电站装机容量240万 kW。该工程施工总工期99个月,其中准备工程直线工期34个月。

(6) 杨房沟水电站

杨房沟水电站上距孟底沟水电站37 km,下距卡拉水电站40 km。电站采用坝址开发。水库正常蓄水位2 094 m,水库具有日调节能力,电站装机容量150万 kW。

(7) 卡拉水电站

本梯级电站位于木里县,坝址在卡拉乡雅砻江左岸支沟央沟沟口下游长约2.5 km的峡谷河段,为中游河段最下游梯级,其上游为杨房沟、下游为锦屏一级电站,坝式开发。水库正常蓄水位1 986 m,具有日调节能力,电站装机容量102万 kW。

(8) 锦屏一级水电站

锦屏一级水电站位于四川省凉山彝族自治州盐源县与木里县交界处的雅砻江大河湾干流河段上,距河口358 km,是雅砻江卡拉—江口河段的控制性水库梯级。水库正常蓄水位1 880 m,调节库容49.1亿 m^3,具有年调节性能,电站装机容量360万 kW。通过水库调节,将使设计枯水年枯水期平均流量由367 m^3/s提高到678 m^3/s,即提高天然流量84.7%。可增加雅砻江下游4个梯级电站设计枯水年枯期平均出力136.1万 kW,多年平均年发电量为166.2亿 kW·h。

(9) 锦屏二级水电站

锦屏二级位于四川省凉山彝族自治州境内的雅砻江干流上,系雅砻江梯级开发的骨干电站,上游7.5 km处具有年调节能力的锦屏一级水电站。电站正常蓄水位1 646 m,具有日调节性能,装机容量480万 kW。

（10）官地水电站

官地水电站位于四川省凉山彝族自治州西昌市和盐源县交界的打罗村境内，坝址距西昌市的直线距离约 30 km。水库正常蓄水位 1 330 m，具有日调节性能，装机容量 240 万 kW。

（11）二滩水电站

二滩水电站位于雅砻江下游攀枝花市盐边、米易县境内，坝址距河口 33 km，于 1998 年 8 月第一台机组发电，1999 年 12 月 6 台机组全部投产，是我国二十世纪建成投产的最大水电站。正常蓄水位 1 200 m，调节库容 33.7 亿 m³，具有季调节能力，电站装机容量 330 万 kW。

（12）桐子林水电站

桐子林水电站是雅砻江干流开发最后一级，采用堤坝式开发。水库正常蓄水位 1 015 m，具有日调节性能，电站装机容量 60 万 kW。

雅砻江干流水电站主要特征指标如表 6-7 所示。

表 6-7 雅砻江干流（可开发河段）梯级开发指标表

序号	梯级名称	建设地点	集水面积（km²）	多年平均流量（m³/s）	正常蓄水位（m）	正常蓄水位以下库容（亿m³）	水库水面面积（km²）	调节库容（亿m³）	装机容量（MW）	年发电量（亿kW·h）
1	木罗	四川甘孜县、新龙县	33 692	280	3 328	0.12	0.87	0.05	160	7.16
2	仁达	四川新龙县	34 996	296	3 285	2.34	10.19	0.31	400	18.15
3	林达	四川新龙县	35 956	309	3185	0.24	0.87	0.07	144	6.59
4	乐安	四川新龙县	36 037	310	3 148	0.1	0.87	0.04	99	4.52
5	新龙	四川新龙县	36 660	318	3 107	1.24	10.19	0.25	220	10.11
6	共科	四川新龙县	38 619	345	3 036	3.23	10.19	0.18	400	17.16
7	甲西	四川新龙县	41 148	380	2 948	1.38	10.19	0.23	360	16.19
8	两河口	四川雅江县	65 725	664	2 865	101.54	109.02	65.6	3 000	108.9
9	牙根一级	四川雅江县	71 004	652	2 605	7.85	14.69	0.86	270	9.51
10	牙根二级	四川康定市、雅江县	77 543	733	2 560	2.54	10.19	1.09	1 080	44.33
11	楞古	四川雅江县	77 543	845	2 477	2.19	10.19	0.12	2 575	124.68
12	孟底沟	四川九龙县	79 564	880	2 254	8.68	14.69	0.3	2 400	89.3
13	杨房沟	四川木里县	80 754	905	2 094	5.27	10.19	0.21	1 500	69.43

续表

序号	梯级名称	建设地点	集水面积（km²）	多年平均流量（m³/s）	正常蓄水位（m）	正常蓄水位以下库容（亿m³）	水库水面面积（km²）	调节库容（亿m³）	装机容量（MW）	年发电量（亿kW·h）
14	卡拉	四川木里县	81 874	917	1 986	3.58	10.19	0.2	1 020	51.64
15	锦屏一级	四川盐源县	102 560	1 270	1 880	77.6	82.55	49.1	3 600	180.9
16	锦屏二级	四川盐源县	102 663	1 270	1 646	0.15	0.87	0.05	4 800	258.8
17	官地	四川盐源县	110 117	1 410	1 330	7.53	14.69	0.28	2 400	99.5
18	二滩	四川攀枝花市	116 400	1 560	1 200	57.9	100.60	33.7	3 300	176.7
19	桐子林	四川攀枝花市	127 624	1 890	1 015	0.72	5.60	0.15	600	30.2

2. 安宁河流域水电站概况

安宁河系雅砻江下游左岸一级支流，全河长326 km，流域面积11 150 km²，占雅砻江总流域面积的8.6%。安宁河流域干湿季节分明，降雨主要集中在5—10月，是雅砻江流域的一个暴雨区，汛期暴雨频繁，但一次暴雨笼罩全流域的机会不多。径流主要来源于降雨，洪水主要由暴雨形成，上游暴雨难以单独形成安宁河口的大洪水，但若与下游地区暴雨洪水遭遇就可形成汇口处的大洪水。下游暴雨区单独发生暴雨时，汇流条件有利，亦可形成汇口处大洪水，其洪峰过程起涨快、涨率大。

安宁河流域内干支流均有水利、水电工程分布。根据《安宁河流域水源开发总体规划报告》（四川省水利水电勘测设计院，1991年），共规划装机容量在0.5 MW以上的水电站72座，总装机容量747.7 MW。其中干流20座，装机容量526 MW，占70.3%。规划电站中，装机容量25 MW以上的有9座，均位于干流。安宁河中下游电站分别为：洼垴、凤凰、三棵树、小高桥、新马、乌龟石、小三峡、城南和湾滩水电站。水文（位）站分别为：罗乜、米易水文站和湾滩水位站。具体如表6-8所示。

表 6-8 安宁河中下游河段水电站情况

电站	装机容量(万 kW)	装机台数	单机容量(万 kW)	调节库容(万 m³)	调节性能	引用流量(m³/s)	引水方式	坝址	泄洪预警时间	上下游闸址传播时间	停机避峰流量(m³/s)	备注
洼堆	3.3	3	1.1	93.4	日	155	明渠	西昌市	10 min	1～2 h	>500	省调
凤凰	2.1/0.08	31	0.7/0.08	无	无	114.5	明渠	德昌县	10 min	2 h	—	省调
三棵树	5.2	2	2.6	149	日调节	103.2	明渠	德昌县	无规定	2 h	>1 000	省调
小菁桥	1.6	4	0.4	无	日调节	68	明渠	德昌县	无规定	50 min	—	西昌地调
新马	12	3	4	65.5	不完全日调节	146	明渠	德昌县	无规定	—	—	省调
乌龟石	2	2	1	81.16	日调节	280	坝后式	米易县	无规定	2 h	—	米易县调
小三峡	2.8/0.2	2/1	1.4/0.2	181	日调节	245	坝后式	米易县	20 min	20 min(洪)/40 min(枯)	>900	省调
城南	3.5	2	1.75	77.78	日调节	300	坝后式	米易县	无规定	10 min	>900	米易县调
湾滩	3.2	2	1.6	258	日调节	264	坝后式	米易县	无规定	3 h	>1 500	米易县调

6.1.5 生态环境保护

根据陆续出台的《四川省生态功能区划》(四川省环境保护科学研究院，2003年9月)、《全国生态功能区划》(环境保护部和中国科学院，2008年7月)，以及《全国主体功能区规划》(国发〔2010〕46号文)，雅砻江中下游区域处在《全国主体功能区规划》划分的三江源草原草甸湿地生态功能区、川滇森林及生物多样性生态功能区，同时处在川滇干热河谷土壤保持重要区，涉及《四川省生态功能区划》划分的Ⅱ 1-1木里-九龙林牧业与水源涵养生态功能区，Ⅱ 1-2盐源农牧业与土壤保持生态功能区，Ⅱ 2-4安宁河流域特色农业与土壤保持生态功能区，Ⅱ 3-1金沙江下游资源开发与土壤保持生态功能区，Ⅲ 3-2雅砻江中游林牧业与土壤保持生态功能区，Ⅲ 3-3沙鲁里山牧业与生物多样性保护生态功能区，Ⅳ 2-2色达农牧业与水源涵养生态功能区，Ⅳ 2-3石渠牧业与生物多样性保护水源涵养生态功能区。

同时，根据《全国主体功能区规划》构建的"两屏三带"为主体的生态安全战略格局，雅砻江中下游部分区域位于黄土高原—川滇生态屏障，要求重点加强水土流失防治和天然植被保护，发挥保障长江、黄河中下游地区生态安全的作用。

雅砻江中下游区域所处的功能区划名称、级别、功能定位、类型、综合评价结果、保护对象、开发管制原则，以及与雅砻江中下游区域的区位关系详见表6-9。

表6-9 雅砻江干流中下游区域所涉及的生态功能区划

序号	涉及区域功能区划名称	类别	功能定位	类型	综合评价	保护对象或发展方向	开发管制原则	与中下游区域的区位关系
一	主体功能区							
1	三江源草原草甸湿地生态功能区	国家主体功能区划报告划定的生态功能限制开发类区	保障国家生态安全的重要区域,人与自然和谐相处的示范区	水源涵养	长江、黄河、澜沧江的发源地,有"中华水塔"之称,是全球大江大河、冰川、雪山及高原生物多样性最集中的地区之一。其径流、冰川、冻土、湖泊等构成的整个生态系统对全球气候变化有巨大的调节作用。目前草原退化、湖泊萎缩、鼠害严重,生态系统功能受到严重破坏	涵养水源、恢复湿地,实施生态移民	对各类开发活动进行严格管制,尽可能减少对自然生态系统的稳定和完整性、开发矿产资源损害;发展适宜产业和建设基础设施,都要控制在尽可能小的空间范围之内,并做到天然草地、林地、水库水面、河流水面、湖泊水面等绿色生态空间面积减少、控制新增公路、铁路建设规模,必须新建的,应事先规划好动物迁徙通道。在有条件的地区之间,要建设水系、绿化带等构建生态廊道,避免形成"生态孤岛";在条件适宜的地区,大力推广沼气、风能、太阳能、地热能等清洁能源,努力解决农牧区特别是山区、高原、草原和海岛地区农村的能源需求	鲜水河源于青海省达日县,该县县域范围属于该生态功能区
2	川滇森林及生物多样性生态功能区			生物多样性维护	原始森林和野生珍稀动植物资源丰富,是大熊猫、羚羊、金丝猴等重要物种的栖息地,在生物多样性维持方面具有十分重要的意义。目前山地生态环境突出,草原超载过牧、生物多样性受到威胁	保护森林、草原植被,在已明确的保护区域保护生物多样性和多种濒危动植物基因库	雅江县、盐源县、九龙县、炉霍县、色达县县域范围属于该生态功能区

131

续表

序号	涉及区域功能区划名称	类别	功能定位	类型	综合评价	保护对象或发展方向	开发管制原则	与中下游区域的区位关系
二	生态功能区							
1	川滇干热河谷土壤保持重要区	国家生态功能区划报告划定的生态功能区	土壤保持功能	土壤保持重要区	该区受地形影响，发育了以干热河谷稀树灌草丛为基带的山地生态系统。该河谷区生态脆弱，土壤侵蚀敏感性程度高，系统功能的好坏直接影响长江流域生态安全	停止导致生态系统退化的人为破坏活动，分步骤、分阶段地实施退耕还林还草的生态系统，结合生态建设与恢复在立地条件差的干热河谷区，采取先灌后乔木的修复模式	合理规划，对已遭受破坏的生态系统，认真组织重建与恢复，采取先灌后乔木的修复模式	攀枝花市及凉山州南部位于该重要区
2	Ⅲ 3-2 雅砻江中游林牧业与土壤保持生态功能区	四川省生态功能区划报告划定的生态功能区	林牧业提供功能、土壤保持功能、生物多样性保护功能	—	泥石流滑坡崩塌较发育，草地过牧，存在荒漠化现象；土壤侵蚀高度敏感，野生动物生境高度敏感，沙漠化中度敏感	保护森林和草原植被，保护生物多样性；巩固天然林保护和退耕还林成果，防治山地灾害和水土流失。科学发展林牧业，合理开发水力资源，禁止建设污染强度大的工业企业		雅江县，道孚县，新龙县，炉霍县，理塘县，色达县县域范围属于该功能区。雅砻江中游区以上至上库区部分河段以及主要支流鲜水河中游位于该生态功能区
3	Ⅲ 3-3 沙鲁里山牧业与生物多样性保护生态功能区		牧产品提供功能、生物多样性	—	草场超载过牧严重，草地退化现象，初级生产力下降，导致草地生态系统失衡；湿地退化，存在荒漠化现象；土壤侵蚀高度敏感，野生动物生境极敏感，沙漠化中度敏感	保护森林资源和草原植被。防治水土流失。保护林草植被，代替传统的畜牧业，保护林草植被。开发以及畜牧业生产对生态环境的破坏或不利影响	巩固天然林资源保护成果。防治水土流失。发展规模化、现代自然和旅游资源开发以及畜牧业生产对生态环境的破坏或不利影响	雅砻江下游段以及主要支流鲜水河下游位于该生态功能区

续表

序号	涉及区域功能区划名称	类别	功能定位	类型	综合评价	保护对象或发展方向	开发管制原则	与中下游区域的区位关系
4	Ⅱ1-1 木里-九龙林牧业与水源涵养生态功能区	四川省生态功能区划报告划定的生态功能区	林牧产品提供功能、土壤保持功能	—	泥石流滑坡较强发育，水土流失严重，土壤侵蚀高度敏感，野生动物生境极敏感，沙漠化轻度敏感	保护森林和草原植被，巩固长江上游防护林建设，天然林资源保护和退耕还林成果。防治地质灾害，建设水电能源生产基地。规范和严格管理资源开发建设活动，防止对生态环境的破坏或不利影响	木里县、九龙县、盐源县、冕宁县、稻城县部分县域范围属于该生态功能区。孟底沟水库至锦屏二级减水河段位于该生态功能区
5	Ⅱ1-2 盐源农牧业与土壤保持生态功能区		林牧产品提供功能、土壤保持功能	—	泥石流滑坡较强发育，水土流失严重，土壤侵蚀高度敏感，野生动物生境中度敏感	巩固长江上游防护林建设、天然林保护和退耕还林成果。巩固和发展水土保持和水源涵养林，防治农村面源污染和治理水土流失	涉及盐源县大部和西昌市小部分
6	Ⅱ2-4 安宁河流域特色农业与土壤保持生态功能区		农产品提供功能、矿产品提供功能、土壤保持功能、生物多样性保护功能	—	泥石流滑坡强烈发育，水土流失严重，外来入侵生物紫茎泽兰的蔓延，已成为重要生态环境问题；农村面源污染较突出	巩固长江上游防护林建设、天然林保护和退耕还林成果。防治地质灾害，防治水土流失。防治有害生物入侵，防治农业面源污染	冕宁、喜德、西昌、德昌、米易、会东部分县域范围属于该生态功能区。雅砻江下游锦屏二级减水河段到二滩库区左岸安宁河流域位于该生态功能区

续表

序号	涉及区域功能区划名称	类别	功能定位	类型	综合评价	保护对象或发展方向	开发管制原则	与中下游区域的区位关系
7	Ⅱ 3-1 金沙江下游资源开发与土壤保持生态功能区		矿产品提供功能、水力资源提供功能、土壤保持功能、人居保障功能、生物多样性保护功能	—	干热缺水，泥石流滑坡崩塌强烈发育，水土流失严重，存在着土地退化和裸岩化现象，外来物种紫茎泽兰入侵与蔓延	恢复与保护植被，巩固长江上游防护林建设，天然林保护和退耕还林成果。防治地质灾害和水土流失。防止有害生物入侵。防止资源开发对生态环境的破坏或不利影响，减少入江泥沙量。防治农业面源污染，严格控制水污染、大气环境污染	涉及盐源、盐边等凉山州及攀枝花市共11个市县区域。桐子林工程及库区、二滩枢纽及部分库区、鳡鱼河流域大部分位于该生态功能区
8	Ⅳ 2-2 色达农牧业与水源涵养生态功能区	四川省生态功能区划报告划定的生态功能区	牧产品提供功能、水源涵养功能、生物多样性保护功能	—	草场过牧，草地退化，有害有毒和杂草逐渐成为优势种，鼠虫害猖獗，有沙化现象，采挖药材和采矿造成地表植被破坏，洪水泛滥，水土流失加剧	保护高原灌丛、草甸生态系统。严防资源开发破坏生态环境	涉及重要支流鲜水河流域区域
9	Ⅳ 2-3 石渠牧业与生物多样性保护-水源涵养生态功能区		牧产品提供功能、水源涵养功能、生物多样性保护功能、沙漠化控制功能	—	草场过牧，湿地及草地退化，有沙化现象，鼠虫害猖獗	保护草地植被和生物多样性。努力提高林草覆盖度，增强固沙能力。严防资源开发破坏生态环境	涉及重要支流鲜水河河源段

6.1.6 粮食主产区特征

安宁河是雅砻江下游左岸最大支流,汉代称为孙水,晋代称白沙江,唐代称长江水,其北源称长河。因元代有泸沽治所,故又名泸沽水,明代称宁远河,清代始名安宁河,河长 326 km,流域面积 11 150 km^2。安宁河谷自然条件优越、资源禀赋独特,是四川省内仅次于成都的第二大平原,是凉山州的粮仓。

安宁河流域灌区主要工程有大桥水库灌区以及安宁河沿河灌区等。大桥水库位于四川省冕宁县境内雅砻江一级支流安宁河上游,是一座以灌溉、工业及生活供水为主,结合发电,兼顾防洪、环境保护用水、水产养殖、旅游等综合利用的大(Ⅱ)型水利工程,水库正常蓄水位 2 020 m,死水位 1 977 m,总库容 6.58 亿 m^3,调节库容 5.93 亿 m^3,有多年调节能力。

大桥水库灌区工程是大桥水库主要配套工程,位于其下游安宁河两岸,灌区范围涉及凉山州的冕宁、西昌、德昌和攀枝花市的米易等四县(市)。大桥水库灌区上游配置了大桥水库龙头骨干工程,中游设置了漫水湾二级配水枢纽,沿安宁河两岸布置了大桥左干渠、大桥右干渠、漫水湾左干渠、漫水湾右干渠、泸月渠和沿安宁河干支流分布的各独立灌区。目前大桥水库工程及灌区一期工程(包括漫水湾枢纽、漫水湾左总干渠、左干渠、喜德和邛海支渠及黄土坡电站)已相继建成。大桥水库灌区二期工程由大桥水库右干渠、漫水湾右干渠、河边支渠、河里分支渠,三座渠道跌水电站等新建工程以及安宁河沿河已建灌区 13 条渠堰改造工程组成,工程任务为农业灌溉、城乡生活及工业供水、结合灌溉进行发电等综合利用。

凉山州大桥水库灌区二期工程是国务院确定的 172 项节水供水重大水利工程之一,是进一步实现大桥水库灌溉、供水等综合功能的配套工程。大桥水库灌区二期工程位于安宁河右岸,由大桥水库右干渠灌区和漫水湾右干渠灌区及安宁河沿河已建灌区改造项目组成。其中,大桥水库右干渠灌区规划灌溉面积 16.1 万亩,漫水湾右干渠灌区规划灌溉面积 21.6 万亩,安宁河沿河已建灌区改造工程灌溉面积 8.15 万亩。多年平均供水量 25 545 万 m^3,渠道电站装机 8 150 kW。大桥水库灌区二期工程建设征地涉及凉山州西昌市、德昌县和冕宁县共计 3 县(市)26 个乡镇(其中大桥右干渠建设征地涉及冕宁 11 个乡镇,漫水湾右干渠涉及冕宁县 1 个乡镇,西昌市 11 个乡镇,德昌县 3 个乡镇)。

安宁河流域人均水资源量、人均水电发电量等指标如下。

(1) 人均水资源量

依据四川省水利厅公布的2018—2019年安宁河流域逐月来水量数据,结合安宁河流域人口数量计算,安宁河流域人均水资源量为4 680 m³/人,低于凉山州人均水资源量(8 573 m³/人),但远高于全国平均水平(1 968 m³/人)。

(2) 人均水电发电量

计算安宁河流域272座水电站2017年与2018年年发电量平均值总量,计算安宁河流域人均水电发电量为1 896 kW·h/人。同时计算全国平均值采用2018年水电年发电量1.2万亿kW·h,计算全国人均水电发电量为860 kW·h。安宁河流域为全国平均水平的2.2倍。

(3) 人均耕地面积

依据《中国生态、居住与工业土地利用空间数据集(2008)》,提取安宁河流域耕地栅格数据,计算安宁河流域人均耕地面积为1 399m²/人(2.1亩/人),高于全国平均水平973m²/人(1.6亩/人)。

(4) 单位发电量厂坝间河长

依据长江经济带小水电清理整改数据,计算安宁河流域小水电站累计厂坝间河道长度为759.3 km,累计年发电量为308 403万kW·h。因此,安宁河流域单位发电量厂坝间河长为2.46m/万kW·h。计算长江经济带2万多座有效数据电站的单位发电量厂坝间河长为1.83m/万kW·h。

(5) 农业灌溉水有效利用系数

依据2018四川省水资源公报,四川省农业灌溉水有效利用系数为0.473,低于全国平均水平0.554(2018年《中国水资源公报》)。

(6) 人均GDP

依据中国GDP空间分布公里网格数据集,计算安宁河流域人均GDP为35 089元/人,略高于凉山州人均GDP(30 710元/人),远低于全国平均水平(70 892元/人)。

(7) 人口密度

依据中国人口密度空间分布公里网格数据集,计算安宁河流域人口密度为147人/km²,接近全国平均水平(143人/km²),远低于东部沿海地区(400人/km²)。人口密度较大的区域主要位于西昌市。

(8) 生态流量保证率

对安宁河流域水电站生态流量核定情况进行统计分析,其中230座电站已核定生态流量,生态流量保证率为84.56%。对长江经济带25 451处挡水建筑物进行统计分析,49.81%的电站有核定生态流量。因此,安宁河流域生态流量保证率高于长江经济带平均水平。

6.2 流域水-能源-粮食系统结构分解

雅砻江流域水系丰富,水量丰沛,河道落差巨大。水资源总量为593亿 m^3,约占全国水资源总量的2.1%;多年平均产水模数为46.3万 m^3/km^2,约为全国平均水平的1.6倍;人均水资源占有量达到12 930 m^3,约为全国平均水平的6倍。流域水力资源理论蕴藏量38 396 MW,占长江流域总量的13.8%,其中干流理论蕴藏量21 812 MW,支流为16 584 MW。干流技术可开发装机容量28 568 MW,年发电量1 516.8亿 kW·h,支流技术可开发6 093 MW,年发电量325.6亿 kW·h。雅砻江水电基地在"中国十三大水电基地规划"中排第三位,仅次于金沙江水电基地和长江上游水电基地,对实行资源优化配置,带动西部经济发展都起到了极大的促进作用。

雅砻江干流规划23级开发方案,目前已经建成了5级电站,分别是锦屏一级、锦屏二级、官地、二滩和桐子林,水能开发利用程度不高,干流多呈现连续的V形峡谷,两岸几乎无供水和灌溉需求。雅砻江的主要支流包括安宁河、理塘河、鲜水河、力丘河等,其中与经济社会和人类活动最为密切是安宁河。安宁河是雅砻江最大的一级支流,位于雅砻江干流下游,全河水能理论蕴藏量117.6万 kW。

安宁河流域是雅砻江经济社会发展水平较高的地区,其冕宁至西昌段,是四川西南最大的河谷冲积平原,称为安宁河谷平原或西昌平原,面积达到1 800 km^2。流域内光热资源十分优越、土地资源丰富、水资源丰沛,是四川省优质特色农业产业带和"两高一优"农业生产基地,是仅次于成都平原的四川农业综合生产基地,四川省第二大粮食主产区。安宁河谷区域在统筹考虑水资源综合利用与生态环境保护的前提下,以发展农田灌溉为主。

安宁河流域内小水电分布多,而且是负责城镇供水、农业灌溉的主要区域。安宁河干流上建有大桥水库,是以灌溉供水为主、发电为辅的大型蓄水工程,涉及冕宁、西昌、德昌等县(市),其灌区原规划设计灌溉面积87.42万亩,包括了下游漫水湾配水枢纽控制的46.38万亩灌溉面积。规划分三期建设,一期工程设计灌溉面积47.68万亩,目前已经建成,还需要建设二期、三期工程,新增灌溉面积39.74万亩,不断完善灌区配套工程。

目前，根据雅砻江流域内河流的实际开发利用情况，依据干支流水系、水利工程节点（大、小水电站等）、供水线路、灌溉输水线路等水利工程群，概化出了雅砻江水电基地 WEFN 的系统结构现状图，如图 6-8 所示。

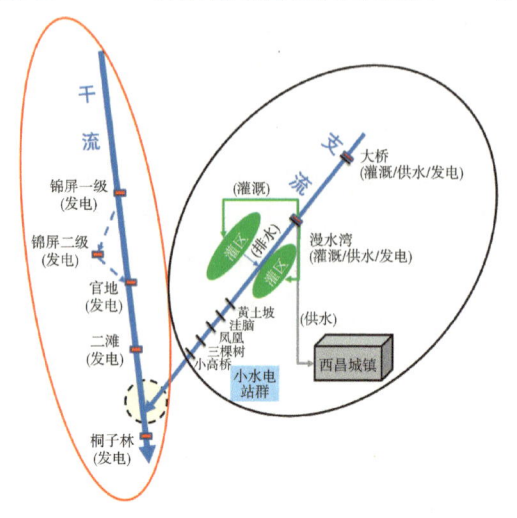

图 6-8　雅砻江水电基地 WEFN 系统结构概化图（现状）

同时，根据远期规划开发利用情况，雅砻江干流增加了两河口、杨房沟大型水电站建设和南水北调西线一期供水水源地情景，支流安宁河上增加大桥水库全部二、三期灌溉工程建设及其配套工程建设和供水工程建设，保持原有小水电站群不变，向绿色小水电转变，概化出了雅砻江水电基地 WEFN 的系统结构规划图，如图 6-9 所示。

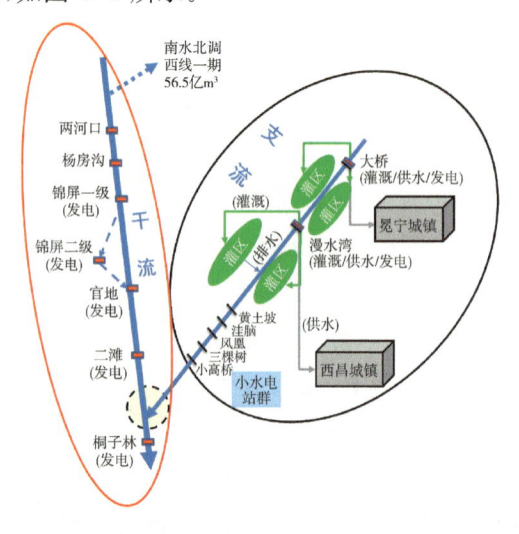

图 6-9　雅砻江水电基地 WEFN 系统结构概化图（规划）

6.2.1 雅砻江梯级水电子系统

雅砻江下游河段已建 5 个梯级水电站，分别为锦屏一级、锦屏二级、官地、二滩和桐子林，其中锦屏一级是年调节水库，二滩是季节性调节水库，官地和桐子林仅有日调节能力，锦屏二级则是一个引水式电站。此外，锦屏二级电站引水后，将在其引水闸址至发电厂址之间形成长达 119 km 的减水河段。本书研究的优化调度问题是一个中长期优化调度，时间步长为月。因此，将流域 5 个梯级水电站概化为 2 库 5 级，即将锦屏二级、官地和桐子林水库库容概化为等效库容，库区水位为定值（取正常蓄水位和死水位的均值）。各电站分布和具体特征参数如图 6-10 所示。

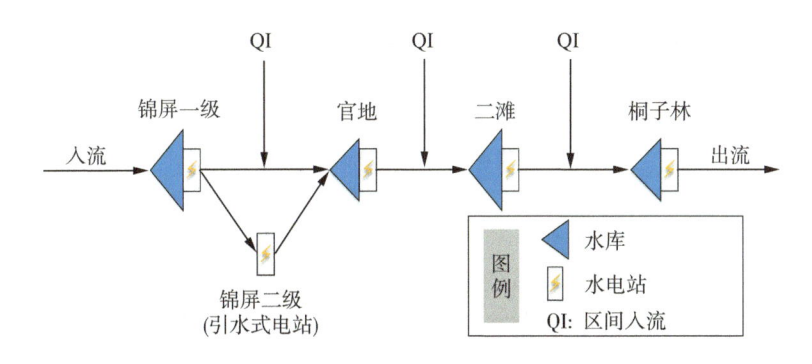

图 6-10 雅砻江下游梯级关系概化图

雅砻江干流增加了两河口、杨房沟大型水电站建设和南水北调西线一期供水水源地情景，将流域中下游 7 个梯级水电站概化为 3 库 7 级，即将杨房沟、锦屏二级、官地和桐子林水库库容概化为等效库容，库区水位为定值（取正常蓄水位和死水位的均值）。雅砻江中下游梯级水电站概化如图 6-11 所示。

6.2.2 安宁河小水电子系统

以安宁河河谷段水利工程群为研究对象，通过对多种工程设施实体的分析，来实现对区域供水、农业灌溉和水力发电之间复杂的纽带关系的描述和干预。安宁河河谷段主要包括冕宁县、喜德县、西昌市和德昌县四个行政区域，该区域覆盖安宁河上中游和部分下游地区，具有人口稠密，农业生产集中，小水电密集的特征，该地区水资源开发、水能开发都达到较高的水准，其中流域水能开发率达到 70%。

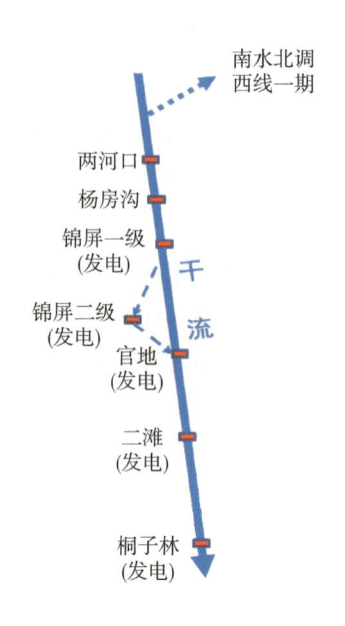

图 6-11　雅砻江中下游梯级关系概化图

对于安宁河河谷段水利工程群子系统的划分主要依据地区工程之间的关系进行。首先确定研究区域的起止范围为安宁河上游至德昌境内的锦川电站；其次，安宁河干流自上而下有大桥水库、漫水湾枢纽和河西枢纽三个拦河引水枢纽，因此共划分为 4 个区域。在每个区域内，认为径流来水量与区域降水量的和等于径流下泄流量与供水量、灌溉水量的和；再者，每个区域内干流电站逐个计算发电量，发电流量按径流下泄流量计算，对于支流电站群，按累积求其总装机容量和总发电量，发电流量按区域降雨产流量减去生态用水量。区域内，灌区面积累积求和，灌溉水量为其所属区域灌溉引水量；区域内供水量按人口数计算，为了符合现实情况，人均用水量按行政区供用水量复核，同时依据人口密度进行折减。

最终安宁河河谷段水利工程群子系统概化如图 6-12。其中，区域 1 为安宁河源头至大桥枢纽，其灌溉区域为大桥左干渠、右干渠、河边渠和河里渠等灌区，支流装机 35.8 MW，干流电站有大桥电站、道夫电站、新营电站、长山咀电站等，区域内城镇供水为 1 020 万 m³。区域 2 为大桥枢纽至漫水湾枢纽，其灌溉区域有漫水湾左、右干渠，西干渠、西礼干渠、联合渠和泸月渠等，干流电站有观音岩、解放桥、红星、长兴、金洞子电站，支流装机容量为 21.6 MW，城镇供水量 2 920 万 m³；区域 3 为漫水湾枢纽到河西枢纽，其灌溉区域为河西干渠、九龙堰、安远堰等灌区,支流装机 14.29 MW,干流电站有大桥电站、迫夫电站、新营电站、长山咀电站等,区域内城镇供水为 11 355 万 m³;区域 4 为河西枢纽至锦川电站,其灌溉区域为七大堰和凤凰渠等灌区,支流装机 37.19 MW,干流电站有三棵树、凤凰、小高桥、昔街、新于等,区域内城镇供水为 1 825 万 m³。

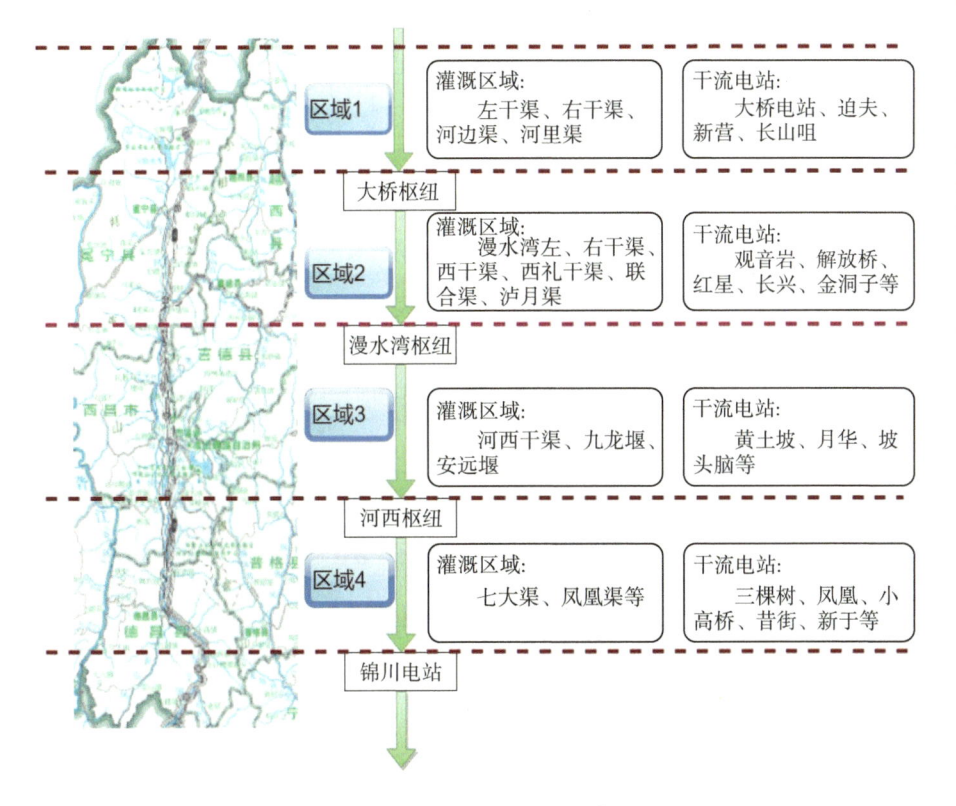

图 6-12　研究区域概化示意图

根据上面论述与划分要求,最终安宁河河谷段水利工程群子系统拓扑图如下。

6.2.3　干支流子系统

雅砻江干流一级支流有鲜水河、理塘河、九龙河和安宁河,其中安宁河是雅砻江下游左岸最大支流,河长 326 km,流域面积 11 150 km²,于米易县安宁乡湾滩汇入桐子林水电站库区。安宁河水量丰沛,径流主要来源降水和地下水补给,具有年际变化不大,年内分配极不均匀,径流深呈由北向南递减的特点,其出口断面多年平均流量 217 m³/s,径流量 69.1 亿 m³。安宁河流域形成

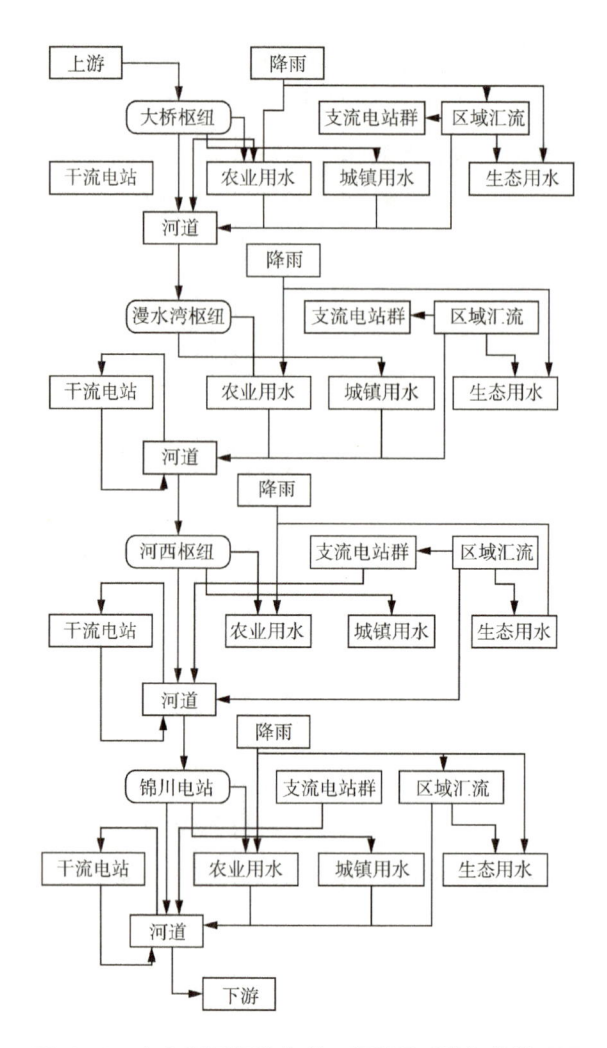

图 6-13　安宁河河谷段水利工程群子系统拓扑关系图

以大桥水库为控制性水库的多级水电站开发的布局,其大桥水库为集成灌溉、供水、发电和防洪等多功能的综合性利用水库,雅砻江干流和安宁河支流主要水利工程及干支流桥接点群概化如图 6-14。此外,本章在充分剖析安宁河流域冕宁县、西昌市、德昌县和米易县"三生"用水(主要包含城镇生活用水、农村生活用水、农业用水、工业用水和人工生态用水)需求及其流域供水能力(以大桥水库为主的供水水利工程群)的基础上,构建了安宁河流域 WEAP 模型(图 6-15),用于分析不同水资源协调配置情景下雅砻江干流与安宁河支流的调配关系。

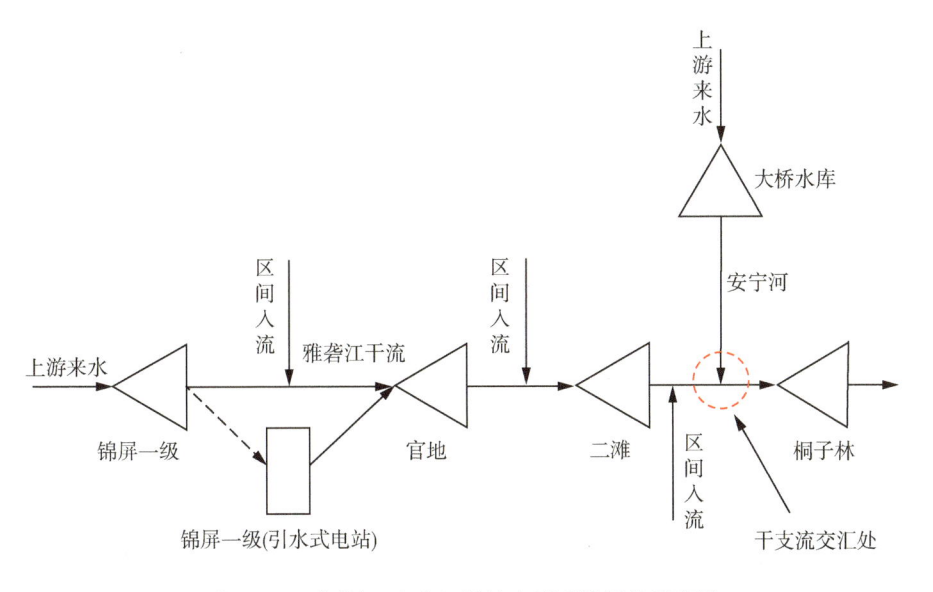

图 6-14 雅砻江-安宁河桥接点群系统概化示意图

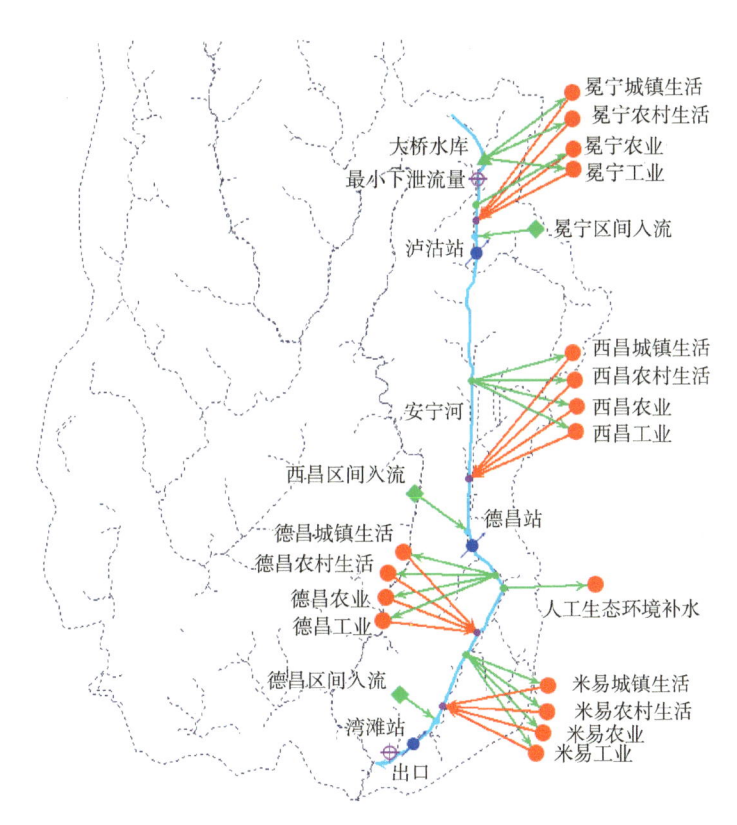

图 6-15 安宁河流域 WEAP 模型概化图

6.3 协调配置情景

6.3.1 配置原则

考虑水资源协同配置和纽带关系影响下的资源间制约性、协同性等特征的差异，流域水资源协调配置情景方案指导原则包含经济效益最大化、水资源刚性约束、生态保护刚性约束和水-能源-粮食多目标配置。

1. 经济效益最大化

基于经济效益最大化的配置情景模式是本着实现经济效益最大化的目标，在考虑将水资源系统中供水经济效益定量化、能源系统中耗能经济效益定量化和粮食系统经济效益定量化的基础上，寻求综合经济效益量的方案。这种模式可以解决竞争性的水资源分配问题。但它不能考虑区域各个经济部门的相互联系和相互制约的关系，并不能取得实际意义上的经济效益最大化，而且可能带来经济产业部门恶性竞争的风险。

2. 水资源刚性约束

水资源刚性约束的配置模式，是以水资源供给可能性为基础进行社会生产力的安排布局，强调水资源合理开发利用，以资源供应能力为背景布置产业结构。该种配置情景，有利于保护水资源，但是区域经济社会的发展与水资源供应密切相关，尤其是经济的发展必然反馈影响水资源开发利用水平。因此，该情景模式在分析水资源供给能力时与区域经济社会发展相分离，无法实现资源高效开发利用与经济社会发展的动态协调性，并会影响区域经济不能充分发展。

3. 生态保护刚性约束

水电开发与生态保护的关系一直备受外界关注，是水电可持续发展不可回避的问题。生态保护刚性约束的配置模式，是以保障水电站（大、小水电）下游减水河段生态流量为主，强调生态优先的资源配置情景。但该情景模式会对电站发电效益、水库供水等经济效益产生不利影响，进而会影响社会、经济的充分发展，须对不同效益主体进行权衡分析，寻找折中方案，在保障河道生态系统绿色健康的前提下，追求综合效益最大化。

4. 水-能源-粮食多目标配置

水-能源-粮食多目标的协同配置情景模式是以水资源配置能够协调水、能源、粮食三种资源特征特性、经济社会动态、生态环境变化的互馈关系，以实现区域资源利用、经济社会、生态环境的综合协同发展。

6.3.2 配置情景方案

依据上述四种指导原则,梯级调度、干支调配和灌排调剂三项技术情景设置如下。

1. 梯级调度技术情景设置

在梯级调度关键技术中,共设置三种调度方案,分别为传统优化调度方案、考虑多种生态流量的优化调度方案和考虑西线工程调水优化调度方案,具体情景如下。

(1) 传统优化调度方案

该调度方案设置两种情景,分别为经济最大化情景(S1,未考虑生态流量)和生态刚性保护约束情景(S3,考虑最小生态流量)。

(2) 考虑多种生态流量的优化调度方案

为进一步探究水力发电与生态的关系,本书基于不同等级的生态流量,设置多种生态流量情景。按照 RVMF 法对雅砻江流域年内月份进行划分,丰水期为 6—10 月,平水期为 5、11 和 12 月,枯水期为 1—4 月。锦屏一级坝址下游河段生态流量需求如表 6-10 所示。河道生态环境状况为差时,平均生态流量为 14.58%MMF;生态环境状况为最佳时,平均生态流量为 83.75%MMF。锦屏二级电站为引水式电站,引水闸址位于锦屏一级坝址下游 7.5 km 处。因此,锦屏二级闸址下游减水河段生态流量需求可近似与锦屏一级坝址下游河段相同。锦屏二级电站发电引水后,将在其引水闸址至发电厂址之间形成长达 119 km 的减水河段(大河湾),该减水河段生态流量与锦屏一、二级电站的关系可表示为:

$$Q_{\text{JP1},t} \geqslant \theta \times Q_{e,t} \tag{6-4}$$

$$Q_{\text{JP1},t} - Q_{\text{JP2},t} = \theta \times Q_{e,t} \tag{6-5}$$

式中:$Q_{\text{JP1},t}$ 为锦屏一级水库 t 时段下泄流量,m^3/s;$Q_{e,t}$ 为大河湾 t 时段生态流量,m^3/s;$Q_{\text{JP2},t}$ 锦屏二级电站 t 时段发电引水流量,m^3/s;θ 为松弛因子,介于 0~1 之间,其值等于梯级水库群生态流量满足度。

根据河道内生态环境状况,该调度方案共设置 7 种生态流量情景,即 E1-E7,如表 6-10 所示。情景 E1 未考虑生态流量,作为参照情景,E7 为河道生态需求最佳的状态。

表 6-10 锦屏一级电站下游河段生态流量（m³/s）

河道内生态环境状况	生态情景	平均生态流量（%MMF）	\multicolumn{12}{c}{月份}
			11	12	1	2	3	4	5	6	7	8	9	10
严重退化	E1	0	0	0	0	0	0	0	0	0	0	0	0	0
差	E2	14.58	125.7	77.55	75.2	67.4	68.8	90.6	110.85	177	285	268	268	165
适宜	E3	43.75	377.1	232.65	225.6	202.2	206.4	216	332.55	531	855	804	804	495
好	E4	53.75	460.9	284.35	263.2	235.9	240.8	317.1	406.45	708	1 140	1 072	1 072	660
非常好	E5	63.75	544.7	336.05	300.8	269.6	275.2	362.4	480.35	885	1 425	1 340	1 340	825
极好	E6	73.75	628.5	387.75	338.4	303.3	309.6	407.7	554.25	1 062	1 710	1 608	1 608	990
最佳	E7	83.75	712.3	439.45	376	337	344	453	628.15	1 239	1 995	1 876	1 876	1 155

(3) 考虑西线工程调水优化调度方案

该调度方案不设置多种情景,仅对水电站群调度现状进行描述。

2. 干支调配技术情景设置

根据四川省、凉山彝族自治州"十三五"水利发展规划、长江流域综合规划(2012—2030年)、长江流域及西南诸河水资源综合规划、雅砻江流域综合规划、全国现代灌溉发展规划(2012—2020年)、国民经济和社会发展"十三五"规划纲要,结合国家战略和地方政策导向,综合考虑安宁河流域社会、经济、生态文明建设、水利改革等方面,构建安宁河流域WEAP模型的预案,具体如下。

(1) 参照预案(W1)

模型参照预案是以现状基准年各参数为基础,在没有任何新政策、技术等外界因素的干预下,WEAP模型对规划年的模拟。

(2) 人口增长预案(W2)

人口增长预案是在流域各县市工业、农业、人工生态用水保持在现状基准年不变的基础上,对仅由人口增长所引起的流域水资源变化情况的模拟。根据雅砻江流域综合规划,2013-2030年流域人口平均增长率为5.2‰,2030年城镇化率约44.1%。

(3) 经济增长预案(W3)

经济增长预案是在流域各县市城乡生活、农业、人工生态用水保持在现状基准年不变的基础上,对仅由工业产值增加所引起的流域水资源变化情况的模拟。根据雅砻江流域综合规划,2013—2030年流域GDP年均增长速度约7.9%,2030年三种产业结构比值为11.4∶50.1∶38.5。

(4) 农业节水预案(W4)

农业节水预案是在流域各县市城乡生活、工业、生态用水保持在现状基准年不变的基础上,对仅由农业节水所引起的流域水资源变化情况的模拟。通过对灌区的渠道改造,提高各灌区渠系水利用系数;通过实施田间节水配套工程,提高田间水利用系数;通过逐步扩大实施田间节水的耕地面积,做到全流域农业节水。具体表征指标为农田亩均灌溉用水量和农业灌溉水有效利用系数。参照凉山彝族自治州"十三五"水利发展规划和雅砻江流域综合规划,对流域内各灌区实施渠道改造,2030年流域内农田亩均灌溉用水量为350 m³,农业灌溉水有效利用系数为0.60。

(5) 综合预案(W5)

综合预案是综合考虑了居民生活、工业和农业部门用水效率提升。根据雅砻江流域综合规划：2030年流域城市居民生活用水定额为140 L/d,农村居民生活用水定额为75 L/d;2030年流域万元工业增加值用水量比现状年减少约40%;2030年流域内农田亩均灌溉用水量为350 m³,农业灌溉水有效利用系数为0.60。

情景预案与特征值的对应关系具体见表6-11。

表6-11 情景预案对应的特征值

情景预案	2030年特征值							
	居民生活			工业			农业	
	人口		生活用水定额(L/d)					
	人口平均增长率	城镇化率	城市居民	农村居民	GDP年均增长速度(%)	三种产业结构比值	万元工业增加值用水量比现状年减少率(%)	农田亩均灌溉用水量(m³)	农业灌溉水有效利用系数
参照预案(W1)	—	—	240	93	—	—	—	658	0.467
人口增长预案(W2)	5.2‰	44.1	240	93	—	—	—	658	0.467
经济增长预案(W3)	—	—	240	93	7.90%	11.4:50.1:38.5	—	658	0.467
农业节水预案(W4)	—	—	240	93	—	—	—	350	0.6
综合预案(W5)	—	—	140	75	—	—	40	350	0.6

3. 灌排调剂技术情景设置

本研究根据前述方法构建区域灌排调剂系统动力学仿真模型,根据凉山州地区发展规划和政策,模型设置了三种情景对凉山州安宁河流域的供水、水电、粮食生产过程进行仿真模拟,分别为生态优先情景、农业发展情景和供水结构优化情景。在不同的情景下,通过调节模型控制参数的取值来进行工况计算。各情景下的工况设计如下。

(1) 生态优先情景

安宁河流域内水电开发达到水能蕴藏的74%以上,本情景主要考察水电开发对区域内生态、粮食、发电等方面的影响。在该地区"十三五"规划中提及加快小水电扶贫项目,导致小水电增长较快,该地区水电开发的特点是:流域内除大桥电站之外其余电站都不具备调蓄能力,多采用引水式结构,水电站的运行虽然没有减少流域范围内总体水量,但是却会导致在电站下游存在着长度不一的减水河段,形成局部地区的水量减少;其次,支流水能开发程度高,在各级支流上电站密集,累计减水河段范围较大。随着地区可持续绿色发展,需要降低小水电影响。在此政策下,本情境选择小水电规模比作为控制变量,该区域2017年小水电规模作为基准,分别取该基准值的0.75、0.5、0.25设置计算工况,通过模型模拟对生态缺水量、粮食产量、发电量和河道下泄流量五个指标进行评价分析,以确定各工况优劣程度。

表 6-12 生态优先情景工况设计

特征指标	工况 1	工况 2	工况 3	工况 4
小水电规模比	0.25	0.5	0.75	1

(2) 供用水结构优化情景

凉山州供水逐渐成为城市发展的瓶颈,全州工程性、季节性、区域性缺水严重,水库蓄水能力占水资源总量的比例为5.9%,水利工程供水能力占水资源总量的比例仅为5.99%,只有全国平均水平的1/6,随着经济增长和人口增加,地区城镇用水压力会进一步增加。地区规划拟通过增加地区供水能力和提高节水技术水平等方式对供用水能力进行提升。凉山州水利建设规划(2020—2035)提出全州新增和恢复蓄引提水能力1.15亿 m^3,新增供水能力10.26亿 m^3。政府工作计划中提及,全州用水总量控制在25.2亿m^3以内,万元GDP用水量降低到61 m^3;万元工业增加值用水量降低到23 m^3。根据供用水结构优化方式,本情景下以2017年地区城镇用水量为基准,以城镇供用水增长系数为控制变量,分别设为−0.2、1和+0.2,对粮食产量、发电总量、下泄流量等指标进行模拟考察。工况设置见表6-13。

表 6-13 用水结构优化情景工况设计

特征指标	工况 5	工况 6	工况 7
用水增长比	0.8	1	1.2

(3) 农业发展情景

根据四川省"十三五"规划和2019年工作计划,计划第一产业增加值增长3.5%。该省大力实施乡村振兴战略,持续推进农业供给侧结构性改革,继续加大对"三农"的支持力度,农业发展政策环境持续向好。结合攀西经济区规划,研究区域以促进第一产业继续保持平稳发展态势为目标,开展特色农业生产,严守耕地红线,推进"优质粮油工程",确保粮油等主要农产品稳定供给。加强农业、水利等基础设施建设,建设一批高质量农田。而研究区域现状是,凉山州有耕地868.7万亩,其中有效灌面251.8万亩,旱涝保收面积143万亩。耕地有效灌溉率为29%,绝大部分耕地"靠天吃饭"。人均有效灌面0.52亩,高于全省人均0.45亩,低于全国人均0.73亩的水平。在此情境下,根据模型结构,选灌溉面积增长比和灌溉水有效利用系数作为控制参数,其中灌溉面积以规划灌溉面积为基准,分别设置为1、1.5和2,灌溉水有效利用系数当前为0.445,规划目标为0.6,设置参数为0.445、0.5和0.6。具体工况设计见表6-14。

表6-14　农业发展情景工况设计

特征指标	工况8	工况9	工况10
灌溉面积增长比	1	1	1
灌溉水有效利用系数	0.445	0.5	0.6
特征指标	工况11	工况15	工况16
灌溉面积增长比	1.5	1.5	1.5
灌溉水有效利用系数	0.445	0.5	0.6
特征指标	工况14	工况15	工况16
灌溉面积增长比	2	2	2
灌溉水有效利用系数	0.445	0.5	0.6

6.4　结果与分析

6.4.1　梯级调度结果

1. 传统优化调度方案

基于雅砻江干流梯级水库群调度模型(单目标优化调度),选取五种典型水文年,分别为特丰水年(2012年,$P=10\%$)、偏丰水年(2008年,$P=30\%$)、平水年(2015年,$P=50\%$)、偏枯水年(2002年,$P=70\%$)和特枯水年(2006年,$P=90\%$),以月为时间步长,年为调度周期,通过SEGA现代智能算法,得到情景S1和S3梯级发电量、弃水流量、运行水位等优化调度结果。

情景 S1 和 S3 下,梯级水电站发电量如图 6-16。两种情景梯级水电站发电量主要集中在汛季(6—10月);不同典型水文年,梯级水电站各月份发电量有不同的变化趋势,总体上服从特丰水年＞偏丰水年＞平水年＞偏枯水年＞特枯水年。

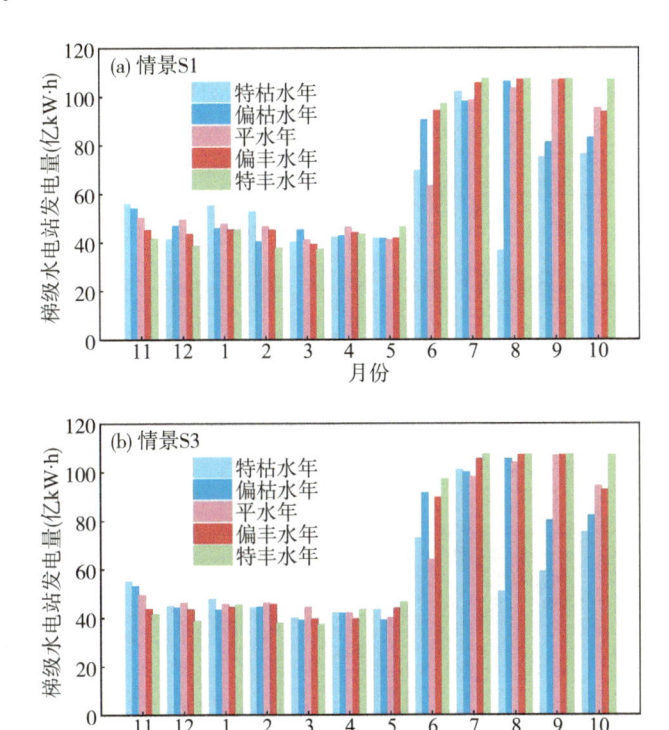

图 6-16 梯级水电站发电量(亿 kW·h)

在经济效益最大化情景(S1),特丰水年、偏丰水年、平水年、偏枯水年和特枯水年梯级水电站发电量分别为 822.64、811.39、788.59、774.09、687.70 亿 kW·h。在生态保护刚性约束情景(S3),各典型水文年梯级发电量较情景 S1 均有不同程度的下降,特丰水年、偏丰水年、平水年、偏枯水年和特枯水年梯级发电量分别为 815.91、801.34、779.62、763.04 和 675.14 亿 kW·h,损失电量分别为 6.73、10.05、8.97、11.05 和 12.56 亿 kW·h(表 6-15)。

设计年均发电量可以视为包含丰、平、枯水情况的多年旬径流系列按照常规调度图调度的发电量平均值,即常规调度结果[98]。情景 S1 雅砻江下游梯级年均发电量(五种典型年均值)为 776.88 亿 kW·h,较常规调度(719.54 亿 kW·h)增加了 7.97%;情景 S3 年均发电量为 767.01 亿 kW·h,较常规调度增加了 6.60%。这表明了两种情景下雅砻江下游梯级发电优化调度结果优于常规调度结果,发电量均有不同程度的提升。

表 6-15 梯级电站年发电量及损失电量(亿 kW·h)

情景方案	典型水文年				
	特枯水年	偏枯水年	平水年	偏丰水年	特丰水年
情景 S1	687.70	774.09	788.59	811.39	822.64
情景 S3	675.14	763.04	779.62	801.34	815.91
损失电量	12.56	11.05	8.97	10.05	6.73

考虑河道来水量最少的年份,即情景 S1 特枯水年,梯级水电站下泄流量如图 6-17 所示。从该图可以看出,锦屏一级、官地、二滩和桐子林水电站的下泄流量均远远大于最小下泄流量。因此,这 4 座电站运行流量均满足下游河道生态流量需求。然而,锦屏二级电站为引水式电站,电站引水发电会造成长达 119 km 的减水河段,故情景 S3 梯级电站损失发电量主要原因是满足该减水河段的生态流量需求。

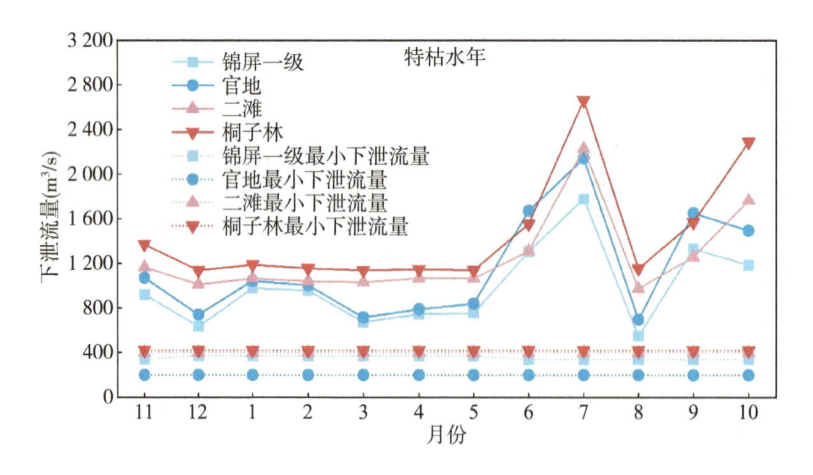

图 6-17 情景 S1 下特枯水年梯级电站下泄流量

弃水问题是水电可持续发展和电站运行管理不可避免的一个问题[53]。如 2016 年四川省弃水总能量损失为 287.3 亿 kW·h[53],接近雅砻江下游梯级多年平均发电量的 2/5,造成大量清洁能源浪费,不利于水电的可持续发展。本书对雅砻江流域不同情景、不同典型水文年梯级弃水流量进行分析和讨论。其中,当电站下泄流量大于发电流量,即定义为电站发生弃水现象,计算公式为:

$$Q_{弃} = Q_{下泄} - Q_{发电} \tag{6-6}$$

式中：$Q_{弃}$、$Q_{下泄}$、$Q_{发电}$ 分别为电站弃水流量、下泄流量和发电流量，m³/s。

情景 S1 和 S3 下，梯级水电站弃水量见图 6-18，可以看出雅砻江下游梯级弃水主要发生在汛期 7—10 月份，其中 7 月份弃水量最大，而枯季不发生弃水。五种典型年的梯级年弃水量如表 6-16 所示，可以看出特丰水年弃水量最大，其次是偏丰水年，而特枯水年不发生弃水，总体上服从特丰水年＞偏丰水年＞平水年＞偏枯水年＞特枯水年。具体而言，情景 S1 下，五种典型年弃水量分别为 347.26、114.38、28.42、2.85 和 0 亿 m³；情景 S3 下，五种典型年弃水量分别为 342.13、112.26、24.70、0 和 0 亿 m³。

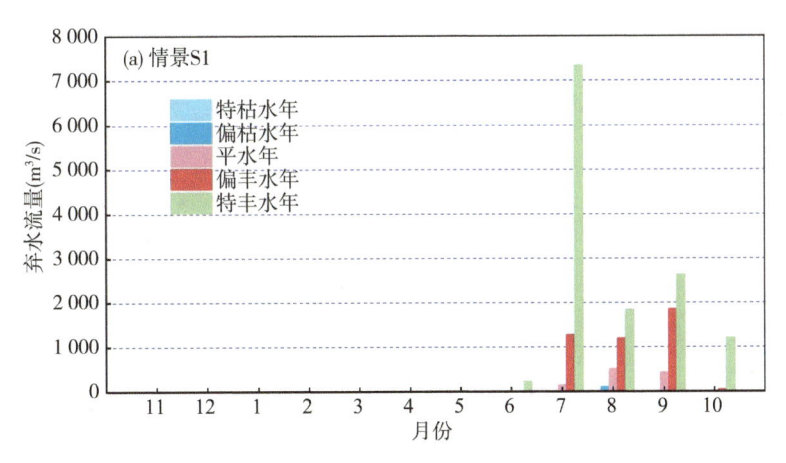

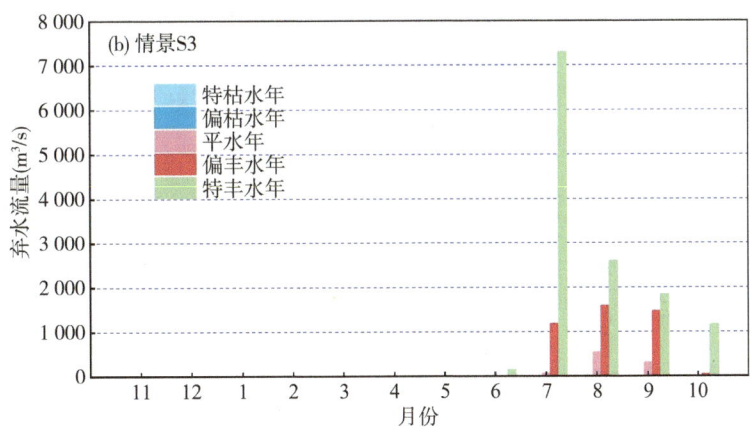

图 6-18 梯级弃水流量(m³/s)

表 6-16　梯级弃水量(亿 m³)

情景方案	典型水文年				
	特枯水年	偏枯水年	平水年	偏丰水年	特丰水年
情景 S1	0	2.85	28.42	114.38	347.26
情景 S3	0	0	24.70	112.26	342.13

锦屏一级和二滩水电站是梯级水电站中具有调蓄能力的电站,两电站运行水位如图 6-19 和图 6-20 所示。锦屏一级水电站不同情景、不同典型水文年,汛期消落到了死水位(1 800 m)附近,发挥了龙头水库的优势,通过水库的蓄放,尽量减少弃水。由于锦屏一级电站的调蓄作用,二滩电站流量入库过程变缓,消落深度变小,只有偏丰水年和特丰水年汛期能消落至死水位(1 155 m)。

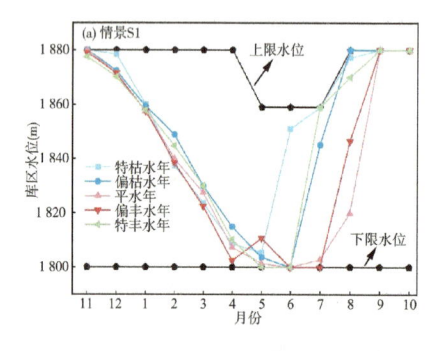

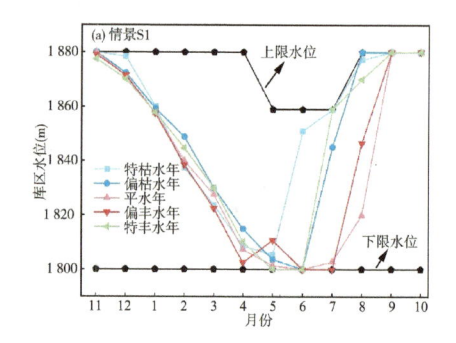

图 6-19　锦屏一级水电站运行水位(m)

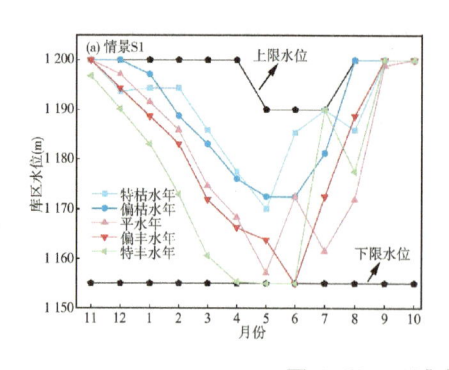

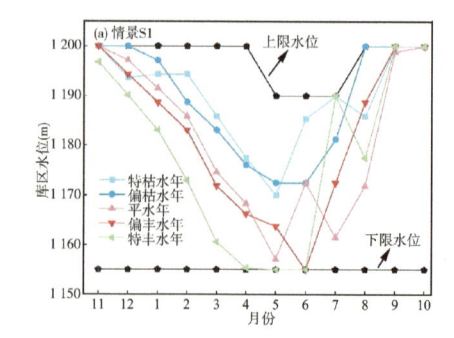

图 6-20　二滩水电站运行水位(m)

2. 考虑多种生态流量的优化调度方案

(1) 生态流量确定合理性分析

生态流量的确定是生态调度研究的前提和基础,本书提出了一种多种生态环境状况下生态流量的确定方法(RVMF),其合理性是本研究的关键点。此外,锦屏二级是引水式电站,其引水口至发电厂房之间形成长达119 km的大河湾减水河段，电站运行方式对其下游河道生态影响最为显著。因此，本书以大河湾河段(119 km 的减水河段)为例，论述生态流量确定的合理性。

Tennant(蒙大拿)法是依据观测资料建立起来的流量和栖息地质量之间的经验关系，是世界上应用最广泛的水文学法[87]。本书通过 RVMF 法和 Tennant 法确定大河湾 7 种情景下的生态流量，并进行对比分析。RVMF 法计算结果与大河湾天然流量变化趋势一致，能在一定程度上反映生态流量的季节性变化特征，而 Tennant 法计算结果年内变化单一，仅仅体现出汛期和枯季的区别(图 6-21)。

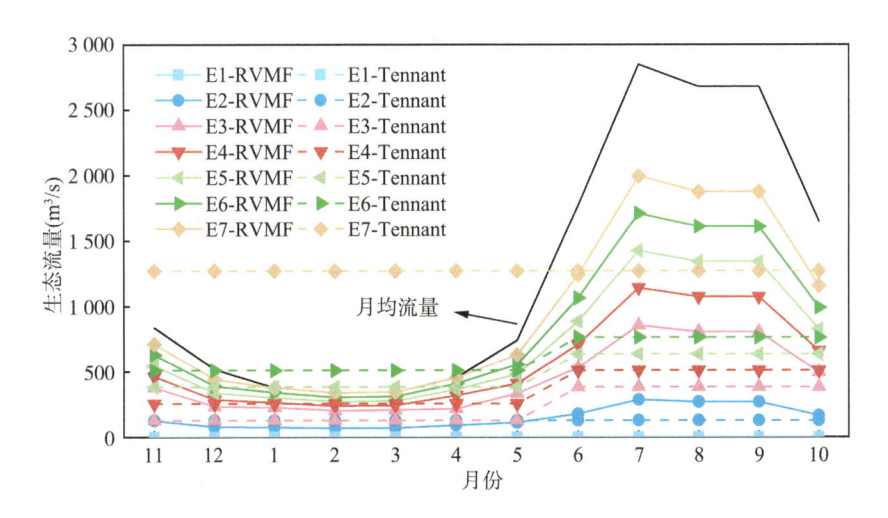

图 6-21 生态流量计算结果

河流的自然流动特征构成了生态系统的完整性，其水文节律(Hydrological Rhythm)指河道、湖泊水情周期性、有节律地变化，与河流生态系统紧密相连。当水文节律发生改变时，会对水生生物繁殖、生长和发育造成一定程度的影响[99]。天然流量和生态流量的月尺度变动热点分布见图 6-22，对比分析可以发现，天然月均流量的水文节律变化呈现 3—7 月份逐月增加，8—次年 2 月份逐月减少的趋势。RVMF 法模拟天然水文节律变化规律与天然流量一致，而 Tennant 法的计算结果年内变化不明显，不能反映水文节律的天然变化过程，可能会导致一些对水文节律响应依赖度较高的水生生物丰度减少或消失。综上所述，RVMF 法较 Tennant 法更为合理。

(a) RVMF 方法

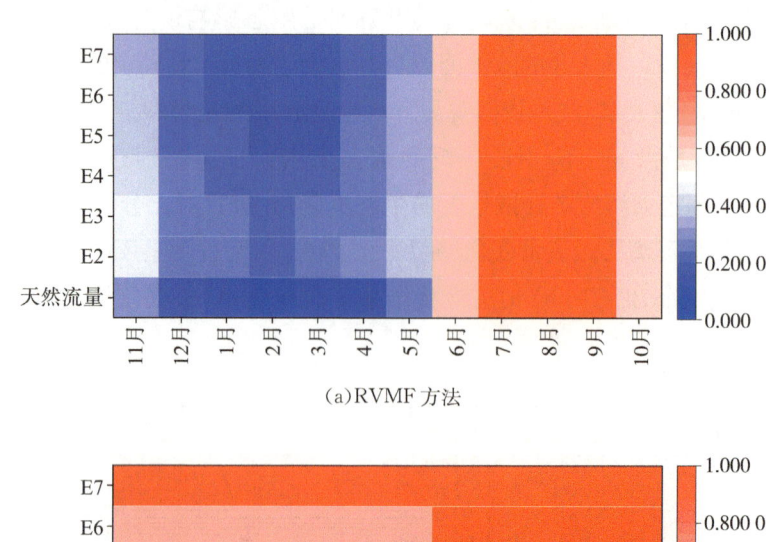

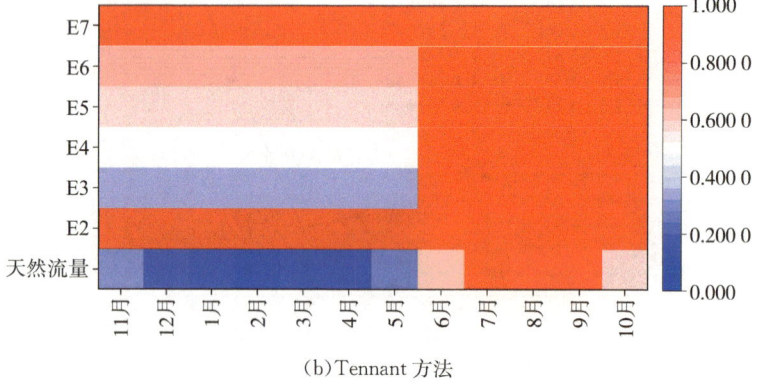

(b) Tennant 方法

图 6-22　两种方法水文节律模拟效果

目前,已有部分大河湾河段生态基流的相关研究成果。王玉蓉等[100]用水力学方法确定大河湾的最小生态流量,枯水季节猫猫滩闸址下泄流量达 45 m³/s,才能确保锦屏二级水电站减水河段中 95% 左右河段水力因子可满足河道内鱼类的生存条件。Chen 等[101]结合较低的发电量损失和优选的流道生态流量方案,推荐旱季大河湾河段下泄流量为 36 至 50 m³/s,可确保河道中至少 50% 的目标鱼类栖息地得到保护。为保障大河湾河段最小生态流量需求,锦屏二级生态闸门实际下泄生态流量介于 45~77 m³/s 之间。本书利用 RVMF 法,计算生态基流(生态环境状况为差)枯期最小值为 67.4 m³/s,与王玉蓉[100]和 Chen 等[101]的研究结果较为接近。因此,本书提出的一种多种生态环境状况下生态流量确定方法(RVMF)是合理可靠的。

(2) 多目标优化调度结果

为了更好反映水电与生态的互馈关系,本书设置了7种生态流量情景,构建了多目标优化调度模型,将河段生态流量保证率作为3个目标之一,利用NSGA-Ⅱ算法进行求解,并用基于熵权的TOPSIS法确定最优方案。

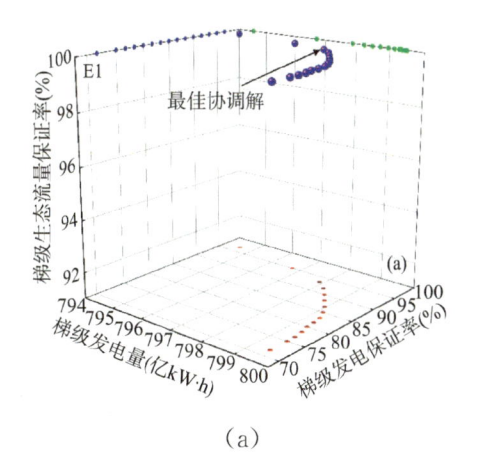

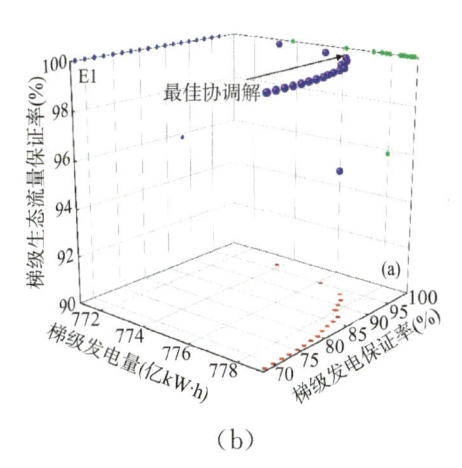

平水年下,7种生态情景(E1—E7)帕累托非劣解集及最佳协调解如图6-23(a)—(h)所示。从图可以看出,梯级年发电量和发电保证率相互制约、相互冲突,呈现显著的负相关关系,即随着梯级发电量的增加,发电保证率呈现下降的趋势;而梯级年发电量和生态流量保证率及发电保证率和生态流量保证率之间的相关性不显著。此外,情景E1—E7的最优方案均为一个折中的方案,而不是梯级年发电量最大的方案。通过基于熵值的TOPSIS模型确定情景E1—E7的最优方案及其目标值如图6-23(h)和表6-17所示,其中不考虑生态流量情景(E1)和河道生态状况为最佳情景(E7)的梯级年发电量、发电保证率和生态流量保证率分别为797.87亿kW·h、93.33%和100%;584.17亿kW·h、81.67%和95.83%。情景E1—E7最优方案的生态流量保证率均为100%,说明雅砻江流域追求发电效益的同时,能兼顾河道生态流量需求,但该生态情景较E1梯级电量损失大,为213.70亿kW·h。此外,随着河道生态流量需求提高,雅砻江梯级水电站的发电量显著下降,这主要是因为锦屏二级为引水式发电站,大河湾河段的生态流量需求越高,需要的生态流量越大,当达到最佳的状态(E7),锦屏一级下泄的流量大部分用于大河湾河段的生态流量需求,而不是锦屏二级水电站的发电。

(a)

(b)

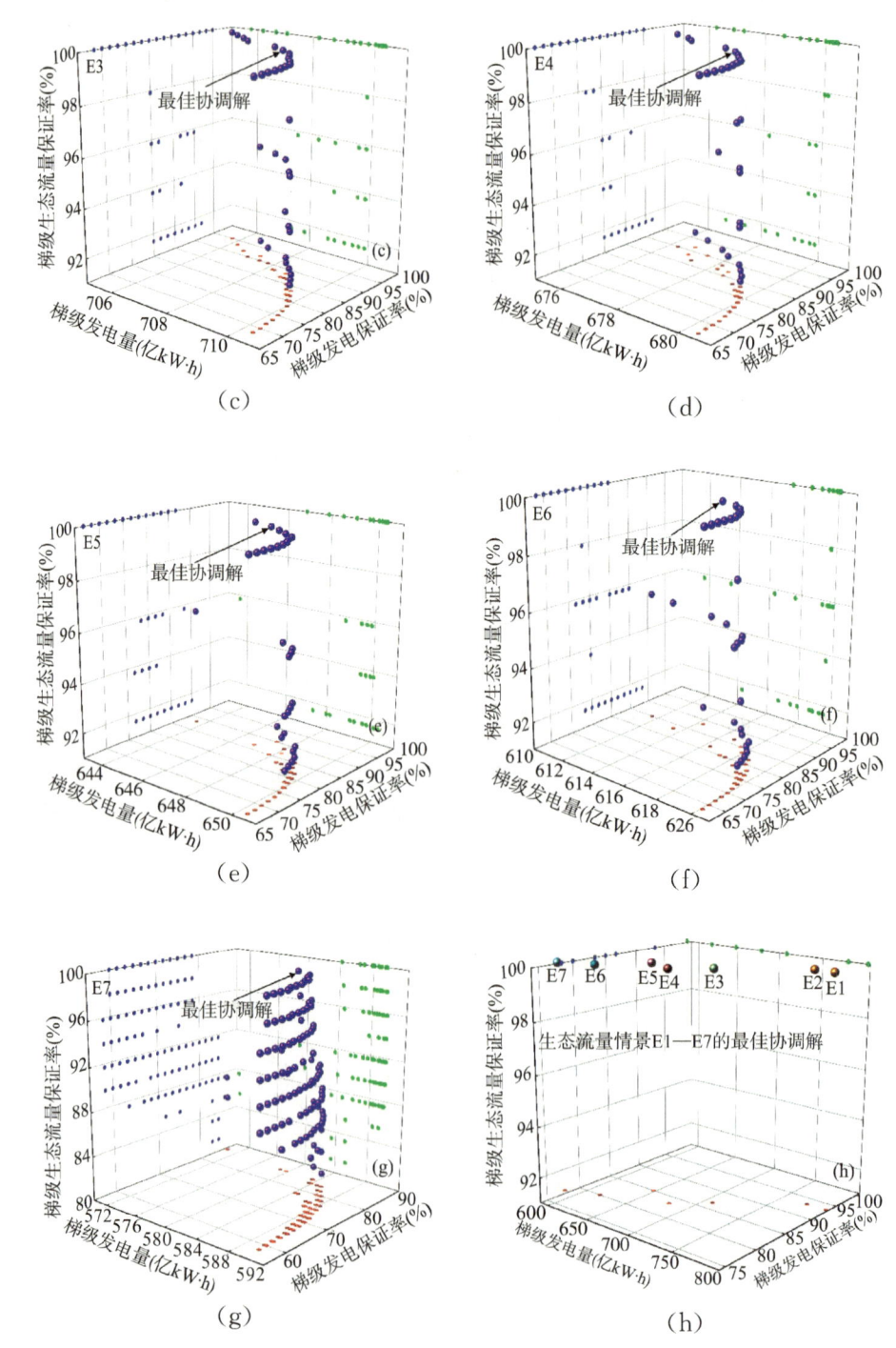

图 6-23 平水年下情景 E1-E7 的帕累托非劣解集和最佳协调解

表 6-17　平水年下情景 E1－E7 最佳协调解

调度目标	E1	E2	E3	E4	E5	E6	E7
梯级发电量(亿 kW·h)	797.87	777.25	708.69	679.17	647.87	617.30	584.17
梯级发电保证率(%)	93.33	93.33	86.67	83.33	85.00	80.00	78.33
梯级生态流量保证率(%)	100.00	100.00	100.00	100.00	100.00	100.00	100.00

锦屏一级和二滩水库是雅砻江流域下游梯级的控制性水库，其运行水位、出库流量与下游电站的发电及河道生态流量息息相关。平水年下情景 E1—E7 锦屏一级、二滩水库月末运行水位如图 6-24 所示。从该图可以看出：七种情景下，水库水位均在汛前或汛初（汛期为 6—10 月）下降至最小值，为汛期腾空出足够的库容，确保汛期防洪安全；汛期开始，水库逐步蓄水，至 10 月末，蓄至正常蓄水位，保障枯水期用水。平水年下情景 E1—E7 锦屏一级、二滩水库出库流量如图 6-25 所示。从该图可以看出：七种情景下，枯季出库流量大于坝址多年平均流量，汛期则相反，发挥了水库蓄丰补枯的作用。

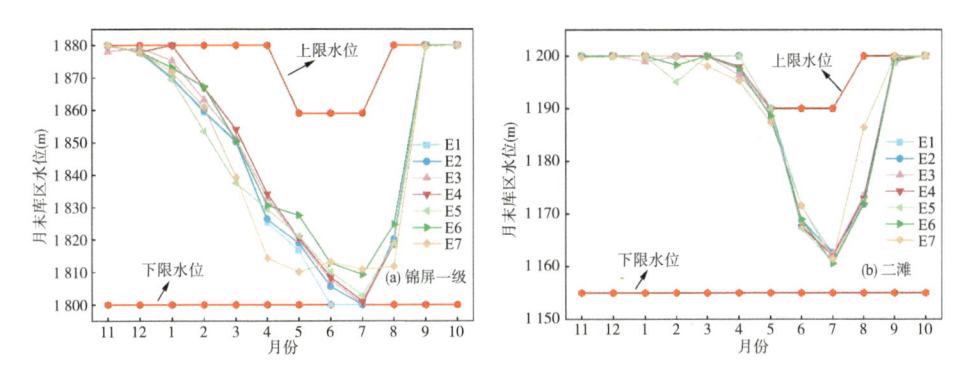

图 6-24　平水年下情景 E1—E7 锦屏一级和二滩水库库区月末水位

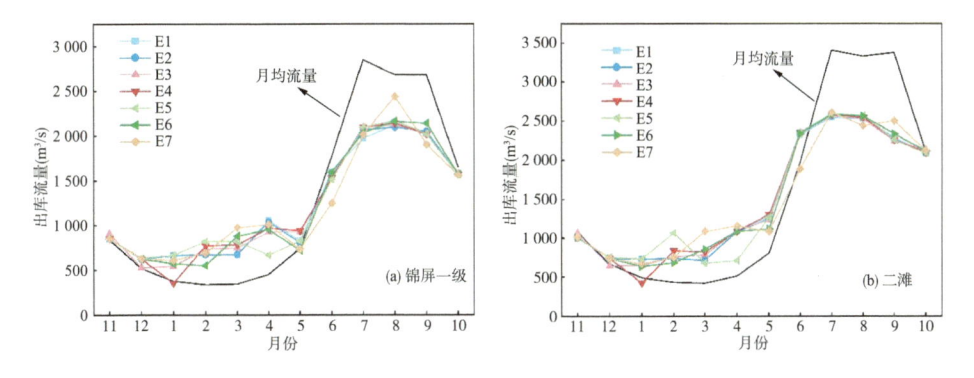

图 6-25　平水年下情景 E1—E7 锦屏一级和二滩出库流量

（3）弃水与生态流量关系

弃水问题是水电可持续发展和电站运行管理不可逃避的一个问题[53,102]。如 2016 年四川省弃水总能量损失为 287.3 亿 kW·h[53]，接近雅砻江下游梯级多年平均发电量的 2/5，造成大量清洁能源的浪费，不利于水电的可持续发展。本小节对五种典型年、七种生态情景下雅砻江下游梯级弃水状况进行分析讨论，探究弃水与生态流量的关系。表 6-18 为五种典型年、七种生态情景下雅砻江下游梯级弃水状况。雅砻江下游梯级弃水现象主要发生在特丰和偏丰水年，而正常、偏枯和特枯水年产生弃水较少，其中特枯水年几乎不发生弃水。此外，我们发现不同生态情景、不同水文年下弃水程度不一致。特丰水年和偏丰水年，情景 E1 至 E7 梯级年弃水量均呈现下降的趋势，分别从 348.63、114.70 亿 m³ 降低至 246.72、70.98 亿 m³；而平水年和偏枯水年呈现先下降再上升的趋势，分别从 26.64、2.23 亿 m³ 降低至 6.95、0.41 亿 m³ (E4)，再上升至 22.26 和 8.60 亿 m³；特枯水年，情景 E1—E6 几乎不发生弃水状况，E7 的弃水量仅为 6.79 亿 m³。

为进一步探究水电弃水问题，本小节以发生弃水最严重的水文年为例，即特丰水年，对梯级水电站群弃水现象的年内分布特征进行分析。雅砻江下游梯级弃水主要发生在汛期的 7—10 月份，而枯季不发生弃水（图 6-26）。7 月弃水量最大，且 7—10 月弃水量呈现递减的趋势。

表 6-18 雅砻江下游梯级年弃水量（亿 m³）

生态情景	典型水文年				
	特丰水年	偏丰水年	平水年	偏枯水年	特枯水年
E1	348.63	114.70	26.64	2.23	0.00
E2	318.57	93.15	8.12	1.42	0.00
E3	276.40	70.02	7.12	1.52	0.08
E4	268.63	69.32	6.95	0.41	0.00
E5	261.02	71.14	7.37	1.16	0.00
E6	254.56	70.65	16.47	2.01	0.00
E7	246.72	70.98	22.26	8.60	6.79

（4）水力发电与生态流量权衡关系

传统梯级水电站群通过水库的调蓄功能，减少汛期的洪峰流量，增加枯季的水量，同时发挥着巨大的发电效益，却忽略或低估生态环境影响，而梯级水电站群的运行方式与河流的生态健康息息相关。本书中，梯级水电站群优

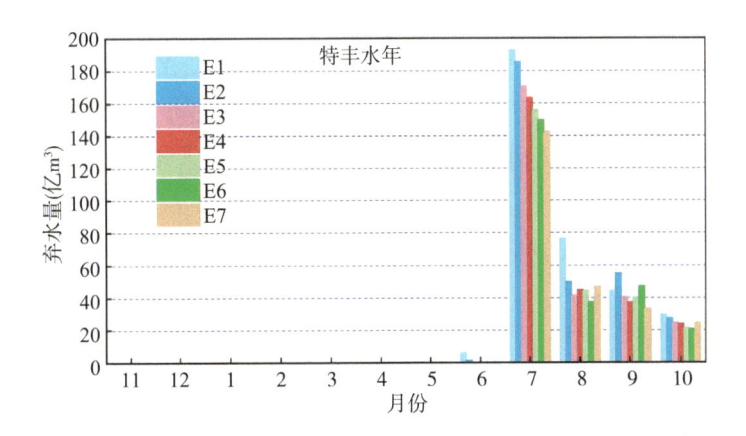

图 6-26　雅砻江下游梯级月度弃水量

化调度的目标是定量评估发电与生态流量的置换效应,即通过锦屏一级和二滩水电站的蓄泄功能,改变梯级电站的运行方式,探究不同生态流量情景的水力发电和生态系统保护之间的权衡关系。

五种典型水文年情景 E2—E7 较 E1(未考虑生态)梯级电能损失量如表 6-19 所示。以平水年为例,情景 E2—E7 梯级电能损失量分别为 20.62,89.19,118.71,150.00,180.57 和 213.70 亿 kW·h,这表明河道生态流量对电站水力发电影响显著,且梯级水电站群调度运行考虑河道生态环境状况越全,其梯级电能损失量越大。此外,生态流量对梯级发电量影响作用在不同典型年表现不一致,特丰水年下生态流量的下泄对梯级发电量影响程度最小。

表 6-19　五种典型水文年情景 E2—E7 较 E1 梯级电能损失量(亿 kW·h)

生态情景	典型水文年				
	特丰水年	偏丰水年	平水年	偏枯水年	特枯水年
E2	12.18	18.87	20.62	32.93	34.89
E3	49.76	70.65	89.19	103.13	107.74
E4	74.13	100.48	118.71	132.98	140.22
E5	98.61	131.24	150.00	163.79	151.78
E6	123.97	160.73	180.57	193.65	142.50
E7	149.81	192.88	213.70	217.97	154.70

五种典型水文年平均生态流量与梯级电能损失率的关系如图 6-27 所示。梯级水电站群电能损失率与河道实际平均生态流量(实际平均生态流量 = 平均生态流量 × 梯级生态流量满足度)呈现显著的正相关关系,相关系数

R^2 分别为 0.948 1、0.965 0、0.980 5、0.992 4 和 0.985 2(表 6-20),即考虑更高要求的河道生态环境状况是以梯级电能降低为代价的。水电与生态流量置换比(电能损失率与平均生态流量的比值)与上游来水量关系密切,且服从来水量越大年份置换比越小的趋势。特丰水年、偏丰水年、平水年、偏枯水年和特枯水年水电与生态流量置换比分别为 0.191 8、0.256 2、0.298 9、0.333 3 和 0.350 0(表 6-20)。这表明来水量多的年份,生态流量的下泄对梯级水力发电最大化的影响较小。

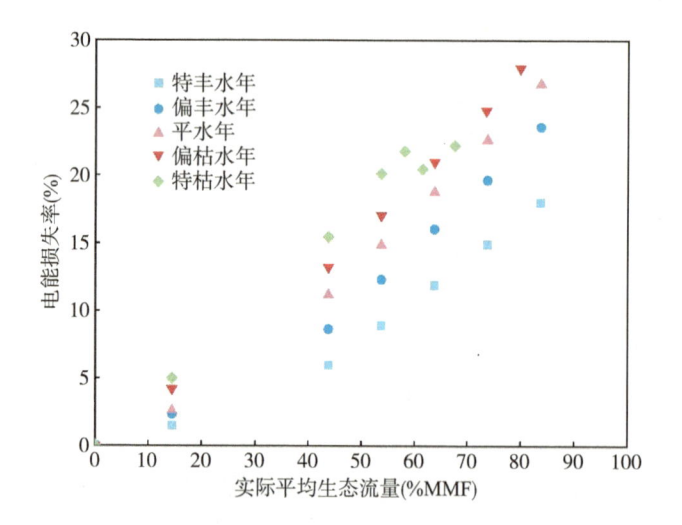

图 6-27 实际平均生态流量与电能损失量率的关系

表 6-20 梯级水电站群水电与生态流量置换效应结果

指标	特丰水年	偏丰水年	平水年	偏枯水年	特枯水年
置换比	0.191 8	0.256 2	0.298 9	0.333 3	0.350 0
R^2	0.948 1	0.965 0	0.980 5	0.992 4	0.985 2

注:水电与生态流量置换比是量化水电站发电量与生态流量权衡关系的指标,其值越大,表示水电站发电与河道生态关系矛盾越大,计算公式为梯级电能损失率与实际平均生态流量的比值。

此外,本书以平水年为例,分析 7 种生态情景梯级水电站群发电效率指标的变化特征,即发电耗水率(每发一度电,流过水轮机的水量),如表 6-21 所示。从该表可以看出,河道生态流量需求增加,梯级水电站发电效率降低。其中情景 E1 发电效率最高,其耗水率为 2.75 m³/kW·h;而情景 E7 最低,其耗水率为 3.25 m³/kW·h。这主要是因为随着河道生态流量需求增加,控制性水库需要下泄更多的流量用于满足梯级电站生态流量需求,进而导致水库运行水位下降,降低了发电效率。

从梯级损失电量和梯级发电效率视角,考虑生态流量的情景是不利于发电的,且河道生态流量需求越高的情景越不利。但生态流量对河流生态系统健康是至关重要的,同时对水电的可持续发展意义重大。因此,为了更好地保护河道生态环境,电力生产的妥协是必要的,也是物有所值的。

表 6-21　平水年下情景 E1—E7 梯级水电站群发电耗水率(m^3/kW·h)

效率指标	生态情景						
	E1	E2	E3	E4	E5	E6	E7
发电耗水率	2.75	2.78	2.92	2.99	3.07	3.15	3.25

3. 考虑西线工程调水优化调度方案

随着黄河流域高质量发展政策方针逐步落实,南水北调西线工程被重新提上议程,备受外界关注。2019 年 11 月,李克强总理主持召开南水北调后续工程工作会议,明确开展南水北调西线工程规划方案比选论证等前期工作。2020 年 10 月 18 日—23 日,以长江水利委员会总工程师仲志余为主的调研组现场查勘了大渡河、雅砻江、金沙江规划调水河段,重点调研了规划的调水水源点,包括大渡河双江口、雅砻江两河口以及上游热巴、金沙江岗托及叶巴滩等,详细了解了水源区经济社会发展状况,分别与四川省水利厅、国电大渡河公司、华电金沙江上游公司、雅砻江公司进行了座谈。座谈会强调:需要全面系统分析调水对水源区及流域的影响,研究提出水源区调水影响减缓及补偿措施。结合影响对象在整个系统或环境中的作用和地位,全面论证调水对水源区水文情势、水资源利用、发电、生态环境、流域经济社会发展的影响;研究通过流域水工程联合调度,协同推进洪水资源利用、生态环境修复措施等,减轻工程的负面影响,并提出合理可行的补偿政策措施。

本小节在该研究背景下,考虑了生态环境因素,构建了雅砻江中下游梯级水电站群优化调度模型,以平水年为例,重点探讨西线工程调水对雅砻江中下游梯级发电量的影响作用,并尝试回答:通过流域水工程联合调度能否缓解西线工程对雅砻江中下游梯级发电量的影响?该研究成果可为南水北调西线工程的实施论证提供参考。

(1)南水北调西线工程概况

南水北调西线工程是我国"四横三纵、南北调配、东西互济"水资源配置格局的重要组成部分,可将长江上流雅砻江、大渡河支流的水引至黄河上游,解决我国北方地区的缺水问题。

目前西线工程论证的调水方案众多[103]，主要如下。

①侧坊-克柯水源方案，该方案是对南水北调工程总体规划中西线工程规划方案水源的简称。根据南水北调工程总体规划，西线工程是在长江上游通天河、支流雅砻江和大渡河上游筑坝建库，开凿穿过长江与黄河分水岭巴颜喀拉山的输水隧洞，调长江水入黄河上游。工程供水目标主要是解决涉及青海、甘肃、宁夏、内蒙古、陕西、山西6省（自治区）黄河上中游地区和渭河关中平原的缺水问题。

②白玉-斜尔尕水源方案，为西线工程调水断面下移联合抽水方案，即侧坊-克柯水源方案沿调水河流下游移动，形成白玉-斜尔尕、叶巴滩-双江口等水源方案。该方案于金沙江白玉断面建坝抬高水位，在金沙江支流赠曲左岸然章村附近布置调水线路进口，后接输水隧洞依次接纳雅砻江干流英达水库、雅砻江支流泥曲及大渡河支流绰斯甲河的调水量，自流汇入足木足河斜尔尕水库，最后从斜尔尕水库采用两级抽水方式，经输水隧洞入黄河贾曲河口。

③叶巴滩-双江口水源方案，该方案为西线工程调水断面下移自流方案，即叶巴滩-两河口-双江口-岷江-洮河自流方案。该方案从金沙江水电梯级电站叶巴滩坝下引水，联合雅砻江干流两河口、大渡河干流双江口调水，线路绕经岷江、白龙江入洮河，线路全程自流。

依据张金良等[103]的研究成果，叶巴滩-双江口水源方案（西线工程调水断面下移自流方案）为调水优化方案。该方案从雅砻江中游两河口库区调水，其设计年调水量为60亿 m^3，设计调水流量为218.8 m^3/s。据此，本研究区分枯季和汛季，其具体调水流量如表6-22所示。

表6-22 两河口库区年内调水流量(m^3/s)

月份	11	12	1	2	3	4	5	6	7	8	9	10
流量	170.1	170.1	170.1	170.1	170.1	170.1	170.1	218.8	218.8	218.8	218.8	218.8

（2）发电量结果分析

本小节基于叶巴滩-双江口水源方案，以梯级发电量为目标函数，生态下泄流量为约束条件，构建了中下游梯级水电站群优化调度模型，以平水年为例，分析不同调度方案下雅砻江中下游梯级水电站群发电量及其变化特征。

常规调度、优化调度和西线工程调水下优化调度梯级发电量分别为

898.90、1 017.26 和 842.34 亿 kW·h(表 6-23)。西线工程调水下优化调度方案较常规调度方案梯级发电量减少了 56.56 亿 kW·h,每调 1 m³ 水,损失电量为 0.94 kW·h;较优化调度方案减少了 174.92 亿 kW·h,每调 1 m³ 水,损失电量 2.92 kW·h。这表明西线工程调度对雅砻江中下游梯级发电影响显著,且通过梯级水电站群优化调度技术无法很好缓解调水的影响,需有相应的补偿政策措施,来弥补雅砻江中下游梯级发电量损失。

为进一步探究西线工程调水对梯级各电站的影响,本小节对各电站年发电量进行标准化,如图 6-28 所示。从该图可以看出:西线工程调度下优化调度方案较常规调度方案和优化调度方案各电站发电量均有不同程度降低,其中两河口电站影响最大。此外,本研究发现,在西线工程调度下优化调度方案中,两河口电站梯级发电保证率显著降低,只有 3、5、7—9 五个月份达到保证出力,且远远低于装机容量(图 6-29),极大程度地浪费了两河口电站的发电能力。

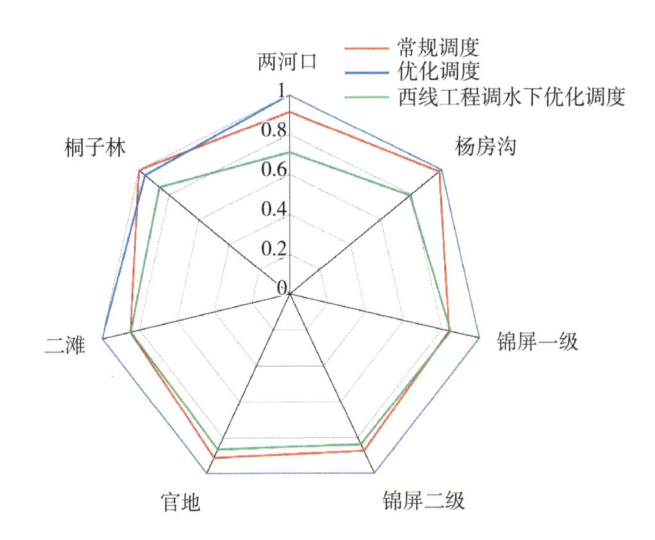

图 6-28 不同调度方案下雅砻江中下游梯级水电站年发电量(标准化)

表 6-23 不同调度方案下雅砻江中下游梯级水电站年发电量(亿 kW·h)

水电站名称	调度方案		
	常规调度	优化调度	西线工程调水下优化调度
两河口	110.62	120.96	85.91
杨房沟	68.74	69.95	55.41
锦屏一级	166.20	198.23	167.72

续表

水电站名称	调度方案		
	常规调度	优化调度	西线工程调水下优化调度
锦屏二级	242.30	277.27	232.44
官地	111.29	122.13	105.69
二滩	170.00	200.23	169.52
桐子林	29.75	28.50	25.67
梯级水电站	898.90	1 017.26	842.34

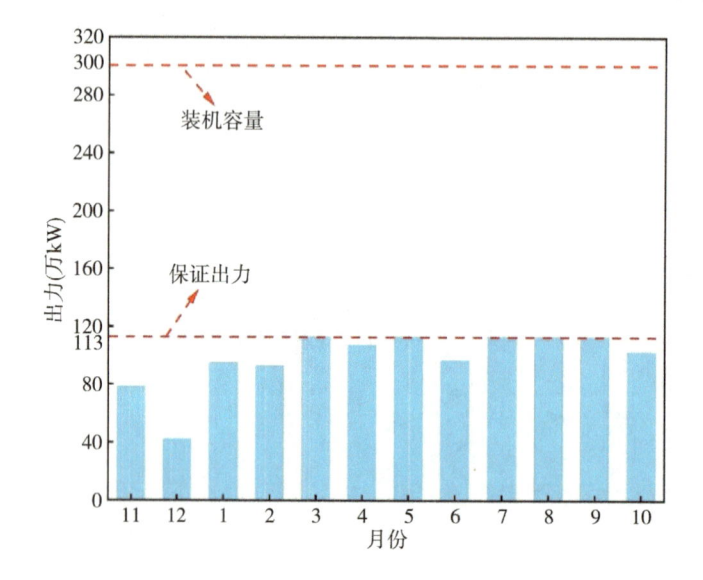

图 6-29 西线工程调水下两河口水电站出力

6.4.2 干支调配结果

雅砻江干流与安宁河支流调配主要表现为安宁河支流汇入流量对雅砻江干流二滩和桐子林电站运行的影响，而干流对支流的影响仅表现为对桐子林库区回水的影响，可忽略不计。因此，本书针对安宁河流域构建了 WEAP 模型，以 2017 年为现状基准年，考虑来水条件为平水年，水资源配置优先顺序为：城乡生活用水＞工业用水＞农业用水＞水力发电用水，设置 5 种 WEAP 模型预案，探究不同流域水资源协调配置情景（预案）下安宁河流域出口断面流量及其对雅砻江干流发电的影响。

1. WEAP 模型校准结果

通过安宁河流域出口断面实际径流量对该 WEAP 模型进行校准，模型校准结果见图 6-30。可以看出，模型的计算模拟值与安宁河流域出口断面的数据曲线趋于一致，高度符合，模型校准效果较好，其纳什效率系数为 0.996 4，模型质量高。

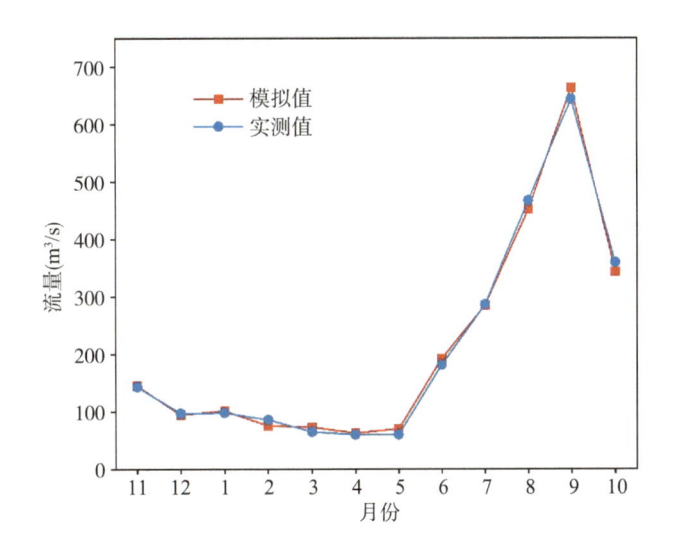

图 6-30 安宁河流域出口断面校准结果

2. WEAP 模型运行结果分析

本小节主要分析 5 种预案下安宁河流域需水量及其变化、各用户用水组成及其变化和流域出口断面流量的变化。

（1）需水量及其变化

利用 WEAP 模型，模拟了安宁河流域 5 种预案需水量，W1—W5 预案流域年需水量分别为 4.21、4.28、6.15、3.18 和 2.36 亿 m^3，远远低于该流域水资源总量，不存在缺水的情况（水资源总量视角）。

在现状水平年中，即参照预案，安宁河流域用水效率较低、水资源浪费现象较普遍。目前，流域很多灌区仍采用传统的漫灌、串灌灌溉形式，现状年（2017 年）农业灌溉水有效利用系数仅为 0.467，低于全国平均水平（0.548）。因此，如何提高水资源开发利用程度、提高用水效率是该流域可持续发展必须要面对的一个问题。

W2—W5 较 W1（参照预案）变化值分别为 0.07、1.94、−1.03 和 −1.85 亿 m^3，具体见表 6-24。人口增长预案（W2）较参照预案，流域需水量变化很小,仅为1.66%,说明在未来2030年情景中,人口增长对水资源压力较小;经济增长预案(W3)较参照预案,流域需水量变化很大,增加了46.08%,说明在未来2030年情景中,经济增长对流域水资源压力较大,急需工业等节水技术的推广,来缓解经济增长带来的水资源压力;农业节水预案(W4)较参照预案,流域需水量减小了24.47%,说明渠道改造、节水配套工程和扩大实施田间节水的耕地面积等农业节水措施能有效降低流域的需水量;水-能源-粮食协同预案(W5)较参照预案,流域需水量减小了43.94%,说明提升不同资源间的协同配置和全面提高资源的利用效率是未来节水的重要方向。

安宁河流域5种预案需水量年内分布,如图6-31所示。不同月份需水量有一定的差异性,这主要是因为农业灌溉用水需求不同所引起,如5月中旬至6月上旬进入春灌,是灌溉用水高峰期。

表6-24 5种预案年需水量及其变化

预案	年需水量(亿 m^3)	变化值(亿 m^3)	变化率(%)
W1	4.21	0	—
W2	4.28	0.07	1.66
W3	6.15	1.94	46.08
W4	3.18	−1.03	24.47
W5	2.36	−1.85	43.94

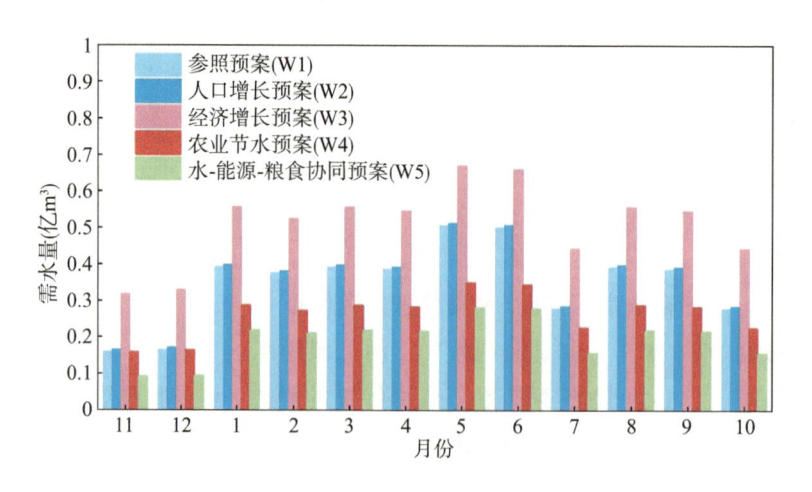

图6-31 5种预案需水量模拟

(2) 各部门用水比例及其变化

根据用水特征分类,安宁河流域用水结构分为4个用户,分别为居民生活、工业、农业和人工生态补水,4个用水用户用水组成如图6-32所示。参照预案、人口增长预案和水-能源-粮食协同预案中,农业为主要用水用户,占比超过50%;经济增长预案中,工业是最大用水用户,占比为47.3%;农业节水预案中,居民生活、工业和农业用水较为均衡,其中农业是最大用水用户,占比为39.04%;5种预案,人工生态补水用水量为最小,其占比均低于5%。

5种预案(W1-W5)用水组成为:居民生活用水：工业用水：农业用水：人工生态补水分别为7.9：9.0：20.9：1.0、8.6：9.0：21.0：1.0、7.9：26.9：21.0：1.0、7.9：9.0：11.4：1.0和5.1：4.3：11.4：1.0。

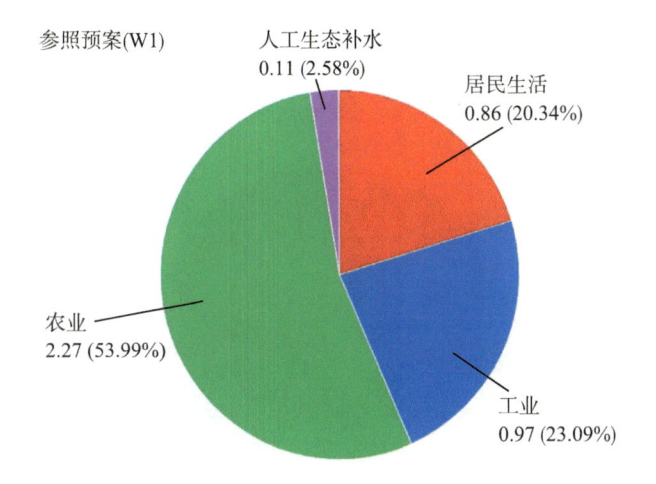

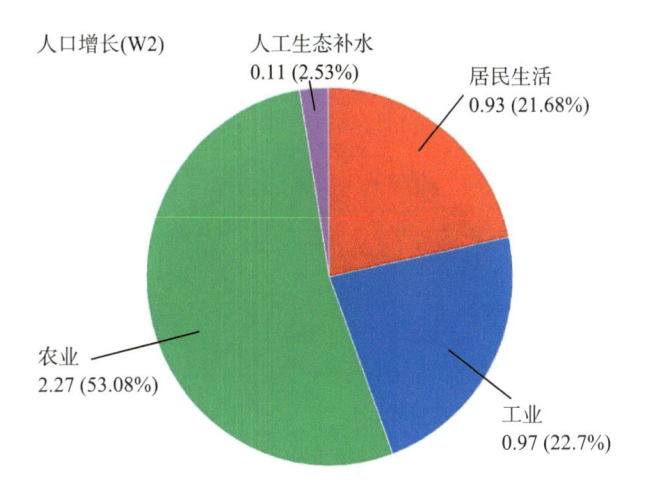

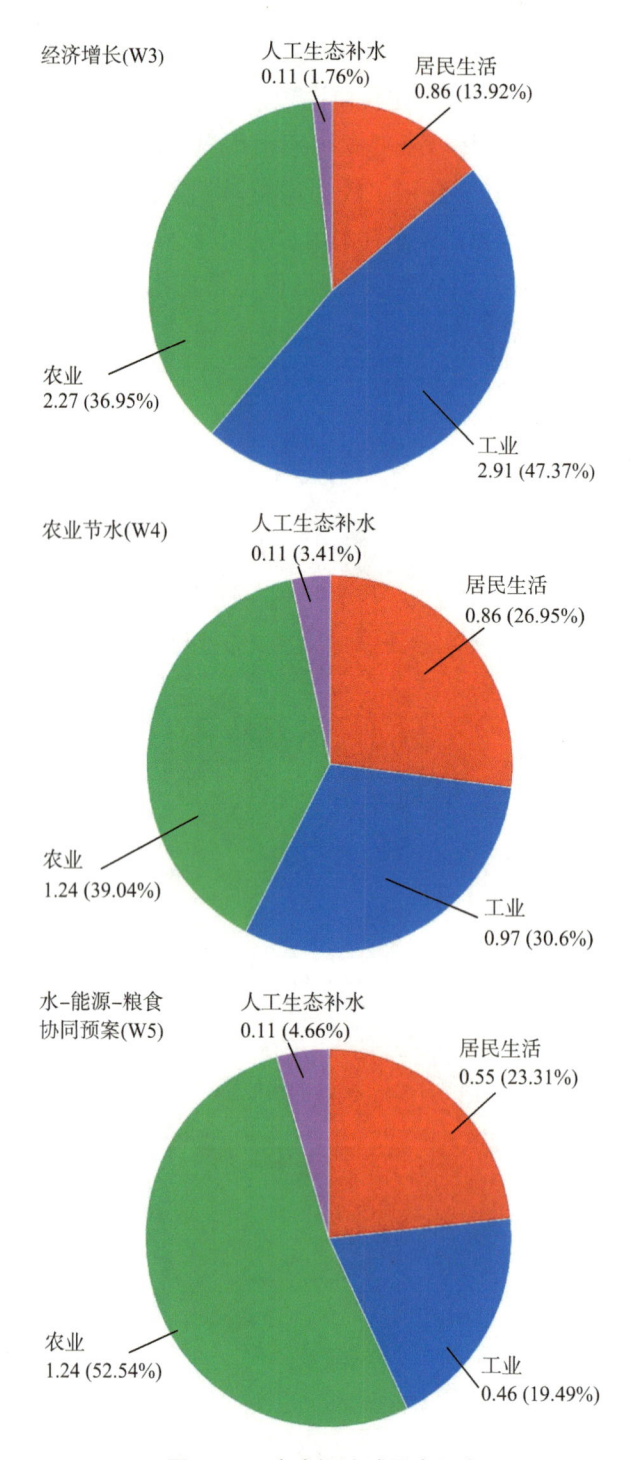

图 6-32 安宁河流域用水组成

(3) 流域出口断面流量的变化

基于 WEAP 模型,模拟了不同水资源配置模式(5 种预案)下流域出口断面流量及其变化,具体如表 6-25 所示。人口增长预案(W2)较参照预案(W1)变化很小,不到 1%;水-能源-粮食协同预案(W5)较参照预案(W1)变化最大,其中 5 月份变化率为 3.28%。

表 6-25 流域出口断面流量变化率(%)

预案	月份										
	11	12	1	2	3	4	5	6	7	8	9	10
W2	−0.06	−0.06	−0.06	−0.05	−0.03	0.00	−0.09	−0.02	−0.21	−0.01	−0.03
W3	−1.40	−1.33	−1.22	−1.67	−1.73	−1.98	−1.80	−0.64	−2.60	−0.45	−0.32	−0.58
W4	0.00	0.00	1.16	1.75	1.59	1.95	2.51	0.95	0.22	0.27	0.19	0.17
W5	0.69	0.55	1.62	2.41	2.28	2.84	3.28	1.23	1.70	0.50	0.34	0.47

3. 基于 WEAP 模型干流梯级调度结果分析

通过构建安宁河流域 WEAP 模型,模拟不同水资源配置情景下流域出口断面的流量,基于该结果,进行雅砻江干流梯级水库群调度(传统优化调度方案),以平水年为例,探讨安宁河流域不同水资源配置方式对雅砻江干流梯级调度的影响。

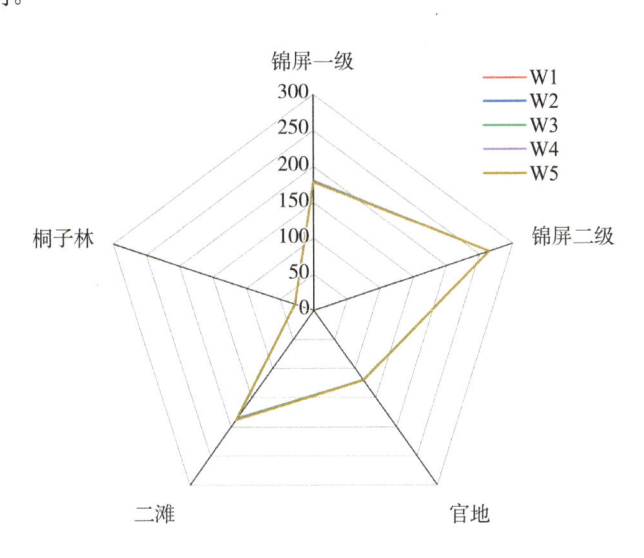

图 6-33 5 种预案下各电站年发电量(亿 kW·h)

图 6-33 为 5 种预案(W1—W5)下雅砻江干流各水电站年发电量,包含锦屏一级、锦屏二级、官地、二滩和桐子林水电站。可以看出,W1—W5 预案各

电站发电量基本没有区别,主要是因为 5 种预案下安宁河流域出口断面流量差异很小。锦屏二级水电站年发电量最大,其次是二滩和锦屏一级电站,最小是桐子林电站。

5 种预案下雅砻江干流梯级发电量如图 6-34 所示,可以看出:梯级发电量主要集中在汛季(6—10 月),与雅砻江干流梯级调度结果一致。干支调配下 W1—W5 预案梯级年发电量分别为 779.30、778.14、778.64、779.55 和 779.41 亿 kW·h,最大变化值为-1.16 kW·h,其变化率为-0.15%(表 6-26),表明安宁河支流对雅砻江干流梯级调度结果影响很小。其原因主要有两方面:一方面是安宁河支流出口流量为桐子林水电站的区间入流,而桐子林电站为日调节水库,调蓄能力有限;另一方面是安宁河水资源总量丰沛,其水资源开发利用率不到 10%,流域不同水资源配置模式对流域出口断面流量影响较小。

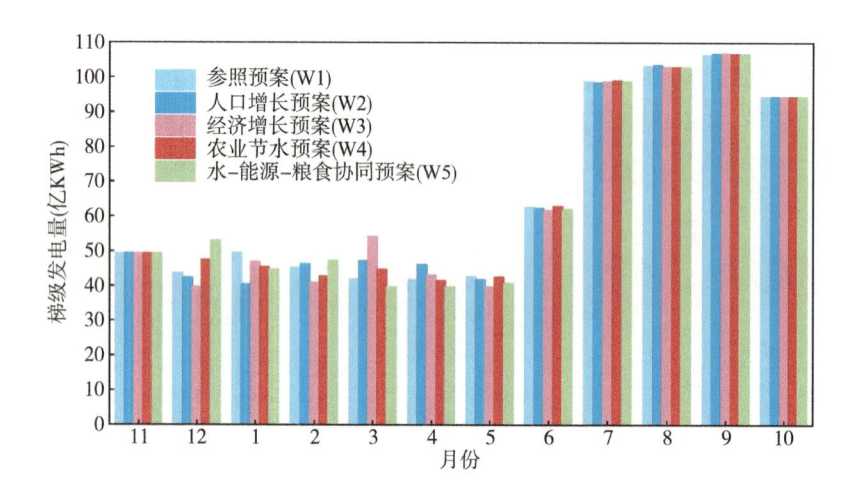

图 6-34 干支调配下梯级发电量(亿 kW·h)

表 6-26 梯级年发电量及变化率

情景方案	梯级发电量(亿 kW·h)	变化值(亿 kW·h)	变化率(%)
W1	779.30	0.00	—
W2	778.14	-1.16	-0.15
W3	778.64	-0.66	-0.08
W4	779.55	0.25	0.03
W5	779.41	0.11	0.01

6.4.3 灌排调剂结果

1. 模型有效性检验

任何模型在正式投入使用和对其运行结果进行分析之前，都必须检验模型的仿真结果与现实系统行为是否相符，以确保模型的有效性和真实性。运行检验、直观检验和历史检验等方法都是系统动力学模型有效性检验常用的方法。下面将对灌排调剂系统动力学仿真模型进行直观运行检验和历史数据检验。

（1）模型的直观运行检验

直观检验主要是指建模者根据系统动力学的建模方法和所掌握的建模知识，通过对资料的进一步分析，直观地对模型的边界选择、变量定义、因果关系、流程图及系统方程式进行检验。运行检验主要是指对所建模型中的方程式的正确性、量纲的一致性和系统参数的合理性进行检验。

通过对灌排调剂系统动力学仿真模型的系统内部因果关系、系统边界、结构方程式和结构流程图的检验，所建模型中各变量之间的因果关系合理且量纲统一，系统方程式能够准确地表述变量之间的关系，系统流程图可以准确反映出水资源、能源和粮食供给与消费的动态行为。

（2）模型历史数据检验

历史数据检验是选择某一历史时刻为初始时间，开始仿真，将仿真结果与已有的历史数据进行误差、切合度等检验，即将历史数据输入模型，将运行后的结果与同时段历史实际发生的真实数据进行对比，检验两组数据的相似程度，对模型模拟的可靠性和准确性做出判断。在本模型中对研究区域内径流特征进行验证分析，误差结果显示模拟结果可体现研究区域特征，能够满足仿真模拟要求。

2. 模型校准结果

大桥水库按照设计水文年（$P=80\%$）的调度方式运行，灌区和城镇需水采用大桥灌区二期工程设计成果。工程特征参数采用大桥水库及电站设计成果。通过前述构建模型，进行仿真验证。径流初始条件见图 6-35，模型运算结果见图 6-36。

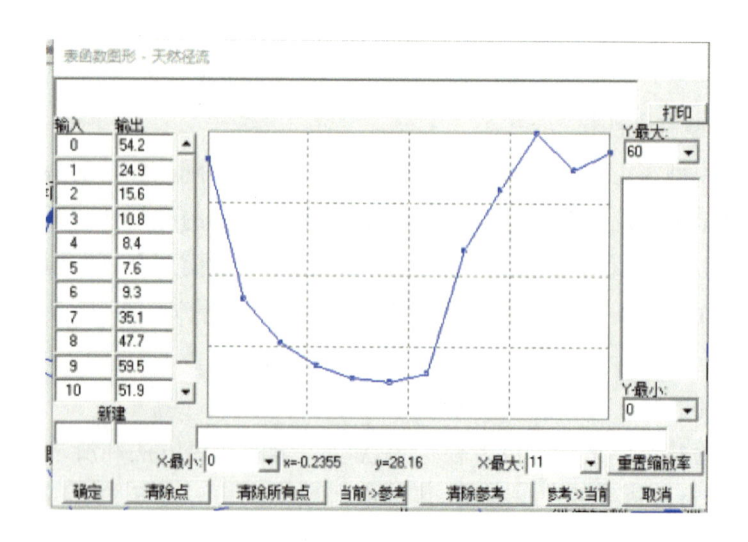

图 6-35　径流初始条件

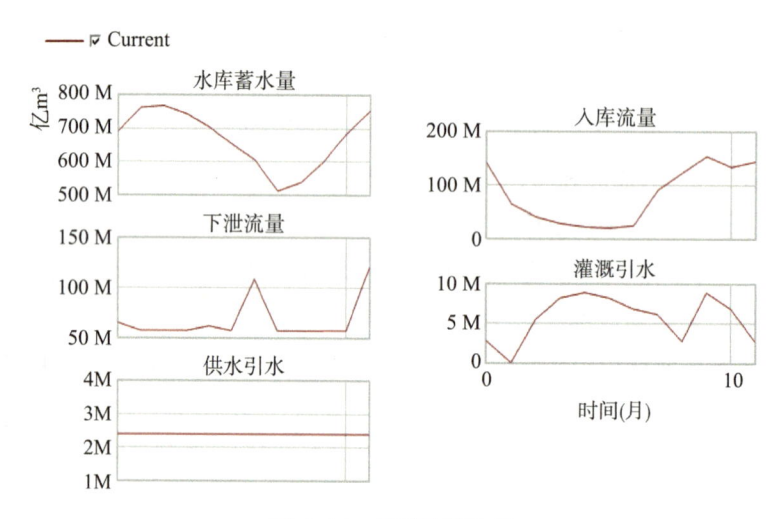

图 6-36　模拟计算结果

大桥右干渠规划引水量与模拟引水量见图 6-37。从该图可以看出，模型计算值与规划引水量基本吻合，最大误差为 7.9%（表 6-27），说明模型质量较好，可用于后续不同水资源协调配置情景的模拟计算。

表 6-27　模型误差分析

引水量	1	2	3	4	5	6	7	8	9	10	11	12
模拟引水量	286.7	0.0	573.3	860.0	931.7	860.0	716.7	645.0	286.7	931.7	716.7	286.7
规划引水量	306.0	0.0	535.0	825.0	919.0	841.0	673.0	598.0	306.0	891.0	674.0	306.0
误差(%)	−6.3	0.0	7.2	4.2	1.4	2.3	6.5	7.9	−6.3	4.6	6.3	−6.3

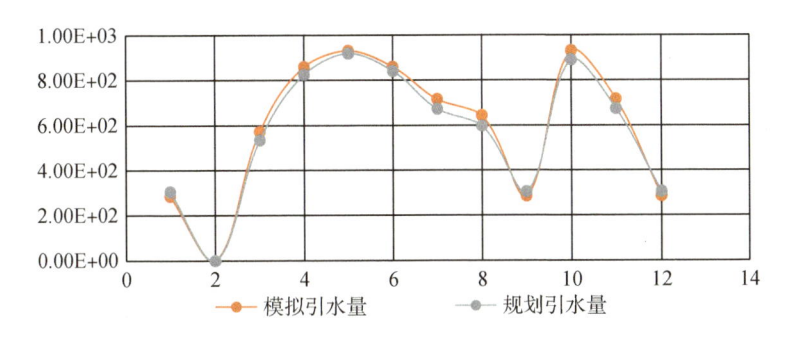

图 6-37　右干渠引水量验证

3. 模型计算结果及分析

（1）生态优先情景

根据生态优先情景的工况设置，各工况计算结果见表 6-28。

表 6-28　生态优先情景工况计算

工况	小水电规模	生态缺水量（亿 m³）	粮食产量（万 t）	发电量（亿 kW·h）	径流量（亿 m³/月）
工况 1	0.25	1.902	119.4	5.474	5.335
工况 2	0.5	5.205	119.4	7.291	5.335
工况 3	0.75	8.922	119.4	9.108	5.335
工况 4	1	1.295	119.4	12.24	5.335

从结果中可以看出，小水电规模改变不会影响粮食生产和河道下泄流量，对流域的产汇流进行分析并结合地区生产开发情况，灌区和城镇用水主要来自干流和水库工程，对小支流流量的开发利用较少，而小水电开发虽然利用到小支流流量，形成了局部区域的减水河段，但是从流域的角度来看，并没有引起整体的水量损失，小水电使用的部分流量最终仍然汇流到干流中去，从模拟结果中可以清晰体现出这一过程，符合当地的实际情况。同时，从结果中可以发现，小水电开发规模确实会对区域内的生态状态产生影响，在

模型中随着小水电规模的改变,各个区域的生态缺水量和发电量发生改变(图 6-38)。在不同工况下,发电量和生态缺水量都随着水电规模降低而减少,但是发电量的减少程度低于生态缺水量,并且当水电开发规模减少到 0.75 以上,它们的变幅差异进一步增加,这表明了保持一定规模水电,最大化地保护生态在技术层面上来看是可行的。

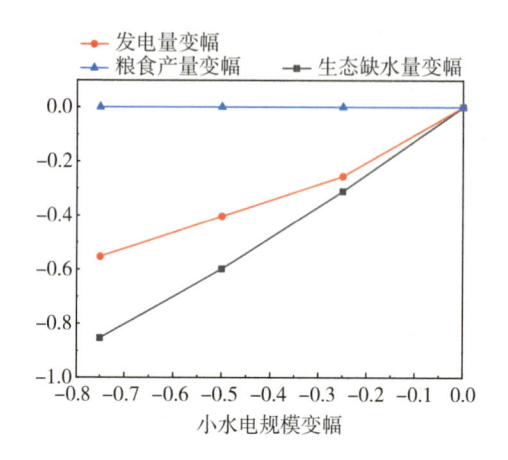

图 6-38 生态优先变量影响分析

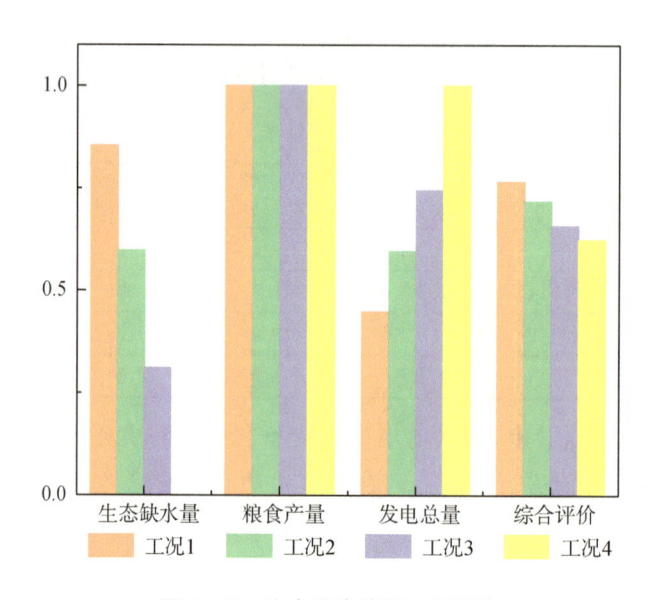

图 6-39 生态优先情景工况评价

地区社会经济发展是一个复杂的过程,需要考虑多种目标,综合评价在不同工况方案下的生态缺水量、粮食产量、发电量指标水平,选取生态、粮食和发电量权重相同，对上述指标数据进行无量纲化处理，采用加权求和的方式进行综合评价，评价结果见图 6-39。其中最佳的方案是工况 1，工况 1 下，生态缺水量指标得分最高，发电量的得分最低，粮食产量不变，相对于工况 4，虽然发电量最大，却不能忽视生态缺水量的负向影响。在生态优先的情景下，安宁河流域发展要降低水电规模是最终结果。

(2) 供用水结构优化情景

随着社会发展，城镇供用水水平是影响地区水、能源和粮食系统状态的一个重要方面，在安宁河地区城镇用水变化主要由两种原因引起：一是随着经济、人口规模上升导致用水增加；另一是随着产业优化、社会节水能力的提高导致用水减少。这两个因素的比例变化最终决定了地区用水的变化趋势，模型不研究社会及产业结构的变化，仅从用水增加和用水减少两个方向探讨其相应的水、能源和粮食的变化。按照前述的工况设置，模型模拟结果如表 6-29 所示。

表 6-29　用水结构优化情景工况计算

工况	增长系数	城镇供水量（亿 m^3）	发电量（亿 $kW \cdot h$）	粮食产量（万 t）	生态缺水量（亿 m^3）	径流量（亿 m^3/月）
工况 5	0.8	1.44	12.24	119.40	1.90	5.36
工况 6	1.0	3.32	12.24	119.40	1.90	5.34
工况 7	1.2	4.36	12.24	119.40	1.90	5.31

安宁河地区灌溉用水主要依托大桥、漫水湾等灌区渠首工程，城镇供用水主要依靠径流沿线取水，农业用水的取水位置大多在城镇用水的取水位置上游。体现在模型模拟过程中就是，区域内城镇供用水量不影响农业用水量。从模拟结果来看，城镇供水增长系数改变没有导致粮食产量的改变，是符合实际的。安宁河地区水电开发中除了大桥电站和漫水湾电站，大多数电站不存在调蓄功能，而水电站本身运行中并没有消耗水量，仅仅形成局部减水河段。所以，城镇供用水的改变不会改变所在区域的生态缺水量，对发电量的影响也较小。城镇供用水改变对发电量和径流量的影响见图 6-40。趋势影响分析可以发现，城镇供用水改变的影响较小，其中在正负 20% 的变化幅度中，发电量的改变均在正负 0.2% 以内，而径流量的改变也不超过 0.6%。上述结果表明安宁河流域水资源总量足以支撑当地社会、经济用水需求，当前产业结构并不会对农业生产、下游用水造成太大影响。

对城镇供用水优化情景下的各工况进行评价，由于生态缺水量和城镇供用水没有直接关系，选择城镇供用水量、粮食产量、发电量和径流量作为评价

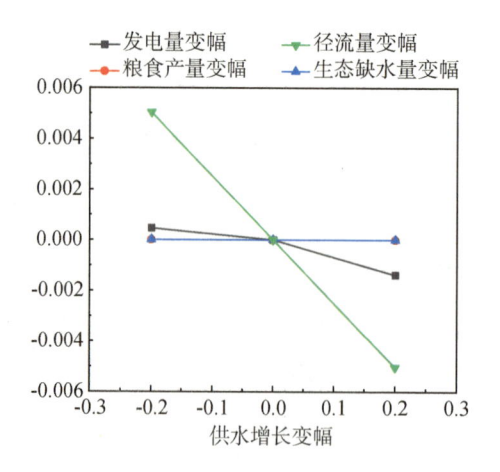

图 6-40 用水结构优化变量影响分析

指标，综合评价中仍然假设各指标的权重相同，对上述指标数据进行无量纲化处理，采用加权求和的方式进行综合评价。评价结果见图 6-41。其中最佳的方案是工况 7。工况 7 下，城镇供用水量得分大于其余工况，同时粮食产量、发电量和径流量的得分基本持平。因此可以认为社会经济的发展受到水资源总量约束较小，可以通过工程措施进一步提高城镇供水水平，以更好地支撑地区发展。对照凉山州"十三五"发展规划和 2020—2030 年水利建设规划，兴建新一批的蓄水工程是合理可行的。

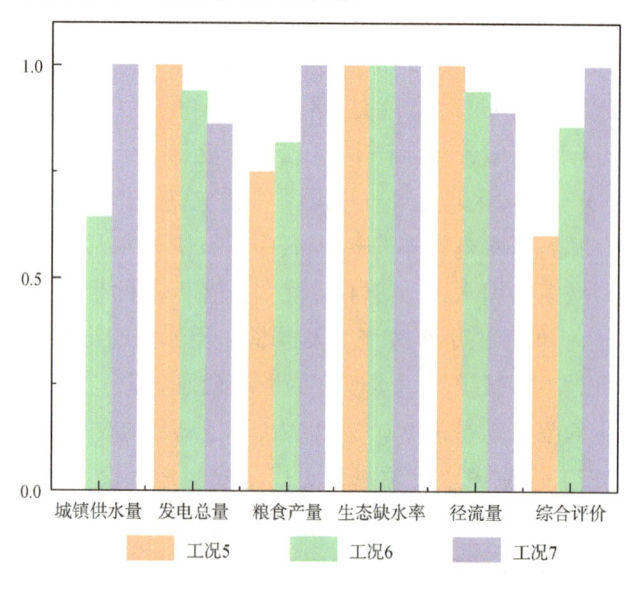

图 6-41 用水结构优化情景工况评价

（3）农业发展情景

凉山州地区是重要的产粮区，发展特色农业，建设高质量农田是"十三五"规划的重要内容，根据该地区发展特点，构建促进农业发展情景。模型主要构建了影响粮食产量的因素有耕地面积、灌溉水量，其中灌溉水量由灌溉引水量和灌溉水有效利用系数决定，在模拟计算中以需定供，足额保障农业用水，那么影响粮食产量的变量为耕地面积和灌溉水有效利用系数。模拟结果见表6-30。

表 6-30 农业发展情景工况计算

工况	耕地面积增长比	灌溉水有效利用系数	粮食产量（万 t）	发电总量（亿 kW·h）	径流量（亿 m³/月）
工况 8	1	0.44	120.0	12.2	5.34
工况 9	1.	0.50	122.0	12.2	5.35
工况 10	1	0.60	126.0	12.2	5.37
工况 11	1.5	0.44	192.0	12.3	5.34
工况 12	1.5	0.50	194.0	12.2	5.35
工况 13	1.5	0.60	199.0	12.2	5.37
工况 14	2	0.44	264.0	13.1	5.34
工况 15	2	0.50	266.0	12.2	5.35
工况 16	2	0.60	271.0	12.2	5.37

根据上述结果分析耕地面积和灌溉水有效利用系数的改变对整个系统的影响，见图6-42。耕地面积和粮食产量的关系密切，但是发电总量对耕地面积不太敏感。分析安宁河流域水电开发主要形式有两种：一是布置在灌区

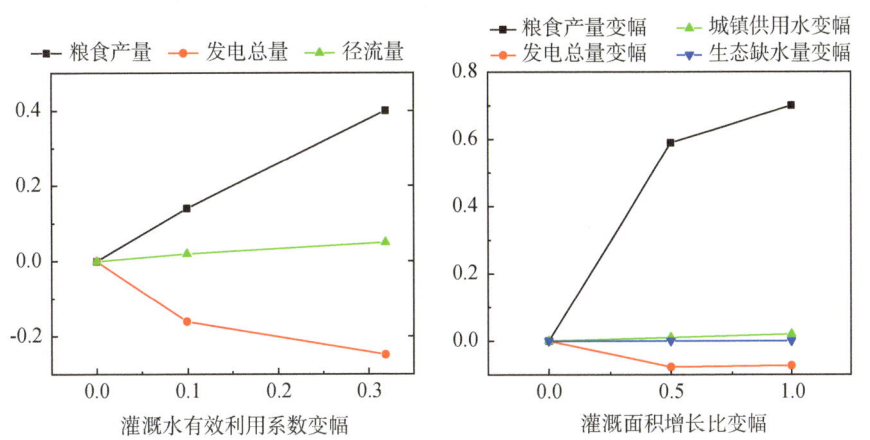

图 6-42 农业发展变量影响分析

的引水或退水管道上;另一是布置在天然河道上。发电量的改变应该与灌区内水电开发有关,随着灌区面积增加,灌区引水量增加,相应的灌区水电站发电增加。灌溉水有效利用系数改变对粮食产量、发电量和径流量都有影响。该系数越高,代表农田用水有效率越高,相同引水量下,农田用水更多,同时更多的流量可以回到径流中去,所以随着灌溉水有效利用系数增加,粮食产量和径流量增加,同时在灌溉过程中通过灌区电站的水量减少,导致发电量降低。

对发展农业情景下的各工况进行评价,由于灌溉面积、灌溉水有效利用系数与生态缺水量和城镇供用水指标没有直接关系,选择粮食产量、发电量和径流量作为评价指标,综合评价中仍然假设各指标的权重相同,对上述指标数据进行无量纲化处理,采用加权求和的方式进行综合评价。评价结果见图 6-43。

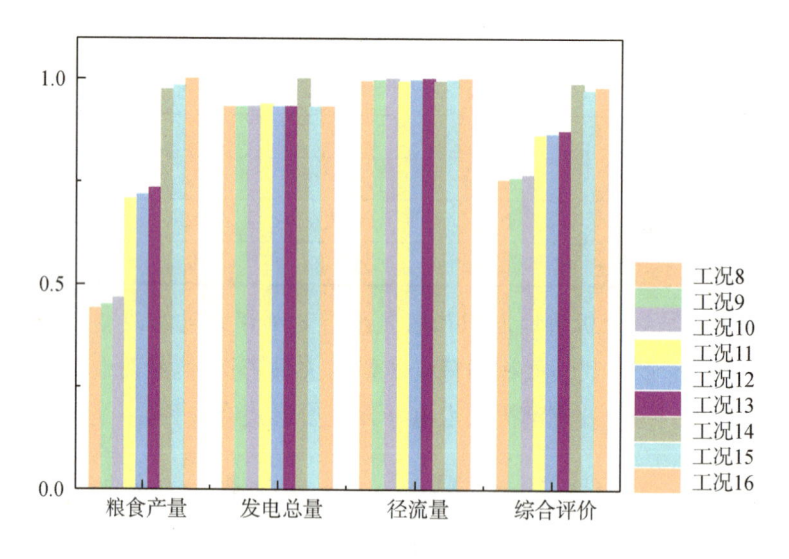

图 6-43 农业发展情景工况评价

耕地面积增加的工况结果表现更佳,其中最佳的方案是工况 7。工况 7 下,城镇供用水量得分大于其他工况,且表现为:(工况 14、工况 15、工况 16)>(工况 11、工况 12、工况 13)>(工况 8、工况 9、工况 10)。与耕地面积的影响相比,提高灌溉水有效利用系数的结果是增加粮食产量同时降低了发电效益,但是影响幅度不明显,所以在(工况 8、工况 9、工况 10)和(工况 11、工况 12、工况 13)两组工况中,其组内工况差别并不是很大。而当耕地面积改变较多后(工况 14、工况 15、工况 16 中),其发电量和粮食产量区别明显,粮食产量:工况14＜工况15＜工况16;发电量:工况14＞工况15＞工况16;径流量在各工况下基本持平。综合所有工况来看,工况14为最佳方案。由此也可以看出,保证进而增加耕地面积是地区农业发展的重要因素,在此基础上,提高地区水利基础设施建设,建设高质量农田将更为有效地促进地区经济发展。

6.4.4 综合分析

雅砻江为山区型河流,干流主要以大型水电站开发为主,其水-能源-粮食纽带关系主要表现为水电与生态的相互关系。该流域的粮食主产区主要分布在安宁河谷地区,其灌溉均来自安宁河及其支流。雅砻江流域人口主要分布在中下游地区,且居民生活和工业的供水工程大部分位于支流上。因此,支流上水-能源-粮食纽带关系主要表现为小水电-供水-灌溉-生态间的相互关系。总的来说,雅砻江流域水-能源-粮食纽带关系主要表现为干流发电-生态,支流小水电-供水-灌溉-生态。

本章对第5章提出的三项技术进行应用,梯级水电站群优化调度技术应用于雅砻江干流梯级水电站群、流域水资源综合利用干支流统筹调配技术应用于雅砻江干流-安宁河支流,以及面向粮食安全的小水电站灌排调剂技术应用于安宁河流域。为进一步探究梯级调度-干支调配-灌排调剂技术的应用效果,本小节基于流域整体视角,以水资源为串联主线,将三项技术进行聚合,并选取关键指标进行总体分析。

本章从能源、粮食和生态三方面各选取一项关键指标,分别为发电量、粮食产量和生态缺水量,以平水年为例,在生态优先情景下进行总体分析。

雅砻江下游五座水电站年发电量为779.62亿kW·h,安宁河小水电群年发电量为12.24亿kW·h,流域整体发电量为791.86亿kW·h;雅砻江干流区域粮食产量为0,安宁河谷粮食主产区粮食产量为119.40万t,流域整体粮食产量为119.40万t;雅砻江干流生态流量主要体现在锦屏一级至二级电站间的大河湾河段,牺牲部分发电效益,即可满足该河段的生态用水需求。因此,雅砻江干流不存在生态缺水现象,而安宁河流域生态缺水量为1.30亿m^3,流域整体生态缺水量为1.30亿m^3(表6-31)。研究结果表明水资源梯级调度-干支调配-灌排调剂技术能有效提升流域水资源利用效率、梯级水电站群发电效益、粮食灌溉供水保障水平和生态效益。

表 6-31 生态优先情景下技术聚合应用关键指标

区域	发电量(亿 kW·h)	粮食产量(万 t)	生态缺水量(亿 m³)
雅砻江干流	779.62	0	0
安宁河流域	12.24	119.40	1.30
流域整体	791.86	119.40	1.30

6.5 本章小结

随着水电开发进程不断推进,以及生态保护、系统治理、纽带、学科交叉等理念得到更多认可和关注,水电可持续发展和水-能源-粮食协调配置愈显重要。本章围绕国家"十三五"水电发展规划和布局,从流域水资源分配、区域能源开发布局、粮食生产安全出发建立了综合协调机制;基于联合调度运行机制和水资源价值流动作用,构建了大型水库群梯级优化调度模型、流域水资源综合利用干支流统筹调配模型和梯级调度-干支调配耦合模型,并以雅砻江流域为研究区域开展应用。主要研究结果与结论如下。

(1) 三种优化调度方案下,梯级发电量主要集中在汛期(6—10 月);不同典型水文年,梯级各月份发电量有不同的变化趋势,总体上发电量服从特丰水年＞偏丰水年＞平水年＞偏枯水年＞特枯水年。

(2) 传统优化调度方案下,情景 S1 雅砻江下游梯级年均发电量为 776.88 亿 kW·h,较常规调度(719.54 亿 kW·h)增加了 7.97%;情景 S3 年均发电量为 767.01 亿 kW·h,较常规调度增加了 6.60%。表明了两种情景下雅砻江下游梯级发电优化调度结果优于常规调度结果,发电量均有不同程度的提升。

(3) 多种考虑生态流量的优化调度方案中,不考虑生态流量情景(E1)和河道生态状况为最佳情景(E7)的梯级年发电量、发电保证率和生态流量保证率分别为 797.87 亿 kW·h、93.33% 和 100%;584.17 亿 kW·h、81.67% 和 95.83%。随着河道生态流量需求提高,雅砻江梯级水电站的发电量显著下降。河道生态流量需求增加,梯级水电站发电效率降低,其中情景 E1 发电效率最高,其耗水率为 2.75 m³/kW·h;而情景 E7 最低,其耗水率为 3.25 m³/kW·h。

(4) 西线工程调水情况下优化调度方案较常规调度方案梯级发电量减少了 56.56 亿 kW·h,每调 1 m³ 水,损失电量为 0.94 kW·h;较优化调度方案减少了 174.92 亿 kW·h,每调 1 m³ 水,损失电量 2.92 kW·h。这表明西线工程调水对雅砻江中下游梯级发电影响显著,且通过梯级水电站群优化调度技术无法很好缓解调水的影响,需有相应的补偿政策措施,来弥补雅砻江中下游梯级发电量损失。在西线工程调水情况下优化调度方案中,两河口电站梯级发电保证率显著降低,只有 3、5、7—9 五个月份达到保证出力,且远远低于装机容量,极大程度地浪费了两河口电站的发电能力。

(5) 利用 WEAP 模型,模拟了安宁河流域 5 种预案需水量,W1—W5 预案流域年需水量分别为 4.21、4.28、6.15、3.18 和 2.36 亿 m³,远远低于该流域水资源总量,不存在缺水的情况(水资源总量视角)。5 种预案(W1—W5)用水组成为:居民生活用水:工业用水:农业用水:人工生态补水分别为 7.9:9.0:20.9:1.0、8.6:9.0:21.0:1.0、7.9:26.9:21.0:1.0、7.9:9.0:11.4:1.0 和 5.1:4.3:11.4:1.0。基于 WEAP 模型,模拟了不同水资源配置模式(5 种预案)下流域出口断面流量及其变化,但变化均较小,其中最大变化率为 3.28%。

(6) 干支调配下 W1—W5 预案梯级年发电量分别为 779.30、778.14、778.64、779.55 和 779.41 亿 kW·h。较雅砻江干流梯级调度结果,最大变化值为 −1.16 亿 kW·h,其变化率为 −0.15%,表明了安宁河支流对雅砻江干流梯级调度结果影响很小。

(7) 本书构建了灌排调剂系统动力学仿真模型,设置了三种模拟情景(生态优先、供用水结构优化和发展农业),以安宁河谷区域的水-能源-粮食生产作为具体案例,研究结果表明:小水电开发规模对区域内的生态状态影响显著,发电量和生态缺水量均随着水电规模降低而减少,但发电量的减少程度低于生态缺水量,所以在保持一定规模水电开发下,实现生态效益最大化在技术层面上是可行的;地区水资源总量充足,社会经济的发展受到水资源总量约束较小,可通过工程措施进一步提高城镇供水保障水平,更好地支撑地区发展;当灌溉面积改变较多,区域发电量和粮食产量均表现为提高,且发电量变化幅度远远小于粮食产量变化;与灌溉面积相比,提高农业灌溉水有效利用系数将在增加粮食产量的同时降低发电效益,但是影响幅度较小。因此,灌溉面积是影响地区农业发展的重要因素。

第 7 章 总结与展望

7.1 总结

　　水电可持续发展对人类经济、社会的可持续发展意义重大。本书以西南水电基地为研究区域,剖析区域水资源利用、能源生产消费和粮食生产消费的基本特征及其与水电梯级开发利用的关联关系,以统计学视角表征水资源、能源和粮食三种资源特征及供需关系,以系统学、水足迹、全生命周期视角量化能源中的水、粮食中的水和水中的能源耦合关系,构建了雅砻江干流梯级调度、干支调配和安宁河流域灌排调剂模型,并设置多种水资源配置情景,探讨和量化西南水电基地 WEFN,提出面向水电可持续发展的水资源梯级调度-干支调配-灌排调剂的水-能源-粮食协同保障技术。主要成果包含以下 4 个方面。

　　1. 西南水电基地水、能源、粮食资源供需特征

　　(1) 西南水电基地水资源丰沛,年际变化波动较小,用水总量占水资源总量的 10% 左右,其中农业用水占据第一,为用水总量 60% 左右,不存在供需矛盾关系(水资源总量视角)。

　　(2) 四川省能源生产以煤炭、天然气和水电为主,其中煤炭开采量逐年递减,而水电发电量逐年递增;四川省能源自给率低于全国水平,其中石油自给率不到 3%,石油供需矛盾最大。

　　(3) 西南水电基地粮食生产以稻谷、玉米和薯类为主,其中四川省历年粮食自给率从 2005 年的 177.39% 上升至 2016 年的 244.64%,均大于 95%,满足国家粮食安全长期规划要求。

（4）对于四川省，农业用水量与耕地灌溉面积、电力消费总量与粮食总产量之间存在强相关性，其相关指数 R^2 分别为 0.809 5 和 0.827 3。

2. 基于水足迹的水-能源-粮食纽带关系解析

（1）粮食作物水足迹中，稻谷水足迹占比最大，其次是小麦、薯类、玉米和豆类，值分别为 38.98%、26.28%、15.98%、14.52% 和 4.23%（多年平均值）；农业部门为第一大用水部门，多年平均值为 764.6 亿 m³，占比高达 88.53%。

（2）雅砻江流域 7 座水电站的水足迹范围为 0.01~2.91 m³GJ⁻¹，平均水足迹为 1.13 m³GJ⁻¹，各电站水足迹差异性较大（CV=88.66%）；该流域水电站平均水足迹均小于其他研究全球、国家等空间尺度的水足迹，表明雅砻江流域水电开发水资源利用效率高于其他地区、流域。

（3）雅砻江流域水资源缺乏均为低蓝水稀缺程度（<100%），表明水足迹视角下雅砻江流域水电站开发利用程度的累积效应不会影响当地的环境用水需求。

3. 西南水电开发与供用水及生态流量安全协调及风险

（1）四川省水-能源-粮食系统协同安全风险整体水平较好，三个子系统的可持续性呈上升趋势，两两子系统的协调性存在一定的波动，系统协同安全风险水平仍存在较大提升潜力。

（2）影响四川省水-能源-粮食系统协同安全风险水平的敏感指标为亩均灌溉水量、农田灌溉水有效利用系数、非常规水资源占比、单位耕地面积等。

（3）从指标自身权重值大小和指标所属子系统权重占比两方面考虑，四川、云南、贵州省共有的水-能源-粮食协同安全风险源指标为：人均水资源量、水资源开发利用率、能源消费弹性系数、亩均灌溉用水量、单位耕地面积农机动力、平均降水量。

4. 面向水电可持续发展的水-能源-粮食协调配置保障关键技术

（1）梯级水电站群优化调度技术方面。①传统优化调度方案下，经济最大化情景雅砻江下游梯级年均发电量为 776.88 亿 kW·h，较常规调度增加了 7.97%；生态刚性保护约束情景梯级年均发电量为 767.01 亿 kW·h，较常规调度增加了 6.60%。②随着河道生态流量需求提高，雅砻江梯级水电站的发电量和发电效率显著下降。③西线工程调水下优化调度方案较常规调度方案梯级发电量减少了 56.56 亿 kW·h，即每调 1 m³ 水，损失电量为 0.94 kW·h；较优化调度方案发电量减少了 174.92 亿 kW·h，即每调 1 m³ 水，损失电量 2.92 kW·h。这表明西线工程调度对雅砻江中下游梯级发电影响显著，且通过梯级水电站群优化调度技术无法很好缓解调水的影响,需有相应的补偿政策措施,来弥补雅砻江中下游梯级发电量损失。

(2) 流域水资源综合利用干支流统筹调配技术方面。①安宁河流域 5 种预案 W1—W5 流域年需水量分别为 4.21、4.28、6.15、3.18 和 2.36 亿 m^3,远远低于该流域水资源总量,不存在缺水的情况(水资源总量视角)。②5 种预案下流域出口断面流量变化均较小,其中最大变化率仅为 3.28%。③干支调配下 W1—W5 预案梯级年发电量分别为 779.30 亿、778.14 亿、778.64 亿、779.55 亿和 779.41 亿 kW·h。较雅砻江干流梯级调度结果,最大变化值为 -1.16 亿 kW·h,表明了安宁河支流对雅砻江干流梯级调度结果影响很小。

(3) 面向粮食安全的小水电站灌排调剂技术方面。①小水电开发规模对区域内的生态状态影响作用显著,发电量和生态缺水量均随着水电规模降低而减少,但发电量的减少程度低于生态缺水量。②地区水资源总量充足,社会经济的发展受到水资源总量约束较小,可通过工程措施进一步提高城镇供水保障水平。③灌溉面积是地区农业发展的重要因素,当灌溉面积增加时,区域发电量和粮食产量均提高,且发电量变化幅度远小于粮食产量变化。

(4) 水资源梯级调度-干支调配-灌排调剂的水-能源-粮食协同保障技术方面。基于流域整体视角,以水资源为串联主线,将上述三项技术进行聚合,并从能源、粮食和生态三方面各选取一项关键指标,分别为发电量、粮食产量和生态缺水量,进行总体应用结果分析。其研究结果表明水资源梯级调度-干支调配-灌排调剂技术能有效提升流域水资源利用效率、梯级水电站群发电效益、粮食灌溉供水保障水平和生态效益。

7.2 展望

随着水电开发进程不断推进,以及生态保护、系统治理、纽带、学科交叉等理念得到更多认可和关注,水电可持续发展和水-能源-粮食协调配置愈显重要。多种资源之间往往存在依存性、制约性和协同性,因此,水、能源、粮食等基础资源间协调配置是必然选择和要求。在气候变化、人口激增、国际形式险峻等新背景下,面向国家水安全、能源安全和粮食安全提出今后水电可持续发展和水-能源-粮食协同保障领域的重点研究方向和建议。

(1) 大尺度下水电可持续发展与水-能源-粮食协同安全的关系

本研究仅在流域尺度,借鉴水-能源-粮食纽带关系先进理念,进行面向水电可持续发展的水资源梯级调度-干支调配-灌排调剂的水-能源-粮食协同保障技术攻关。今后还需在大尺度下,如省域、国家、跨界流域乃至全球尺度,开展相关研究。

（2）变化环境下水-能源-粮食纽带关系研究

水-能源-粮食系统是开放式复杂系统,由三部分组成:水、能源和粮食内部系统,社会、经济、生态环境外部系统和内外部系统互馈作用。随着城市化、人口增长、气候变化等外部因素发生变化,内外部系统互馈作用亦发生变化。因此,有必要开展变化环境下水-能源-粮食纽带关系的研究,主要内容有:变化环境下水-能源-粮食纽带关系解析,识别、量化与评估变化环境下水-能源-粮食系统的风险,水-能源-粮食内部系统对变化环境的响应及适应性调控研究。

（3）新时代背景下水电开发绿色发展模式

水电作为清洁、绿色能源,在节能减排、碳中和中扮演着重要角色。围绕国家"十四五"水电发展规划与布局,以流域、系统为视角,基于绿色发展和水-能源-粮食纽带关系理念,构建水电开发绿色发展理论框架及流域尺度水电绿色发展评价指标体系,提出水电开发绿色发展模式。

参考文献

[1] TILMAN D, BALZER C, HILL J, et al. Global food demand and the sustainable intensification of agriculture [J]. Proceedings of the National Academy of Sciences of the United States of America, 2011, 108(50): 20260-20264.

[2] HOFF. Understanding the nexus: Background paper for the Bonn 2011 Conference: the water, energy and food security nexus [R]. Stockholm: Stockholm Environment Institute, 2011.

[3] R W H, W M A, M A E, et al. The water-energy nexus: an earth science perspective [R]. Survey U G, 2015.

[4] A E, I T, K B, et al. A review of the current state of research on the water, energy, and food nexus[J]. Journal of Hydrology, 2017, 11: 20-30.

[5] A M H, A B S, S F. A review of the water-energy nexus[J]. Renewable and Sustainable Energy Reviews, 2016, 65: 319-331.

[6] D L K, R C D, A I. The energy-water-food nexus[J]. Annual Review of Chemical and Biomolecular Engineering, 2016, 7.

[7] A E, K B, P M O, et al. Methods of the water-energy-food nexus[J]. Water, 2015, 7(10): 5806-5830.

[8] IHA. International Hydropower Association Sustainability Guidelines [R]. London: International Hydropower Association, 2004.

[9] 杨桐鹤, 禹雪中, 冯时. 水电可持续发展的概念、内容及评价[J]. 中国水能及电气化, 2010(8): 2+9-14.

[10] 赵蓉,禹雪中,冯时. 流域水电可持续性评价方法研究及应用[J]. 水力发电学报,2013,32(6):287-293.

[11] 缪益平,陈飞翔,战永胜,等. 雅砻江梯级水电可持续发展评价指标体系研究[J]. 四川水力发电,2014,33(1):118-123.

[12] W W D, D C MCKINNEV. Optimization for incorporating risk and uncertainty in a sustainable water resources planning[J]. International Association of Hydrological Sciences,1995,231(13):225-232.

[13] B J C PERERA, B JAMES, M D U KULARATHNA. Computer software tool REALM for sustainable water allocation and management[J]. Journal of Environmental Management,2005,77(4):291-300.

[14] LI Y P, HUANG G H, F H Y, et al. A multistage-fuzzy stochastic programming model for supporting sustainable water resources allocation and management[J]. Environmental Modelling & Software,2009(24):786-797.

[15] 宋松柏,蔡焕杰. 区域水资源可持续利用的综合评价方法[J]. 水科学进展,2005,16(2):244-249.

[16] 王焕松,岳冰,王洁,等. 北京市水资源可持续利用综合评价研究[J]. 环境与可持续发展,2011,36(1):69-73.

[17] 赵建世,王忠静,翁文斌. 水资源系统整体模型研究[J]. 中国科学 E 辑:技术科学,2004,34(S1):60-73.

[18] 刘红玲,韩美. 基于遗传算法的济南市水资源优化配置[J]. 资源开发与市场,2007,23(6):508-510.

[19] 苗国义,高伟增,余周,等. 基于遗传算法的灌区通用水资源整体优化配置模型[J]. 现代计算机(专业版),2010(1):105-107.

[20] 鲍淑君,贾仰文,高学睿,等. 水资源与能源纽带关系国际动态及启示[J]. 中国水利,2015(11):6-9.

[21] D P, J M, G M H. Gaining perspective on the water-energy nexus at the community scale[J]. Environmental Science & Technology,2011,45:4228-4234.

[22] S K. The water-energy nexus and urban metabolism-connections in cities [R]. Urban Water Security Research Alliance Technical Report,

2013.

［23］S K, A P, S C, et al. Energy use in the provision and consumption of urban water in Australia and New Zealand［C］. Water Services Association of Australia, 2008.

［24］D S G. Climate change and the water-energy nexus: an urban challenge［J］. Journal of Water and Climate Change, 2004, 5: 259-275.

［25］I C, E B. African cities and the water-food-climate-energy nexus: an agenda for sustainability and resilience at a local level［M］. Urban Forum: Springer, 2015.

［26］I K, CLARKE L D J, J H, et al. Investigating the nexus of climate, energy, water, and land at decision-relevant scales: the Platform for Regional Integrated Modeling and Analysis (PRIMA)［J］. Climatic Change, 2014, 129: 573-588.

［27］B M, E L-G, Fi V, et al. Application of a water-energy-food nexus framework for the Duero river basin in Spain［J］. Water International, 2015, 40(5-6): 791-808.

［28］C T V, V P. The water-energy-environment nexus in the Great Lakes Region: The case for integrated resource planning［J］. Energy and Environment Research, 2015, 5(2): 1-15.

［29］S W, B C. Energy-water nexus of urban agglomeration based on multiregional input-output tables and ecological network analysis: A case study of the Beijing–Tianjin–Hebei region［J］. Applied Energy, 2016, 178: 773-783.

［30］G H, X O, Q Z, et al. Analysis on energy-water nexus by Sankey diagram: the case of Beijing［J］. Desalination & Water Treatment, 2013, 51(19-21): 4183-4193.

［31］M K, P S, A S, et al. Water-Energy-Food Nexus in a transboundary river basin: The case of Tonle Sap Lake, Mekong River Basin［J］. Water, 2015, 7: 5416-5436.

［32］S M J, O V, M K. Sharing Benefits in Transboundary Rivers: An Experimental Case Study of Central Asian Water-Energy-Agriculture

Nexus[J]. Water, 2015, 7: 4778-4805.

[33] 常远,夏朋,王建平. 水-能源-粮食纽带关系概述及对我国的启示[J]. 水利发展研究, 2016, 5: 67-70.

[34] 鲍超. 中国城镇化与经济增长及用水变化的时空耦合关系[J]. 地理学报, 2014, 69(12): 1799-1809.

[35] 孙涵,成金华. 中国工业化、城市化进程中的能源需求预测与分析[J]. 中国人口.资源与环境, 2011(7): 7-12.

[36] 姜珊. 水-能源纽带关系解析与耦合模拟[D]. 北京:中国水利水电科学研究院, 2017.

[37] 周露明,谢兴华,余丽,等. 水资源管理中的水-能源-经济耦合关系[J]. 水电能源科学, 2019, 37(4): 144-147+166.

[38] D'ODORICO P, DAVIS K F, ROSA L, et al. The Global Food-Energy-Water Nexus[J]. Reviews of Geophysics, 2018, 56(3): 456-531.

[39] MEKONNEN M M, HOEKSTRA A Y. The green, blue and grey water footprint of crops and derived crop products[J]. Hydrology and Earth System Sciences, 2011, 15(5): 1577-1600.

[40] HOEKSTRA A Y, CHAPAGAIN A K. Water footprints of nations: Water use by people as a function of their consumption pattern[J]. Water Resources Management, 2006, 21(1): 35-48.

[41] YU L, JIA B Y, WU S Q, et al. Cumulative Environmental Effects of Hydropower Stations Based on the Water Footprint Method-Yalong River Basin, China[J]. Sustainability, 2019, 11(21): 5958.

[42] ZHANG X, LI H-Y, DENG Z D, et al. Impacts of climate change, policy and Water-Energy-Food nexus on hydropower development[J]. Renewable Energy, 2018, 116: 827-834.

[43] GIULIANI M, ANGHILERI D, CASTELLETTI A, et al. Large storage operations under climate change: expanding uncertainties and evolving tradeoffs[J]. Environmental Research Letters, 2016, 11(3): 035009.

[44] RENOFALI B M, JANSSON R, NILSSON C. Effects of hydropower generation and opportunities for environmental flow management in

Swedish riverine ecosystems[J]. Freshwater Biology, 2010, 55(1): 49-67.

[45] HUANG L, LI X, FANG H, et al. Balancing social, economic and ecological benefits of reservoir operation during the flood season: A case study of the Three Gorges Project, China[J]. Journal of Hydrology, 2019, 572: 422-434.

[46] CAI W, ZHANG L, ZHU X, et al. Optimized reservoir operation to balance human and environmental requirements: A case study for the Three Gorges and Gezhouba Dams, Yangtze River basin, China[J]. Ecological Informatics, 2013, 18: 40-48.

[47] ZIV G, BARAN E, NAM S, et al. Trading-off fish biodiversity, food security, and hydropower in the Mekong River Basin[J]. Proceedings of the National Academy of Sciences of the United States of America, 2012, 109(15): 5609-5614.

[48] HURFORD A P, HAROU J J. Balancing ecosystem services with energy and food security – Assessing trade-offs from reservoir operation and irrigation investments in Kenya's Tana Basin[J]. Hydrology and Earth System Sciences, 2014, 18(8): 3259-3277.

[49] 王浩, 王旭, 雷晓辉, 等. 梯级水库群联合调度关键技术发展历程与展望[J]. 水利学报, 2019, 50(1): 25-37.

[50] 王沛芳, 王超, 侯俊, 等. 梯级水电开发中生态保护分析与生态水头理念及确定原则[J]. 水利水电科技进展, 2016, 36(5): 1-7.

[51] 杨少荣, 王小明. 金沙江下游梯级水电开发生态保护关键技术与实践[J]. 人民长江, 2017, 48(S2): 54-56+84.

[52] 王超. "西南水电高坝大库梯级开发的生态保护与恢复"研究构想[J]. 工程科学与技术, 2017, 49(1): 19-26.

[53] YE Y, HUANG W, MA G, et al. Cause analysis and policy options for the surplus hydropower in southwest China based on quantification [J]. Journal of Renewable and Sustainable Energy, 2018, 10(1): 015908.

[54] 程春田, 武新宇, 申建建, 等. 亿千瓦级时代中国水电调度问题及其进展[J]. 水利学报, 2019, 50(1): 112-123.

[55] 彭宗卫. 保护优先促发展 绿色长江展新颜——访中国工程院院士王浩[J]. 四川水力发电, 2017, 36(5): 137-139.

[56] HOEKSTRA A H, P Q. Virtual water trade: A quantification of virtual water flows between nations in relation to international crop trade[J]. Water Science and Technology, 2003, 49: 203-209.

[57] ARJEN Y HOEKSTRA, A K C, MAITE M ALDAYA, et al. The Water Footprint Assessment Manual [M]. 2011.

[58] 刘宁. 基于水足迹的京津冀水资源合理配置研究[D]. 北京:中国地质大学, 2016.

[59] 张同, 谭倩, 林金柱, 等. 水、能源和食品纽带关系研究现状与热点分析[J]. 中国农业大学学报, 2019, 24(9): 114-126.

[60] 刘倩, 张苑, 汪永生, 等. 城市水-能源-粮食关联关系(WEF-Nexus)研究进展——基于文献计量的述评[J]. 城市发展研究, 2018, 25(10): 4-17+25.

[61] 李桂君, 黄道涵, 李玉龙. 水-能源-粮食关联关系:区域可持续发展研究的新视角[J]. 中央财经大学学报, 2016(12): 76-90.

[62] 李良, 毕军, 周元春, 等. 基于粮食-能源-水关联关系的风险管控研究进展[J]. 中国人口·资源与环境, 2018, 28(7): 85-92.

[63] 郭志华, 刘祥梅, 肖文发, 等. 基于GIS的中国气候分区及综合评价[J]. 资源科学, 2007(6): 2-9.

[64] 朱艳霞, 纪昌明, 周婷, 等. 梯级水电站群发电运行的水足迹研究[J]. 水电能源科学, 2013, 31(2): 87-90.

[65] 袁旭, 陆颖, 何开为, 等. 澜沧江中下游干流水电开发水足迹研究[J]. 水电能源科学, 2018, 36(6): 37-39+5.

[66] Gleick P H. WATER AND ENERGY[J]. Annual Review of Energy and the Environmont, 1994, 19: 267-299.

[67] HERATH I, DEURER M, HORNE D, et al. The water footprint of hydroelectricity: a methodological comparison from a case study in New Zealand[J]. Journal of Cleaner Production, 2011, 19(14): 1582-1589.

[68] PFISTER S, SANER D, KOEHLER A. The environmental relevance of freshwater consumption in global power production [J].

International Journal of Life Cycle Assessment，2011，16(6)：580-591.

[69] MEKONNEN M M, HOEKSTRA A Y. The blue water footprint of electricity from hydropower[J]. Hydrology and Earth System Sciences，2012，16(1)：179-187.

[70] LIU J, ZHAO D, GERBENS-LEENES P W, et al. China's rising hydropower demand challenges water sector[J]. Scientific Reports，2015，5.

[71] 何洋,纪昌明,石萍. 水电站蓝水足迹的计算分析与探讨[J]. 水电能源科学，2015，33(2)：37-41.

[72] HOEKSTRA A Y, MEKONNEN M M, CHAPAGAIN A K, et al. Global monthly water scarcity：blue water footprints versus blue water availability[J]. PLoS One，2012，7(2)：e32688.

[73] 郑德凤,张雨,魏秋蕊,等. 基于可持续能力和协调状态的水资源系统评价方法探讨[J]. 水资源保护，2016，32(3)：24-32.

[74] 胡志丁,葛岳静,徐建伟. 尺度政治视角下的地缘能源安全评价方法及应用[J]. 地理研究，2014，33(5)：853-862.

[75] 杨磊. 我国粮食安全风险分析及粮食安全评价指标体系研究[J]. 农业现代化研究，2014，35(6)：696-702.

[76] 张彩霞,吕伟彩. 区域粮食安全预警评价指标体系研究[J]. 全国商情(理论研究)，2010(20)：13-15.

[77] HWANG C, YOON K. Multiple Attribute Decision Making：Methods and Applications[M]. Berlin, Germany：Springer，1981.

[78] UEN T S, CHANG F J, ZHOU Y, et al. Exploring synergistic benefits of Water-Food-Energy Nexus through multi-objective reservoir optimization schemes[J]. Science of the Total Environment，2018，633：341-351.

[79] ZHOU Y, GUO S, XU C-Y, et al. Integrated optimal allocation model for complex adaptive system of water resources management (I)：Methodologies[J]. Journal of Hydrology，2015，531：964-976.

[80] ZHOU Y, GUO S, XU C-Y, et al. Integrated optimal allocation model for complex adaptive system of water resources management

(Ⅱ): Case study[J]. Journal of Hydrology, 2015, 531: 977.

[81] DONG L, QIANG H, YUANYUAN Y, et al. Bi-objective algorithm based on NSGA-Ⅱ framework to optimize reservoirs operation[J]. Journal of Hydrology, 2020, 585: 124830.

[82] DEB K, PRATAP A, AGARWAL S, et al. A fast and elitist multiobjective genetic algorithm: NSGA-Ⅱ[J]. IEEE Transactions on Evolutionary Computation, 2002, 6(2): 182-197.

[83] LIU J, YIN Y. An integrated method for sustainable energy storing node optimization selection in China[J]. Energy Conversion and Management, 2019, 199: 112049.

[84] XU C, KE Y, LI Y, et al. Data-driven configuration optimization of an off-grid wind/PV/hydrogen system based on modified NSGA-Ⅱ and CRITIC-TOPSIS[J]. Energy Conversion and Management, 2020, 215: 112892.

[85] HUSSAIN J, ZHOU K, GUO S L, et al. Investment risk and natural resource potential in "Belt & Road Initiative" countries: A multi-criteria decision-making approach[J]. Science of the Total Environment, 2020, 723: 13.

[86] THARME R E. A global perspective on environmental flow assessment: Emerging trends in the development and application of environmental flow methodologies for rivers[J]. River Research and Applications, 2003, 19(5-6): 397-441.

[87] TENNANT D L. Instream Flow Regimens for Fish, Wildlife, Recreation and Related Environmental Resources[J]. Fisheries, 1976, 1(4): 6-10.

[88] PASTOR A V, LUDWIG F, BIEMANS H, et al. Accounting for environmental flow requirements in global water assessments[J]. Hydrology and Earth System Sciences, 2014, 18(12): 5041-5059.

[89] SMAKHTIN V, REVENGA C, DOLL P. A pilot global assessment of environmental water requirements and scarcity[J]. Water International, 2004, 29(3): 307-317.

[90] 柴晓伟. 基于WEAP模型的党河流域水资源可持续发展能力研究

[D]. 北京:清华大学，2017.

[91] 王崑声，袁建华，陈红涛，等. 国外基于模型的系统工程方法研究与实践[J]. 中国航天，2012(11)：52-57.

[92] 刘玉生，蒋玉芹，高曙明. 模型驱动的复杂产品系统设计建模综述[J]. 中国机械工程，2010，21(6)：741-749.

[93] 于景元，刘毅. 复杂性研究与系统科学[J]. 科学学研究，2002(5)：449-453.

[94] R B C，M S. On a generalization of the Gini coefficient[J]. Mathematical Social Sciences，1995，30(3)：235-244.

[95] 顾西辉，张强，陈晓宏. 中国降水及流域径流均匀度时空特征及影响因子研究[J]. 自然资源学报，2015，30(10)：1714-1724.

[96] 黄英，刘新有. 水电开发对河流水沙年内分配的影响分析[J]. 水科学进展，2010，21(3)：385-391.

[97] 肖伟华，秦大庸，李玮，等. 基于基尼系数的湖泊流域集水区水污染物总量分配[J]. 环境科学学报，2009，29(8)：1765-1771.

[98] 蹇德平，缪益平. 雅砻江下游梯级水库综合调度规则优化方法[J]. 南水北调与水利科技，2016，14(4)：204-209.

[99] WHEELER K，WENGER S J，FREEMAN M C. States and rates：Complementary approaches to developing flow - ecology relationships[J]. Freshwater Biology 2017，8(14)：1-11.

[100] YURONG W，JIA L，KEFENG L，et al. ECOLOGICAL WATER DEMAND OF REDUCING REACH OF YALONG RIVER DOWNSTREAM OF JINPING WATERPOWER STATION STAGE II[J]. Resources and Environment in the Yangtze Basin，2007，1：81-85.

[101] CHEN D，CHEN Q，LI R，et al. Ecologically-friendly operation scheme for the Jinping cascaded reservoirs in the Yalongjiang River，China[J]. Frontiers of Earth Science，2014，8(2)：282-290.

[102] JIANG Z，WU W，QIN H，et al. Credibility theory based panoramic fuzzy risk analysis of hydropower station operation near the boundary[J]. Journal of Hydrology，2018，565：474-488.

[103] 张金良，马新忠，景来红，等. 南水北调西线工程方案优化[J]. 南水北调与水利科技(中英文)，2020，18(5)：109-114.